UTB **2989**

Eine Arbeitsgemeinschaft der Verlage

Beltz Verlag Weinheim · Basel
Böhlau Verlag Köln · Weimar · Wien
Verlag Barbara Budrich Opladen · Farmington Hills
facultas.wuv Wien
Wilhelm Fink München
A. Francke Verlag Tübingen und Basel
Haupt Verlag Bern · Stuttgart · Wien
Julius Klinkhardt Verlagsbuchhandlung Bad Heilbrunn
Lucius & Lucius Verlagsgesellschaft Stuttgart
Mohr Siebeck Tübingen
C. F. Müller Verlag Heidelberg
Orell Füssli Verlag Zürich
Verlag Recht und Wirtschaft Frankfurt am Main
Ernst Reinhardt Verlag München · Basel
Ferdinand Schöningh Paderborn · München · Wien · Zürich
Eugen Ulmer Verlag Stuttgart
UVK Verlagsgesellschaft Konstanz
Vandenhoeck & Ruprecht Göttingen
vdf Hochschulverlag AG an der ETH Zürich

DAGMAR FENNER

Ethik

Wie soll ich handeln?

A. Francke Verlag Tübingen und Basel

PD Dr. Dagmar Fenner lehrt Philosophie an den Universitäten
Basel und Tübingen.

Bibliografische Information der Deutschen Nationalbibliothek

Die Deutsche Nationalbibliothek verzeichnet diese Publikation in der Deutschen Nationalbiblio-
grafie; detaillierte bibliografische Daten sind im Internet über http://dnb.d-nb.de abrufbar

© 2008 · Narr Francke Attempto Verlag GmbH + Co. KG
Dischingerweg 5 · D-72070 Tübingen
ISBN 978-3-7720-8254-2

Internet: http://www.francke.de
E-Mail: info@francke.de

Umschlagabbildung: pixelio

Satz: Informationsdesign D. Fratzke, Kirchentellinsfurt
Druck und Bindung: Ebner & Spiegel, Ulm
Printed in Germany

ISBN 978-3-8252-2989-4

Inhaltsverzeichnis

Vorwort

Es ist eine moralische Grundintuition, dass die Menschen ihr
Handeln vor sich selbst und anderen rechtfertigen müssen. „Warum hast Du dies oder jenes getan?" fragen wir einander und
erwarten, dass jeder sein Tun begründen kann. Daher sehen wir
uns immer wieder vor die ethische Grundfrage gestellt: „Wie soll
ich handeln?" Diese Einführung in die philosophische Ethik versucht, anhand der kritischen Erörterung theoretischer Modelle
das ethische Urteilsvermögen des Lesers zu schulen. Es wird
gezeigt, wie sich die Stichhaltigkeit von Argumenten und Theorien kritisch hinterfragen und die Vertretbarkeit von ethischen
Standpunkten prüfen lässt. Damit soll der Leser (mitgemeint ist
immer auch die weibliche Form, also die Leserin!) zunächst für
sich selbst die Frage „Wie soll ich handeln?" kompetenter beantworten können. Darüber hinaus fasst der eine oder die andere
vielleicht den Mut, sich auch in den aktuellen ethischen Debatten mit einer klaren, begründeten Stellungnahme zu Wort
zu melden. Ziel ist somit nicht allein die reine, folgenlose Wissensvermittlung der ethischen Grundbegriffe und Begründungsansätze, sondern vielmehr der Erwerb ethischer Reflexions- und
Argumentationskompetenzen.

Das Konzept zu diesem Buch entwickelte ich während meiner
ethischen Einführungsveranstaltungen an den Universitäten Tübingen und Basel. Dabei arbeitete ich mit verschiedenen Ethik-
Einführungen, die entweder zu viele philosophische Fachbegriffe
und philosophiegeschichtliche Kenntnisse voraussetzen, kaum
didaktisch aufbereitet oder zu wenig anschaulich gestaltet sind.
Ich entschloss mich daher zu einem eigenen Versuch, der sich
insbesondere als Diskussionsbasis für das Ethisch-Philosophische
Grundlagenstudium (EPG 1), aber auch für alle anderen Ethik-
Seminare eignet. Um die tatsächliche Orientierungsleistung des
hier theoretisch Dargestellten zu steigern, nehme ich stets Bezug
auf konkrete Anschauungsbeispiele aus der moralischen Alltags-

praxis. Ethik ist kein Privileg von Akademikern, sondern geht alle handlungsfähigen Personen etwas an! Entstanden ist auf diese Weise kein trockenes Lehrbuch, sondern eine spannende und anregende Studie für alle philosophisch Interessierten, die sich die Frage „Wie soll ich handeln?" ganz bewusst und im Freiraum philosophischer Reflexion stellen wollen.

In Kapitel 8 befindet sich eine vollständige Bibliographie aller Publikationen, auf die in diesem Buch verwiesen wird. Wo nach den in der Philosophie üblichen Ausgaben zitiert wird oder Sigeln (Abkürzungen) verwendet werden, ist dies entsprechend vermerkt. Bei den Verweisen im Text werden dabei lediglich in Klammern der Autor (und bei mehreren Beiträgen desselben Autors das Erscheinungsjahr) sowie die Seitenzahl angefügt. Am Ende jedes Kapitels sind darüber hinaus nochmals die wichtigsten Publikationen zusammengestellt, anhand derer Sie das jeweilige Thema vertiefen können. Wenn Sie das Gelesene rekapitulieren oder sich auf eine Prüfung vorbereiten wollen, können Ihnen die Fragen am Schluss der Kapitel gute Dienste leisten. Wiederum im Schlusskapitel werden diese zu Ihrer Selbstkontrolle stichwortartig beantwortet (Kapitel 8.1). Des Weiteren sind daselbst einige philosophische Fachbegriffe in einem Glossar erklärt.

Viel Spaß beim Studium!

Dagmar Fenner, Tübingen im Dezember 2007

Einleitung

Zusammenfassung

In Kapitel 1.1 werden die wichtigsten ethischen Grundbegriffe definiert und zentrale Unterscheidungen wie diejenige zwischen zwei unterschiedlichen ethischen Perspektiven erläutert: Während bei der Individual- oder Strebensethik das persönliche Glück oder gute Leben des Einzelnen im Zentrum steht, bemüht sich die Sozial- bzw. Sollensethik oder Moralphilosophie um das bestmögliche (gerechte) Zusammenleben der Menschen untereinander. In diesem Buch sollen moralphilosophische Fragen im Vordergrund stehen. Da es in der Ethik weniger um das „Lernen" bestimmter Moralkodexe oder Prinzipien geht, sondern vielmehr um das Einüben in das ethische Argumentieren, werden in Kapitel 1.2 Argumentationsschemata, -schritte und -typen präsentiert. Ziel ist es, dass der Leser in alltäglichen moralischen Diskussionen solche Typen von ethischen Gründen und Argumenten wiedererkennen und kritisch hinterfragen kann. Kapitel 1.3 diskutiert die individualethische pragmatische Frage, warum man überhaupt moralisch sein soll. Es zeigt sich, dass die beiden Bewertungsrichtungen der Strebens- und Sollensethik prinzipiell nicht aufeinander rückführbar sind.

Wir alle haben als Kinder gelernt, dass es verbotene und gebotene, erwünschte und unerwünschte Handlungsweisen gibt. So soll man etwa nicht Süßigkeiten naschen, sobald die Eltern außer Haus sind, sondern brav seine Hausaufgaben machen. Immer wieder geraten wir in Situationen, in denen wir unser Handeln vor unseren Mitmenschen rechtfertigen müssen. Sie ziehen uns etwa folgendermaßen zur Rechenschaft: „Wieso hast Du das getan?"; „Warum hast Du den Stein geworfen?"; „Weshalb bist Du weggelaufen, ohne dem Verletzten zu helfen?"; „Wieso hast Du mich angelogen?". Aber auch mit uns selbst gehen wir in schweren Entscheidungssituationen zu Rate und zerbrechen uns bisweilen den Kopf darüber: „Wie soll ich handeln?"; „Soll ich meine alte kranke Mutter pflegen oder ein verlockendes Stellenangebot im Ausland annehmen?"; „Darf ich ein Kind abtreiben, wenn es an einem Down-Syndrom leidet?"; „Dürfen wir billige Kaffeebohnen kaufen, obgleich sich der niedrige Preis der Ausbeutung von Bauern in der Dritten Welt verdankt?"

Ein derartiges Problematisieren des eigenen Vorhabens ist nur möglich, weil wir als Menschen die Fähigkeit haben, unser Handeln von der Perspektive anderer aus zu beurteilen. Wir können uns in andere Menschen hineinversetzen und gleichsam die Außenperspektive auf uns selbst einnehmen. Über die Reflexion des eigenen Handelns hinaus beziehen wir unablässig Stellung zu dem, was andere Menschen tun oder was ihnen von Dritten angetan wird. Wir beurteilen parteiisches Verhalten als unfair oder ungerecht und reagieren mit Empörung, wenn die Presse an den Tag legt, dass ein Politiker gelogen hat. Bei all diesen Erwägungen gehen wir implizit immer schon davon aus, dass die Menschen ihr Tun voreinander zu begründen und zu rechtfertigen haben. Diese vorwissenschaftliche Grundintuition bildet den Ausgangspunkt moralphilosophischer Überlegungen.

Der Moralphilosophie kommt die Aufgabe zu, die in unseren Urteilen verwendeten Begründungsformen oder die unserem Handeln zugrunde liegenden moralischen Prinzipien zu prüfen und eventuell zu korrigieren. Moralphilosophie ist, wie noch erläutert werden soll, ein Kernbereich der philosophischen Ethik. Ethische Fragen sind nicht nur im praktischen Alltag omnipräsent, wie die obigen Beispiele zeigen, sondern erfreuen sich gegenwärtig einer Hochkonjunktur in der Öffentlichkeit: Es werden Ethik-Kommissionen und Ethik-Räte ins Leben geru-

Perspektive der anderen

vorwissenschaftliche Grundintuition

fen, Unternehmen schmücken sich mit Ethik-Seminaren und in Feuilletons und Talkshows widmet man sich aktuellen ethischen Debatten wie der sozialen Gerechtigkeit, der Sterbehilfe oder der Umweltproblematik. Evoziert wurde dieser Ethik-Boom einer- **Ethik-Boom** seits durch die drängenden Probleme der Gegenwart wie die Fragen nach gerechten oder doch gerechtfertigten Kriegen oder nach der Nutzungsart der neuen medizintechnischen Möglichkeiten. Andererseits ist der verschärfte Orientierungsnotstand bedingt durch den grassierenden Traditions- und Religionsverlust. Während früher die christliche Religion das unhinterfragbare Fundament für eine allgemeingültige Beurteilung ethischer Entscheidungssituationen bereitstellte, macht sich heute ein Pluralismus verschiedener Lebensformen und Wertesysteme breit. Gerade Probleme bezüglich der biomedizinischen Entwicklung oder des Ökosystems lassen sich aber niemals auf privater Ebene lösen, sondern erfordern eine gemeinsame ethische Grundlage. Ob eine solche möglich ist und wie sie sich begründen ließe, wird im Laufe dieses Buches zur Diskussion gestellt.

Grundbegriffe und Definitionen | 1.1

In einem ersten Schritt wollen wir eine Klärung der hier in Rede stehenden Termini „Ethik", „Moral" und „Moralphilosophie" in Angriff nehmen. Dabei bietet sich zuerst ein *etymologischer Zugang* **etymologischer Zugang** an: Der Erste, der die Bezeichnung „Ethik" (griechisch: „ta ethi- **Ethik** ka") für eine bestimmte Art philosophischen Denkens verwendete, war Aristoteles, Schüler von Platon im vierten vorchristlichen Jahrhundert. Das griechische Wort „ethos" wurde entweder mit kurzem „e" geschrieben (ἔθος) oder mit langem „ä" (ἦθος). „ἔθος" meint so viel wie „Sitte, Brauch, Gewohnheit". Es ist ein Handeln gemäß den im antiken Stadtstaat („polis") allgemein anerkannten Normen, d. h. vorschreibenden Handlungsregeln. Im engen und eigentlichen Sinn ethisch handelt aber nur derjenige, der sich nicht allein regelkonform verhält und den tradierten Handlungsregeln blindlings folgt, sondern der aus Überlegung und Einsicht in jeder Situation das Richtige tut. Das als gut erkannte „ἔθος" verfestigt sich bei ihm durch gezielte, wiederholte Einübung zum „ἦθος", d. h. zu einer „Charakterhaltung, Sinnesart, Denkweise". Bereits Aristoteles vertrat also die Meinung, der Mensch als Ver-

nunftwesen dürfe sich in seinem Handeln nicht einfach von tradierten Normen und Wertvorstellungen leiten lassen, sondern
müsse diese kritisch hinterfragen und gegebenenfalls revidieren.
Zu diesem Zweck braucht man aber eine ethische Wissenschafts-
disziplin („ἠθικῆς θεωρίας"), eine philosophische Beschäftigung
damit, wie die Menschen handeln sollen.

Moral

Unser heutiger Ausdruck „Moral" geht auf das lateinische
Wort „mos" („mores") zurück, das in seinem Bedeutungsgehalt
nahezu dem griechischen „ἔθος" entspricht. Gemeint ist also die
Gesamtheit der in einer Gemeinschaft geltenden Wertvorstellungen und Normen des Zusammenlebens, welche die Form der
Gemeinschaft vorgeben. Der zusammengesetzte Begriff „Moralphilosophie" steht für die Philosophie der „Moral", d.h. für das
systematische diskursive Nachdenken über Moral.

logisch-begrifflicher Zugang

Nach diesem kurzen Blick in die Etymologie wenden wir uns
dem *logisch-begrifflichen Zugang* zu. Um die in Frage stehenden
Begriffe korrekt definieren zu können, sei hier kurz das klassische Modell aus der philosophischen Logik vorgestellt: Es soll
ein bestimmter Begriff definiert werden, das „Definiendum".
Man nehme dann einen übergeordneten Begriff (oft Gattungs-
begriff) und füge eine charakteristische Eigenschaft (den Art-Un-
terschied) hinzu. Diese beiden explizierenden Ausdrücke bilden
zusammen das „Definiens":

Definitionsschema

Definiendum	Definiens	
zu definierender Begriff	Oberbegriff/Gattungs-begriff	artspezifischer Unter-schied
z.B. Messer	Schneidinstrument	mit kurzer Klinge und Handgriff
z.B. Mensch	Lebewesen	vernunft- und sprachbe-gabt

Ethik

Philosophie

Analog zu diesen Beispielen kann man in einem ersten Schritt
nach dem Oberbegriff von „Ethik" suchen: Man trifft unschwer
auf „Philosophie", die man ihrerseits definieren könnte als syste-
matisches, diskursives Nachdenken über die Welt, den Menschen
und das Denken selbst. Sie befasst sich entweder mit dem, was
ist, d.h. mit den Fakten, oder mit dem, was *getan werden soll*, also
mit der menschlichen Praxis. Im ersten Fall ist sie *theoretische Phi-*

losophie und zielt auf Wahrheit bezüglich der Wirklichkeit ab. Im zweiten Fall spricht man von *praktischer Philosophie*, die ein Ideal des Guten oder Richtigen für das menschliche Handeln entwirft. Es handelt sich also um eine Theorie der Praxis.

theoretische vs. praktische Philosophie

Die praktische Philosophie umfasst neben der Teildisziplin „Ethik" auch die „politische Philosophie" und die „Rechtsphilosophie". Um „Ethik" in einem zweiten Schritt gegenüber der politischen und der Rechtsphilosophie abzugrenzen, gilt festzuhalten: Anders als jene bemüht sich die Ethik nicht um das bestmögliche, an bestimmte Institutionen gebundene Staats- oder Rechtssystem, sondern um das richtige Handeln von Einzelpersonen. Sie entwickelt allgemeine Beurteilungskriterien, methodische Verfahren oder höchste Prinzipien für die Begründung und Kritik von Handlungsregeln oder normativen Aussagen darüber, wie man handeln soll. Sie gibt also keine direkten Handlungsanweisungen für konkrete einzelne Handlungen oder Handlungssituationen, sondern versucht die Frage, wie man handeln soll, auf einer prinzipielleren Ebene zu klären. Der Unterschied zur „gelebten" Moral, d.h. zu den in einer Gemeinschaft allgemein anerkannten Wertvorstellungen und Normen ist aber letztlich nur graduell, nicht strukturell (vgl. Düwell, Hübenthal u.a., 3). Denn im Unterschied zu „Konventionen" sind auch die alltäglichen moralischen Überzeugungen immer schon auf mehr oder weniger reflektierte Annahmen, intuitive Einsichten oder weltanschauliche Theorien gegründet. Die philosophisch-wissenschaftliche Disziplin der Ethik versucht mit ihrem viel höheren methodischen Anspruch, solche stillschweigend angenommenen alltäglichen Gewissheiten zu rekonstruieren, zu hinterfragen und systematisch zu begründen bzw. zu revidieren. Zu beachten gilt allerdings, dass moralische Normen nicht den ganzen Gegenstandsbereich ethischer Reflexionen ausmachen (vgl. unten).

politische Philosophie
Rechtsphilosophie

Moral

Die beiden Definitionen nach obigem Schema lauten demnach:

Definiendum	Definiens	
Zu definierender Begriff	Oberbegriff/Gattungsbegriff	artspezifischer Unterschied
Ethik	Disziplin der praktischen Philosophie,	die allgemeine Prinzipien oder Beurteilungskriterien

Definition

Ethik

		zur Beantwortung der Frage zu begründen sucht, wie man handeln soll. Mit ihrer Hilfe können Handlungen bewertet und normative Aussagen über das gute Leben und gerechte Zusammenleben geprüft werden

Definition

Definiendum	Definiens	
Zu definierender Begriff	Oberbegriff/Gattungsbegriff	artspezifischer Unterschied

Moral

Moral	Gesamtheit der in einer Gemeinschaft geltenden Normen (Handlungsregeln) zur Regelung des Zusammenlebens,	die nicht aufgrund bloßer Übereinkunft gelten, sondern der Einsicht entspringen, dass sie die bestmögliche Form des menschlichen Zusammenlebens garantieren. **Beispiele für moralische Normen:** alle Gebote und Verbote wie „Du sollst Notleidenden helfen!" oder „Du sollst nicht töten!"

vs. Konvention

		Anders als konventionelle Verhaltensregeln sind moralische Normen verbunden mit einem hohen Maß an Verantwortungsbewusstsein und der Überzeugung, dass es vernünftig oder richtig ist, so zu handeln. Auch sind sie gekoppelt mit moralischen Gefühlen wie Scham oder Empörung. **Beispiele für konventionelle Normen (Konventionen):** „Rülpse nicht bei Tisch!" oder „Gib einem Fremden zur Begrüßung die Hand!"

vs. Recht

Im Gegensatz zu Rechts-
verletzungen mit institu-
tionalisierten juristischen
Sanktionen wie Bußen
oder Gefängnisstrafen hat
die Verletzung mora-
lischer Normen lediglich
soziale Sanktionen wie
Verachtung, Tadel oder
Ausgrenzung zur Folge.
Diese können auch zu
inneren Sanktionen wie
Scham oder schlechtem
Gewissen internalisiert
werden.
**Beispiele für rechtliche
Normen:** „Taste nicht
ungebeten fremdes
Eigentum an!" oder
„Zahle Deine steuerlichen
Abgaben!"

Philosophische Ethik ist folglich wesentlich *normativ* und möchte
uns mittels grundsätzlicher Reflexionen und allgemeiner Wertmaßstäbe zu begründeten Handlungs- oder Lebensformen anleiten. Neben der „normativen Ethik" fungieren allerdings noch
eine „deskriptive Ethik" und eine „Metaethik", die keinerlei normative Forderungen erheben. Bei der „deskriptiven Ethik" handelt es sich streng genommen gar nicht um eine philosophische
Disziplin. Denn sie beschreibt lediglich, welche Wertvorstellungen und Normen in einer historisch-kulturellen Gemeinschaft
tatsächlich gelten: etwa das Verbot des Verzehrs von Schweine-
fleisch oder das Verbot von Suizidhandlungen in einer jüdischen
bzw. christlichen Gemeinschaft. Solche Feststellungen gehören
eher zum Aufgabenbereich eines empirisch arbeitenden Ethnologen oder Soziologen als eines Philosophen. Demgegenüber kann
die „Metaethik" zwar zur philosophischen Ethik in einem weiteren Sinn gerechnet werden. Sie befindet sich aber auf einer anderen Ebene „meta", d. h. „nach", „hinter" der normativen Ethik.
Sie reflektiert und analysiert die Sprache der Moral und der normativen Ethik sowie die Methoden, mit denen die Ethiker ihre
inhaltlichen Prinzipien begründen. So fragen die Metaethiker
etwa nach der Bedeutung von „gut" oder „sollen" oder danach,

normative Ethik

deskriptive Ethik

Metaethik

ob und wie überhaupt normative Aussagen begründet werden können (vgl. Kapitel 3 und 4). Man nennt die erst im 20. Jahrhundert aufgekommene junge Disziplin der Metaethik auch die Wissenschaftstheorie der Ethik. Die formalen Begriffsklärungen und methodischen Überlegungen der Metaethik sind aber nicht gänzlich abgekoppelt von der normativen Ethik. Einerseits ist die normative Ethik mit ihrem hohen methodischen Anspruch auf die systematische Klärung ihrer sprachlichen Grundlagen und des Stellenwertes der philosophischen Begründungsmethoden angewiesen. Auf der anderen Seite können metaethische Analysen einen allgemeinen systematischen Rahmen für normative Aussagen abgeben und eventuell zu deren Korrektur anregen. Wird ohne Zusatz von „Ethik" gesprochen, meint man in aller Regel die „normative Ethik" als ihren Kernbereich.

Definition

> **Metaethik:**
> Wissenschaftstheorie der Ethik, in der die Grundbegriffe und methodischen Begründungsverfahren der normativen Ethik analysiert werden

Normative Ethik/
Metaethik

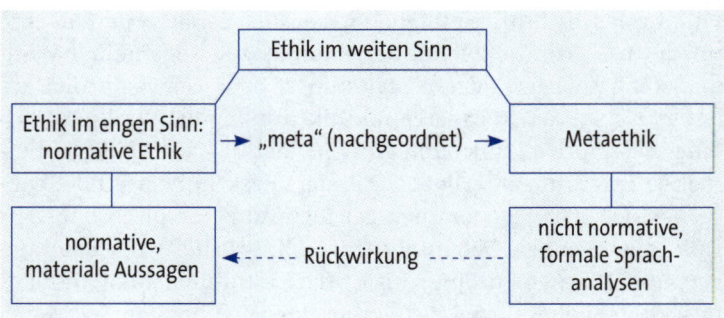

Kehren wir auf die Ebene der normativen Ethik als der Ethik im engeren Sinn zurück, sind innerhalb dieser philosophischen Teildisziplin nochmals zwei Bereiche oder besser Perspektiven zu unterscheiden. Man kann die ethische Grundfrage „Wie soll ich handeln?" nämlich einerseits mit Blick auf die persönliche Lebensführung und die Eigeninteressen des jeweiligen Handelnden stellen. Es geht dann darum, wie der Einzelne die Ziele seines Selbstverwirklichungsstrebens am besten erreicht. In Frage steht das für das Individuum Gute, letztlich sein persönliches Glück oder sein gutes Leben. Die philosophischen Reflexionen von

Individual-/Strebens-
ethik

dieser Warte aus bezeichnet man oft als „Individualethik" oder „Strebensethik". Ein anderes Bild zeigt sich aus der Perspektive der „Sozialethik" oder „Sollensethik" bzw. „Moralphilosophie". Hier steht nicht das für ein Individuum Gute im Zentrum, sondern das für eine bestimmte Gemeinschaft Gute (vgl. Thurnherr, 32ff.). Gut bzw. richtig ist ein Handeln dann, wenn der Handelnde nicht nur die eigenen, sondern auch die Interessen aller von der Handlung Betroffenen angemessen berücksichtigt. Anstelle des Selbstverhältnisses des Einzelnen zu sich selbst gerät hier das Zusammenleben der Menschen in den Blick, anstelle des Eigen-Wollens das moralische Sollen. Das Ideal der Sollensethik oder Moralphilosophie ist nicht das Glück, sondern die Gerechtigkeit. Weil das Zusammenleben weitgehend durch moralische Normen geregelt wird, interessiert sich die Sollensethik für die Moral einer Gemeinschaft. Ich bevorzuge daher für diese sozialethische Perspektive den Terminus „Moralphilosophie".

Sozialethik/Sollensethik/ Moralphilosophie

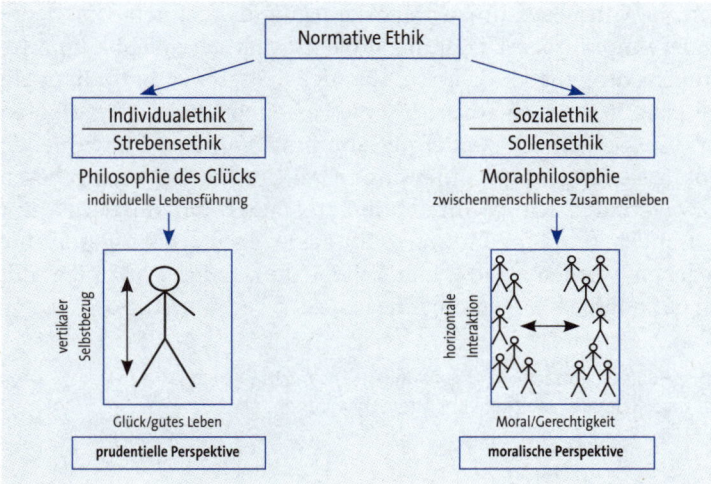

Individualethik vs. Sozialethik

Im Gegensatz zu meiner individualethischen Studie *Das gute Leben* konzentriert sich diese Einführung schwerpunktmäßig auf die Moralphilosophie. Zur näheren adjektivischen Bestimmung der vertikalen Ebene des strebensethischen Selbstbezugs einerseits und der horizontalen Ebene der zwischenmenschlichen Interaktionen andererseits haben sich die Bezeichnungen „prudentiell" und „moralisch" eingebürgert. „Prudentiell" bezieht sich auf das

prudentiell vs. moralisch

individuelle Vermögen der „Klugheit" (lateinisch „prudentia")
und steht für alles Handeln und Reflektieren im Dienst des persönlichen guten Lebens. „Moralisch" andererseits kennzeichnet
alles, was mit der sozialethischen Perspektive eines gerechten Umgangs miteinander zusammenhängt. *Inhaltlich* betrachtet ist moralisches Handeln oder Urteilen also dadurch charakterisiert, dass
man die Bedürfnisse und Interessen der anderen gleichermaßen
beachtet wie die eigenen. Persönliche Freundschafts- oder Feind-
schaftsverhältnisse dürfen auf solche moralischen Erwägungen
keinen Einfluss ausüben. Man nimmt dann den typischen „unparteiischen" oder „objektiven Standpunkt der Moral" ein. Wie
die Bezeichnungen schon sagen, ist ein solcher durch ein hohes

unparteiischer,   Maß an Unparteilichkeit, Objektivität und Reziprozität (Gegen-
objektiver Standpunkt   seitigkeit) gekennzeichnet. Unter Absehung davon, wer welche
der Moral   Interessen vertritt, sucht man nach einer Handlungsalternative,
bei der man auf alle Interessen der Beteiligten angemessen Rücksicht nimmt. Als *formales* Kennzeichen tritt der Anspruch auf uni-

universelle Gültigkeit   verselle Gültigkeit hinzu: Man kann damit rechnen, dass jedes
andere moralische Handlungssubjekt unter vergleichbaren Situationsbedingungen auch so gehandelt hätte bzw. hätte handeln
müssen. Wenn also etwas für eine Person geboten oder verboten
ist, muss es für jede andere Person mit ähnlichen individuellen
Voraussetzungen und unter ähnlichen Umständen auch geboten
bzw. verboten sein. Während im Bereich der Individualethik nur
Ratschläge und Empfehlungen für die je eigene Lebensgestaltung
gegeben werden, sind moralische Urteile oder Prinzipien mit
einem höheren Allgemeinheitsanspruch verbunden.

moralisches   1. **formales Kennzeichen:** Allgemeinheitsanspruch
Urteilen/Handeln   2. **materiales Kennzeichen:** unparteiischer Standpunkt

Anschauungsbeispiel: prudentiell/moralisch

Peter, seit 10 Jahren verheiratet und Vater von vier kleinen Kindern, möchte seine
Familie verlassen und mit seiner jungen Sekretärin zusammenziehen, mit der er
ein Verhältnis hat. Er bespricht sich mit zwei seiner besten Kollegen. Beide raten
Peter davon ab, aber mit verschiedenen Argumenten.

a) **prudentielle Argumentation:** Kollege A rät Peter: „Das Verhältnis mit der jungen
Sekretärin wird nicht von langer Dauer sein. Die Trennung von Deiner Familie
aber, v. a. von den vier liebenswerten Kindern, wird Dich ins Unglück stürzen."

b) **moralische Argumentation:** Kollege B rät Peter: „Deine Frau und Deine Kinder sind auf Dich angewiesen. Du darfst sie keineswegs im Stich lassen und nur an Dein eigenes Glück denken." (nach Ricken, 14f.)

Ohne hier absichtlich Verwirrung stiften zu wollen, gilt es noch eine zweite Differenzierung vorzunehmen, die zur Unterscheidung zwischen einer „Philosophie des Glücks" und der „Moralphilosophie" quer steht: Normative Ethik kann entweder als *Allgemeine Ethik* oder *Angewandte Ethik* betrieben werden. Die Allgemeine Ethik macht, wie bereits dargelegt, allgemeine begründete Aussagen über das glückliche Leben des Einzelnen oder das gerechte Zusammenleben in der Gemeinschaft. Demgegenüber versucht die Angewandte Ethik, solche grundlegenden Wertmaßstäbe, Prinzipien oder Normen auf bestimmte gesellschaftlich relevante Handlungsbereiche „anzuwenden". Sie nimmt dabei ihren Ausgangspunkt bei konkreten Problemen oder Fragestellungen, die sich aus der Praxis ergeben: etwa bei der Frage nach der Sterbehilfe („Medizinethik") oder dem richtigen Umgang mit der Natur („Ökologieethik"). Sie zerfällt entsprechend den unterschiedlichen Themen und Handlungsfeldern in verschiedene, weder in ihrer Zahl noch in ihrer gegenseitigen Abgrenzung klar festgelegte „Bereichsethiken". Selten reicht eine passende ethische Theorie oder ein Katalog normativer Kriterien aus, um konkrete Fragen aus der Praxis zu beantworten. Bezüglich der Sterbehilfedebatte beispielsweise könnte man auf die Prinzipien „Autonomie" und „Fürsorge" rekurrieren. Solche generellen abstrakten Prinzipien oder Konzepte müssen aber hinsichtlich konkreter situativer Bedingungen neu überdacht, spezifiziert und weiterentwickelt werden. Ziel ist die Formulierung praxisbezogener spezifischer Normen, mit deren Hilfe Probleme gelöst werden können.

Allgemeine vs. Angewandte Ethik

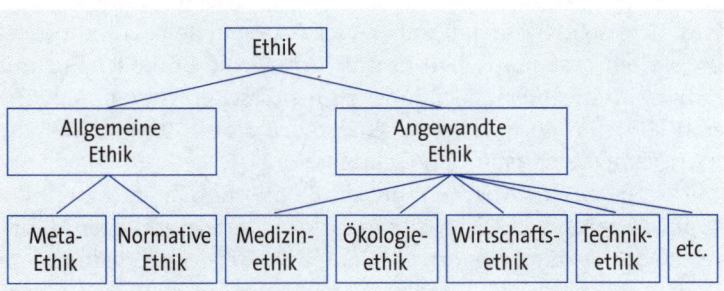

Allgemeine Ethik vs. Angewandte Ethik

Anschauungsbeispiel: Angewandte Ethik

Konkrete Frage aus der Praxis: Ist Suizid ethisch legitim?
Aufgrund des in unserer Gesellschaft weithin akzeptierten Prinzips „Selbstbestimmung" scheint ein Suizid grundsätzlich ethisch legitim zu sein. Das scheinbar konfligierende Prinzip „Schutz des Lebens" bezieht sich lediglich auf Lebensbedrohung durch andere Menschen, nicht durch die eigene Hand. Im Einzelfall sind aber die konkreten Umstände zu berücksichtigen. So stellt sich die prudentielle Frage, ob es sich im gegebenen Fall wirklich um eine ausweglose individuelle Lebenssituation handelt (*prudentielles Kriterium*). Moralische Gesichtspunkte betreffen einerseits die Mitmenschen, die aufgrund ihrer Pflicht zur Fürsorge dem sterbewilligen Menschen bessere Lebensbedingungen hätten schaffen können, andererseits die Angehörigen, die möglicherweise durch sein Ableben psychischen oder materiellen Schaden erleiden (*moralische Kriterien*).

historische vs. systematische Methode

In methodischer Hinsicht bieten sich für eine Einführung in die Ethik zwei methodische Vorgehensweisen an: die *historische* und die *systematische Methode*. Bei einem historischen Vorgehen versucht man einen Überblick zu geben über die Geschichte der Sozialethik von ihren Anfängen bei den Vorsokratikern bis in die Gegenwart. Der aufmerksame Leser kennt zwar am Ende einer solchen Lektüre die verschiedenen Antworten von Platon bis zu den zeitgenössischen Philosophen auf die ethische Grundfrage „Wie soll ich handeln?" Da die heterogenen Positionen lediglich durch eine chronologische Ordnung ihrer zeitlichen Abfolge miteinander in Beziehung stehen, dürfte dabei aber das Verständnis von „Moralphilosophie" als solcher kaum wachsen. Eine rein systematische Darstellung der Ethik andererseits würde bedeuten, dass man ein lückenloses hierarchisch geordnetes System moralischer Prinzipien entwerfen würde. Ohne historische Grundkenntnisse und das von verschiedenen Philosophen weiterentwickelte methodische und begriffliche Instrumentarium ist eine solche Systematik aber nicht zu erstellen. Trotz meines Ziels einer systematischen Einführung in die Ethik scheint mir daher ein angemessener Einbezug historischer Thesen, Modelle und Theorien notwendig zu sein, sofern dies unter einem systematischen Gesichtspunkt geschieht.

induktive vs. deduktive Methode

Neben dem historischen und systematischen Zugang zu philosophisch-ethischem Wissen kann als weitere grundlegende Unterscheidung diejenige zwischen induktivem und deduktivem Vorgehen angesehen werden: Bei der *induktiven Methode* steigt man vom konkret-alltäglichen praktischen Einzelfall bzw. Einzelurteil eines Moralbetrachters zu allgemeinen ethischen Prinzipien auf. Bei der *deduktiven Methode* geht man den umgekehrten Weg von allgemeinen ethischen Prinzipien zur moralischen Beurteilung von Einzelhandlungen. Ein induktives Vorgehen kämpft jedoch mit der Crux, dass von Einzelurteilen noch so kompetenter Moralbeurteiler niemals auf die Berechtigung moralischer Prinzipien geschlossen werden kann. Will man zudem nur bestimmte situationsspezifische Werturteile als Ausgangspunkt der induktiven Begründungen gelten lassen, müsste man auf ein oberstes moralisches Prinzip rekurrieren. Da ein solches aber erst zu beweisen ist, läge ein begründungslogischer Zirkel („petitio principii") vor. Dieses Begründungsproblem löst auch ein deduktives Vorgehen nicht, sondern verschiebt es nur auf die Ebene der vorausgesetzten allgemeinen Moralprinzipien. Werden diese nämlich bloß dogmatisch gesetzt, haben sie selbst und die daraus abgeleiteten Normen oder Urteile wenig Überzeugungskraft. Darüber hinaus wird der deduktiven Methode gerne der Vorwurf gemacht, sie werde der Besonderheit konkreter Handlungssituationen nicht gerecht (vgl. Düwell, 245). Während sich also weder eine streng induktive noch deduktive Methode in der Moralphilosophie empfiehlt, wo es um die Begründung moralischen Handelns geht, sollte eine einführende Darstellung zu moralphilosophischen Grundfragen in einem sehr weiten Sinn „induktiv" sein: Zum besseren Verständnis teilweise sehr abstrakter moralphilosophischer Zusammenhänge will ich den Ausgangspunkt so oft wie möglich bei konkreten Beispielen aus der moralischen Alltagspraxis oder dem allgemeinen moralischen Vorverständnis nehmen. Ihnen kommt dann aber nicht die Funktion von induktivem „Beweismaterial" zu, sondern sie dienen allein der Illustration.

| a) **historisch:** | chronologische Abfolge einzelner Theorien | *Methoden der Ethik* |
| **systematisch:** | in sich geschlossener und geordneter Theoriekomplex | |

| b) **induktiv:** | konkreter Einzelfall | ⟶ | allgemeines Prinzip |
| **deduktiv:** | allgemeines Prinzip | ⟶ | konkreter Einzelfall |

1.2 | Ethisches Argumentieren

„Michael: Dirk, du bist doch Philosoph. Was hältst du eigentlich vom Schwangerschaftsabbruch? Ist Abtreibung ‚unethisch'?

Dirk: Nun, das ist in der Philosophie nicht ganz unumstritten. Peter Singers Position ist so-und-so. Demgegenüber hat man von einer kantianischen Position aus den-und-den Gründen das-und-das eingewandt, und Richard Hare hat dieses-und-jenes entgegnet.

Michael: Ach Dirk, ich wollte nicht von dir hören, wie es Philosoph X, Y, Z oder sonst wer sieht, sondern wie du es siehst. Ist das denn wirklich zuviel verlangt?" (Link/Schubert, 6)

Wie in Kapitel 1.1 deutlich wurde, ist es nicht die Aufgabe der philosophischen Ethik, konkrete, direkte Handlungsanweisungen etwa in der soeben angesprochenen Abtreibungsfrage zu geben. Gerade für den praktischen Bereich gilt vielmehr Kants Diktum, demzufolge man „Philosophie" als solche nicht lehren oder lernen kann, sondern nur das „Philosophieren" (vgl. Kant 1982, A/B 26). Denn die Philosophie bzw. die Ethik existiert gar nicht als ein fertiges, unangefochtenes Lehrgebäude, so dass man ihre Lehrsätze in einem verbindlichen Lehrbuch präsentieren könnte. Obwohl sich im Laufe des philosophischen Forschungsprozesses die eine oder andere historische Position als unhaltbar oder überlegener als andere erwiesen hat, bildete sich bei kaum einer Frage ein abschließender Konsens heraus. Es geht daher in der philosophischen Ethik weniger darum, einen bestimmten Normenkodex zu lernen und etwa in der Abtreibungsfrage einen autoritären Standpunkt zu vertreten, als sich einzuüben ins ethische Argumentieren und Begründen (vgl. Link/Schubert, 6f.). So beschränken sich viele Philosophen wie Dirk darauf, bezüglich einer bestimmten Frage einen systematischen Überblick über die wichtigsten, z. T. heterogenen Positionen und Argumente zu geben, ohne die eigene Meinung kundzutun. Zwar kann man die Ungeduld und den Ärger des philosophischen Laien Michael gut verstehen: Hat er doch den ausgebildeten Philosophen Dirk nach einer Stellungnahme pro oder kontra Schwangerschaftsabbruch gefragt und nicht nach einem Vortrag über die Argumentation verschiedener Philosophen. Anders als bei der Frage, ob Dirk Vanilleeis besser schmecke als Schokoladeneis, hat Michael aber vermutlich mehr erwartet als eine simple Ja-/Nein-Antwort zur Abtreibungsproblematik: Er erhoffte sich wohl eine überzeugende Argumentation für die von Dirk vertretene Position. Indem Dirk jedoch als Autorität ganz hinter die Darstellung der verschiedenen Argumentationsmöglichkeiten zurücktritt, gibt er seinem Gesprächspartner die Chance, sich selbst ein begründetes ethisches Urteil zur fraglichen Problematik zu bilden. Ob die jeweiligen Argumente von Kant, Singer oder Dirk selbst stammen, ist im ethischen Diskurs im Grunde irrelevant. Doch was ist eigentlich ein „Argument"?

Ein „Argument" ist eine Aussage, mit welcher der Geltungsanspruch einer Behauptung begründet wird. Wer etwas behauptet oder fordert, erhebt damit nämlich immer zugleich den Anspruch, dass es wahr oder richtig sei, was er sagt. Dies nennt man einen Geltungsanspruch auf Wahrheit oder normative Richtigkeit. Verkürzt könnte man also sagen, das Argument sei ein Beweisgrund (in Form einer begründenden Aussage), also etwas, das als Rechtfertigung oder Beweis vorgebracht wird. Stephen Toulmin hat die Struktur von Argumenten analysiert und an folgendem Beispiel illustriert (vgl. Toulmin, 88 – 99): Irgendwer stellt die Behauptung (K) auf: „Harry ist britischer Staatsbürger". Sein Gesprächspartner fragt, wie er zu dieser Behauptung komme bzw. worauf er sich stütze: „Warum bist Du der Meinung, dass Harry britischer Staatsbürger ist?". Erwartet werden zusätzliche Informationen oder „Daten" (D) wie etwa: „Harry wurde auf den Bermudas geboren". Natürlich wird man dann weiterfragen: „Ja, wie kommst Du denn von dieser Tatsache auf deine Behauptung?" oder kurz: „Wie gelangst Du dahin?". Zu einem vollständigen Argument gehört daher noch eine Schlussregel (SR). Eine solche Schlussregel ist eine Regel oder ein Prinzip, das zeigt, dass der Schluss legitim ist. In unserem Fall müsste die „Immer wenn-dann-Schlussregel" lauten: „Wer auf den Bermudas geboren ist, bekommt die britische Staatsbürgerschaft". Möglicherweise hakt der skeptische Gesprächspartner ein weiteres Mal nach und will wissen, wieso diese Regel gültig sein soll. Man versucht dann, die Norm mit einer „Stützung" (S) zu begründen, beispielsweise mit dem Hinweis auf die jedermann zugänglichen britischen Gesetze, in denen sie verankert ist.

Randbemerkungen:
Argument

Toulmin: Struktur von Argumenten

Toulmin-Schema

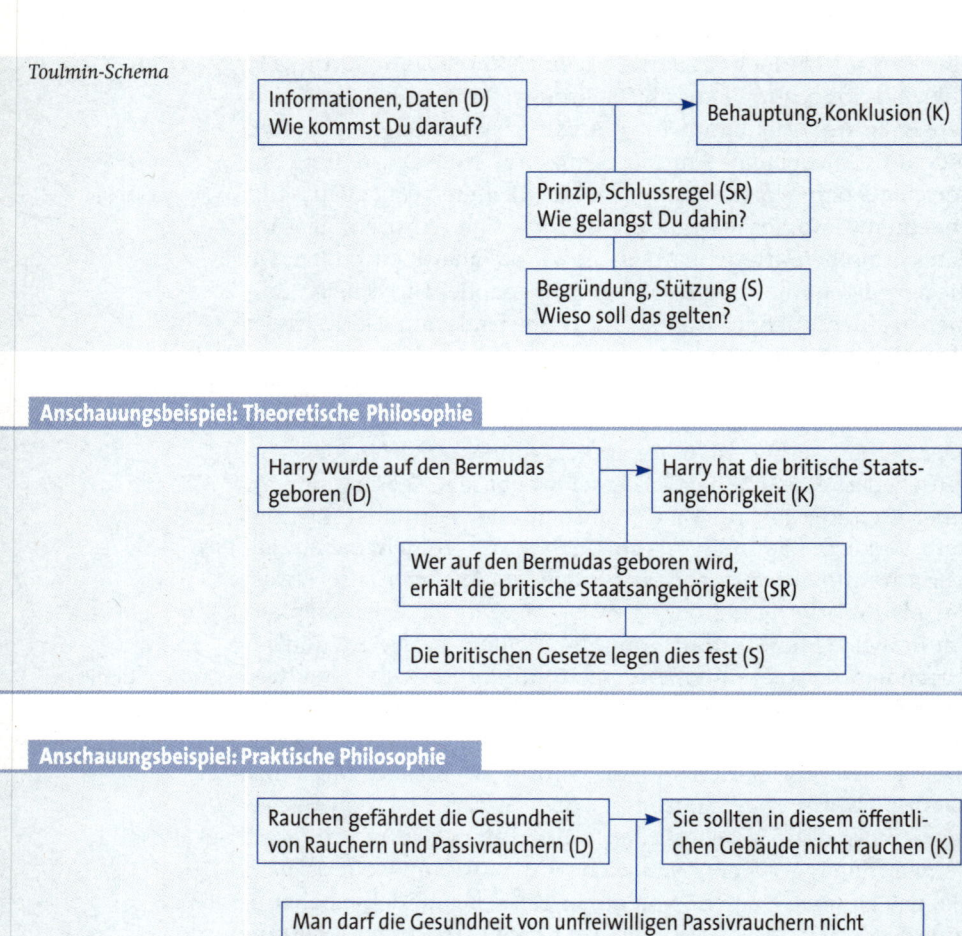

Anschauungsbeispiel: Theoretische Philosophie

Anschauungsbeispiel: Praktische Philosophie

Auch im Bereich der Praxis lässt sich ein Argument durchaus in dieser Form des Toulminschen Schemas zur Darstellung bringen, wie das Anschauungsbeispiel zur praktischen Philosophie zeigt. Viel häufiger angewendet wird aber in der Ethik der „praktischer Syllogismus   tische Syllogismus". Als Konklusion (K) fungiert in der Regel ein singuläres Gebot oder Verbot, das in einer konkreten Situation zu einem bestimmten Handeln auffordert. Man denke etwa an normative Äußerungen wie: „Du sollst diesem Menschen hier helfen" oder „Sie sollten in diesem öffentlichen Raum nicht rauchen". Indem man damit implizit behauptet, dass es gut bzw. richtig sei, in dieser Situation zu helfen oder nicht zu rauchen, erhebt man einen Anspruch auf normative Richtigkeit. Um die normativen Geltungsansprüche zu begründen, werden der Konklusion zwei Prämissen vorangestellt: Die erste *präskriptive Prämisse* oder der Obersatz ist vorschreibend oder eben „präskriptiv", wie der Name schon sagt. Sie stellt eine allgemeinere Norm oder ein Prinzip dar (vgl. Kapitel 6) und übernimmt die Funktion der Schlussregel (SR). Beispiele wären „Notleidenden soll man helfen" oder „Die Gesundheit unschuldiger Menschen darf nicht gefährdet werden". Die zweite *deskriptive Prämisse* oder der Untersatz ist demgegenüber beschreibend, d. h. „deskriptiv". Er macht in Form einer Tatsachenaussage (D) den Bezug zur jeweiligen Handlungssituation deutlich: „Dieser Mensch ist in Not" bzw. „Rauchen gefährdet die Gesundheit von Rauchern und Passivrauchern". Der praktische Syllogismus kann grundsätzlich nicht nur als moralisches Prinzip (a), sondern auch als rein prudentielles Prinzip der Zweckrationalität für die Ermittlung der geeigneten Mittel zur Erreichung eines gewünschten Zwecks angewandt werden (b).

a) Prinzip der Moralität:

1. *präskriptive Prämisse:*	allgemeines Gebot (SR): Notleidenden soll man helfen. Die Gesundheit unschuldiger Menschen darf nicht gefährdet werden.
2. *deskriptive Prämisse:*	Tatsachenaussage (D): Dieser Mensch ist in Not. Rauchen gefährdet die Gesundheit von Rauchern und Passivrauchern.
3. *Konklusion:*	singuläres Gebot (K): Du sollst diesem Menschen helfen. Sie sollten in diesem öffentlichen Raum nicht rauchen.

Praktischer Syllogismus: Moralität

b) Prinzip der Zweckrationalität:

1. *erstrebtes Ziel:*	Tina will trotz des Regens trocken zu Fuss an die Uni kommen.
2. *bestes Mittel zum Zweck:*	Tina glaubt, ein Regenschirm schütze am zuverlässigsten vor Regen.
3. *bestmögliche Handlung:*	Tina spannt einen Regenschirm auf.

Zweckrationalität

Bei dem uns hier interessierenden praktischen Syllogismus im moralischen Kontext (a) fällt auf, dass die Stützung (S) der Schlussregel im Unterschied zu Toulmins Schema ausgespart bleibt. Dies irritiert vor allem deswegen, weil die meisten ethischen Kontroversen sich an bestimmten geltenden Normen oder Prinzipien entzünden. Der (bisher unangefochtene) Geltungsanspruch solcher regulierenden Normen wird in Frage gestellt, und man muss versuchen, diesen seinerseits zu begründen: „Warum soll man überhaupt Notleidenden helfen?" oder „Warum darf man die Gesundheit anderer partout nicht gefährden?". Wie bereits betont, beschränken sich philosophische Ethiker meist nicht auf das Aufstellen irgendwelcher Normen. Sie sehen ihre Hauptaufgabe vielmehr im kritischen Hinterfragen und Begründen derselben. Kontrovers ist aber nicht immer nur die präskriptive Prämisse bzw. die Stützung der Schlussregel, sondern oft bereits die Beschreibung und Interpretation der konkreten Handlungssituation, also die deskriptive Prämisse (vgl. Dietrich, 21f.): Welche Daten und Informationen (D) sind für die Wahl der Handlung überhaupt relevant? Wann kann man beispielsweise von einem Menschen sagen, er sei in Not? Oder wie „schädlich" ist Passivrauchen unter verschiedenen Umständen wirklich?

Argumentationsschritte   Am Anfang jeder ethischen Argumentation muss daher eine sorgfältige *Situationsanalyse* mit der Benennung der äußeren Fakten und aller beteiligten Personen stehen. Die verwendeten Begriffe und Daten sollten hinterfragt und überprüft werden. In einem zweiten Schritt der *Interessen- und Konfliktanalyse* werden die widerstreitenden Interessen und Erwartungen dieser Betroffenen aufgelistet. Danach kann eine *Analyse der Handlungsalternativen* erfolgen, die sich in der gegebenen Situation anbieten. Insbesondere ist zu berücksichtigen, welche Mittel zur Durchführung der einzelnen Optionen zur Verfügung stehen und welche Handlungsfolgen zu erwarten sind. Erst dann steht hinsichtlich dieser verschiedenen Handlungsoptionen eine genauere *Analyse der Werte und Normen* an. Die situativ relevanten oder von den jeweiligen Parteien implizit oder explizit vorausgesetzten Werte, Normen oder Rechte müssen auf ihre Begründbarkeit untersucht und mit Bezug auf grundlegendere Wertmaßstäbe oder höhere Prinzipien gegeneinander abgewogen werden. Während alle hier aufgeführten Schritte zum „Argumentationsgang" oder zur „Argumentation" im weiten Sinn gerechnet werden können, kommen „Argumente" im eigentlichen, engeren Sinn erst jetzt ins Spiel. Aufgrund dieser Abwägung aller relevanten Gründe und Argumente für oder gegen die einzelnen Handlungsoptionen bestimmt man schließlich im letzten Schritt die bestmögliche Alternative (*Konklusion*).

Anschauungsbeispiel

Ein 50-jähriger Raucher wird wegen Infarktgefahr in ein Krankenhaus in Manchester eingeliefert. Die dortigen Chirurgen weigern sich aber, dem Kettenraucher einen Bypass zu legen, wie man das normalerweise tun würde. Denn ihre Erfahrung zeigt, dass der kostspielige Eingriff, mit dem verengte Herzkranzgefäße überbrückt werden, bei Rauchern öfter wiederholt werden muss und häufiger Infektionen verursacht. Da Nichtraucher wesentlich bessere Erfolgsaussichten haben, müssen sie nach Meinung der Ärzte Vorrang auf den Wartelisten haben.

Harry will das Rauchen nicht aufgeben, wird nicht operiert und stirbt kurze Zeit später an einem Herzinfarkt. (nach Pfeifer, 155)

Frage: Dürfen Ärzte Rauchern eine Bypass-Operation verweigern? (vgl. ebd., 69)

Schema der Argumentationsschritte

1. Schritt: Situationsanalyse
- Feststellung der äußeren Fakten und der (direkt und indirekt) Betroffenen
- Sammeln und Prüfen von Informationen

z.B.: akut gefährdeter Patient, extremer Engpass an Ressourcen, überlastete Krankenkassen

↓

2. Schritt: Interessen- und Konfliktanalyse
- Benennung von widerstreitenden Interessen und Erwartungen: subjektives Wollen
- Welche Wertvorstellungen, Rechte und Pflichten sind angesprochen?

z.B.: Raucher (weiter rauchen, leben); Ärzte (Behandlungserfolg, möglichst vielen helfen); Krankenkassen und Beitragszahler (geringe Beiträge, bestmögliche Behandlung)

↓

3. Schritt: Analyse der Handlungsalternativen
- Welche Handlungsoptionen stehen überhaupt zur Verfügung?
- Welche Mittel sind angemessen?

z.B.: Ärzte verweigern die Behandlung oder führen Bypass-Operation durch

↓

4. Schritt: Analyse der Werte und Normen
- Abwägung der Argumente pro und kontra die Handlungsalternativen: ethisches Sollen

- Wie lassen sich die dabei relevanten Normen und Prinzipien begründen oder kritisieren (vgl. Kapitel 4–6)?

z.B.:

- Abwägung der Rechte und Pflichten des Rauchers (Recht auf Gesundheit und gleiche Behandlung/Pflicht zur solidarischen Verantwortung für die Gesundheitskosten) gegenüber denjenigen der Ärzte (Pflicht zur Hilfeleistung/ Recht, Behandlung an bestimmte Bedingungen zu knüpfen)
- utilitaristische Nutzenrechnung: hohe Kosten seitens der Ärzte/Kassen/Beitragszahler; Behandlungserfolg unwahrscheinlich

5. Schritt: Konklusion
- Schlussfolgerung aus der Abwägung in Schritt 4
- Bestimmung des relativ kleinsten Übels bzw. der bestmöglichen Handlungsalternative

z.B.: Ärzte sollen an ihren Bedingungen festhalten.

Diese schematische Gliederung des Argumentationsvorgangs in fünf Schritten könnte als Leitfaden für eine methodische, zielführende ethische Urteilsfindung dienen. Bezüglich der auf der vierten Stufe zum Zug kommenden Argumente im engeren Sinn gilt: Sowohl das Toulmin-Schema als auch der Praktische Syllogismus sind in der alltäglichen moralischen Praxis von großem Nutzen. Ganz generell schulen sie das Auge für eine rationale, gut strukturierte Argumentation. Um im Speziellen die Stichhaltigkeit von Argumenten zu prüfen, empfiehlt sich oft der **Toulmin-Test** T-(Toulmin-)Test. In Kapitel 4.2.1 werde ich solche Testverfahren anhand der naturalistischen Argumente durchführen. Je nach den in solchen Argumenten aufgeführten Gründen, d.h. den jeweiligen deskriptiven Informationen und präskriptiven Normen **Argumentationstypen** und Prinzipien lassen sich unterschiedliche Typen von Argumentationen unterscheiden: So wird bei bestimmten Argumentationsformen auf Fakten Bezug genommen (Naturalismus), auf Intuitionen (Intuitionismus), Folgen (Konsequentialismus) oder universelle Prinzipien (Deontologie). In fast allen Handlungssituationen des Alltags werden allerdings diese in unten stehender Liste zusammengestellten verschiedenen Argumentationstypen kombiniert. Ziel dieser Einführung ist es, dass der Leser in alltäglichen moralischen Diskussionen bestimmte Typen von ethischen Gründen und Argumenten wiederzuerkennen und ihre Stichhaltigkeit zu hinterfragen vermag. Denn dies trägt zur Sachlichkeit und Klarheit eines Gesprächs bei und vermindert die Gefahr, effektheischender Rhetorik auf den Leim zu gehen.

Bezugnahme auf: *Argumentationstypen*

• **Fakten**	Naturalismus	Kapitel 4.2.1
• **Intuitionen**	Intuitionismus	Kapitel 4.2.2
• **Gefühle**	Emotivismus/Gefühlsethik	Kapitel 3.1/7.1
• **Eigeninteressen**	Egoismus	Kapitel 4.1.1
• **Verträge**	Kontraktualismus	Kapitel 4.1.2
• **universelle Prinzipien**	Deontologie	Kapitel 4.2.3/6
• **Folgen**	Konsequentialismus	Kapitel 5
• **Autoritäten/Traditionen**	Kulturrelativismus	Kapitel 4.3

Warum überhaupt moralisch sein? | 1.3

Anschauungsbeispiel

Maria findet einen hübschen Fingerring in der Umkleidekabine im Hallenbad. Sie weiß, dass es moralisch richtig wäre, den Fingerring im Fundbüro des Bads abzugeben. Trotzdem zögert sie, es zu tun. Von ihrem Taschengeld wird sie sich nie ein so teures und schönes Schmuckstück leisten können. Und ihr Freund hatte vor zwei Wochen einen Geldschein gefunden, den er auch behielt. Wieso soll sie überhaupt moralisch sein?

Auch wenn jemand eine überzeugende Antwort auf die Frage gefunden hat, welches Handeln moralisch richtig ist, kann er die noch grundlegendere Frage aufwerfen: „Warum (soll ich) überhaupt moralisch sein?" Seit ihrer Geburtsstunde im fünften vorchristlichen Jahrhundert wird die philosophische Ethik unterschwellig begleitet von dieser skeptischen Infragestellung. Allerdings haftet der Frage in den Augen der Moralphilosophen wie wohl auch der meisten anderen Menschen etwas Anstößiges oder doch Irritierendes an. Insbesondere unter der Dominanz der christlichen Religion galt sie als deplatziert (vgl. Bayertz, 19f.). Erst seit dem 19. Jahrhundert ist man offen und aufgeklärt genug, sich ihr aufrichtig zu stellen und ihr sogar im philosophischen Diskurs Raum zu lassen. Man kann dabei zwei grundlegende Motivationstypen unterscheiden, die solches Fragen in Gang zu setzen pflegen: Zum einen gibt es Menschen, die sich im Zeichen des Egoismus primär oder ausschließlich an ihren eigenen Interessen orientieren (vgl. Kapitel 4.1.1). In diesem Sinn überlegt sich Maria bei ihrem glänzenden Fund, welch große Freude ihr der Ring bereiten und wie sehr sie damit bei ihren Freunden Eindruck machen könnte. Wer ohne Rücksichtnahme auf die Interessen der Mitmenschen konsequent den eigenen Interessen nachgeht, erlebt die moralischen Normen zwangsläufig als lästiges Korsett und Hindernis. Zum anderen kann man wie Maria die Erfahrung gemacht haben, dass sich seine Freunde bzw. die meisten anderen Menschen bedenkenlos über die moralischen Regeln hinwegsetzen. Zwar hat man sich stets bemüht, moralisch zu sein. Aber die eigene Güte und Großzügigkeit wurde von den Mitmenschen womöglich noch schamlos ausgenutzt statt honoriert, so dass man sich am Ende als „die Dumme" vorkam (vgl. Bayertz, 22f.). In beiden Fällen argumentiert man offenkundig vom Standpunkt der eigenen Interessen bzw. des persönlichen Glücks aus. Man überlegt sich, wie zu leben für sich selbst das Beste sei. Solche Reflexionen über die individuelle Lebensführung ordneten wir im Kapitel 1.1 der Individual- oder Strebensethik zu. „Warum überhaupt moralisch sein?" erweist sich damit als eine genuin strebensethische lebenspraktische Frage.

> strebensethische Frage

Wie im Fall von Maria, die trotz des moralischen Rückgabegebots fremden Eigentums aus persönlichem Interesse das wertvolle Schmuckstück unbedingt behalten möchte, erfahren wir im Alltag oft ein Auseinanderklaffen der individualethischen und sozialethischen Perspektive: Moralisches Handeln scheint oft nur auf Kosten unserer eigenen Interessen oder unseres subjektiven Glücks möglich zu sein (vgl. Fenner 2007, 12f.). Erst wo die individual- und sollensethischen Ansprüche derart miteinander in Konkurrenz treten, drängt sich die moralskeptische Frage auf, ob sich moralisches Denken und Handeln für den Einzelnen überhaupt „lohnt". Obgleich solche Konflikte zwischen den beiden Beurteilungsrichtungen in der Praxis gleichsam vorprogrammiert zu sein scheinen, besteht nicht *per definitionem* ein Widerspruch zwischen ihnen. Vielmehr sind viele Handlungen im Zeichen des persönlichen Glücksstrebens entweder moralisch indifferent oder moralisch lobenswert, und vice versa können moralisch gute Handlungen durchaus Glück bereiten. So kann jemand besonders gern hilfsbedürftige Menschen glücklich ma-

> Konflikt individual-
> vs. sozialethische
> Forderungen

chen und in einem karitativen Hilfswerk seine berufliche Erfüllung finden. Moralisches Sollen und Eigenwollen, Pflicht und
Neigung wären bei seinem Tun harmonisch vereint. Unsere Erfahrungen mit dem Auseinanderdriften von pragmatischem Wollen und moralischem Sollen zeigen uns aber deutlich: Während
wir immer schon unmittelbar motiviert sind, unserem Glücksstreben Folge zu leisten, tun wir das moralisch Gebotene oft nur
widerwillig oder gar nicht. Anstelle der als redundant bis absurd
empfundenen Frage „Warum überhaupt glücklich sein?" hört
man daher immer nur die andere: „Warum überhaupt moralisch
sein?" Und man erwartet als Antwort auf diese Warum-Frage
prudentielle Gründe des Selbstinteresses am eigenen Wohlergehen.

    prudentielle Gründe

    Angesichts dieser Umlenkung der sozialethischen auf die indi-
vidualethische Fragerichtung haben philosophische Ethiker immer wieder nachzuweisen versucht, dass die Warum-Frage auf
inkonsistenten Voraussetzungen basiere und daher sinnlos sei
(vgl. Bayertz, 71): Führe man nämlich bei ihrer Beantwortung
außermoralische individualethische Gründe an, werde die Moral
auf ein außermoralisches Fundament gestellt und ein unange-
messener Typ von Gründen bemüht. Verweise man demgegenüber auf moralische Gründe, begehe man einen Zirkelschluss.
Denn man würde die Geltung moralischer Kriterien oder Prinzipien voraussetzen, die gerade in Zweifel stünden. Einen Aus-
weg aus diesem Dilemma scheint es auch aus meiner Sicht letztlich nicht zu geben. Eigentliche „starke" Gründe und Argumente
für moralisches Denken und Handeln sind immer nur Personen
gegenüber sinnvoll, die bereit oder fähig sind, die eigene ego-
zentrische strebensethische Perspektive zu transzendieren.
Solche „starken Gründe" könnten etwa lauten, alle Menschen
seien gleich und als gleichberechtigt anzuerkennen, oder ein
gerechtes, wohlgeordnetes Zusammenleben nach moralischen
Normen sei für alle Menschen besser als Krieg und Ungerechtigkeit. Einsichtig sind solche Argumente wie gesagt nur für diejenigen, die über die Fähigkeit verfügen, sich in andere Menschen
hineinzuversetzen, und die fremde Interessen und Bedürfnisse
als einen möglichen Handlungsgrund gelten lassen. Mutmaßlich besitzt jeder Mensch bei der Geburt die natürlichen Anla-
gen sowohl zur Selbstzentriertheit (Egoismus/Egozentrismus) als
auch zum Transzendieren seines eigenen Standpunktes zuguns-

    Warum-Frage sinnlos?

    Egoismus vs. Altruismus

ten der Fremdzentriertheit (Altruismus). Im Unterschied zum von Anfang an stark präsenten Egozentrismus muss die zweite, fremdbezogene Anlage durch sorgfältige Erziehung und Bildung gefördert werden (vgl. Kapitel 7.3). Da es bei einem erwachsenen egoistischen Amoralisten meist zu spät für solche charakterbildenden Maßnahmen sein dürfte, bleibt einem nichts anderes übrig, als ihm möglichst überzeugende „schwache" außermoralische Gründe zu liefern. Die wichtigsten von ihnen sollen im Folgenden aufgelistet und kritisch beleuchtet werden.

Vermeidung sozialer Sanktionen

Die nahe liegendste und simpelste Antwort auf die Warum-Frage lautet wohl: „Du sollst moralisch sein, um soziale Sanktionen zu vermeiden!" Verstöße gegen die in einer Gemeinschaft anerkannten moralischen Normen werden in der Regel lediglich mit gesellschaftlicher Ächtung, Tadel oder Ausgrenzung quittiert (vgl. Kapitel 1.1). Wo moralische Normen zusätzlich durch institutionelle Mechanismen des Strafrechts gesichert werden, sind sie zu juristischen Normen avanciert. Übertretungen werden dann mit Bußen oder Gefängnisstrafen geahndet. Vielleicht lässt sich ein amoralischer Mensch mit solchen Drohungen einschüchtern. Voraussetzung für den Erfolg dieser Argumentationsstrategie wäre auf jeden Fall ein bereits etabliertes Netz von Normen und ein entsprechendes Sanktionensystem. Das Grundproblem besteht aber wie bei allen weiteren schwachen Argumenten darin, dass man Menschen auf diese Weise höchstens zu einem moral*konformen* Verhalten animieren kann, das also nur vordergründig betrachtet moralisch ist: Obgleich die ausgeführten Handlungen nach außen alle Eigenschaften von moralischen Handlungen aufweisen, fehlt eine moralische Intention des Handlungssubjekts. Es führt die moralisch richtige Handlung nur aus, weil es dazu abgerichtet wurde. Moralisch handelt aber nur, wer aus Einsicht in die Richtigkeit bestimmter Normen handelt, d. h. weil er einsieht, dass sie die bestmögliche Form menschlichen Zusammenlebens garantieren. Eine unter Zwang und Sanktionsdrohungen befolgte Moral wäre lediglich eine präkonventionelle heteronome, d. h. fremdbestimmte Moral (vgl. Kapitel 7.3).

Moral im Eigeninteresse

Weniger heteronom klingt eine zweite mögliche Antwort auf die Warum-Frage: „Du sollst moralisch sein, weil es in Deinem eigenen Interesse liegt!" Es ist dies die Argumentationsweise der Kontraktualisten oder Vertragstheoretiker, denen Kapitel 4.1.2

gewidmet ist. Der Amoralist wird hier dazu aufgefordert, sich einen Zustand der Gesellschaft ohne jegliche moralischen Normen vorzustellen. Unter der Voraussetzung eines eher pessimistischen Menschenbildes sieht man dann vor dem inneren Auge eine Welt, in der Menschen einander gegenseitig ermorden, bedrohen, bestehlen und betrügen — oder in der man wenigstens aufgrund der Knappheit von Raum und materiellen Gütern nie sicher sein kann, dass sie es nicht tun. Sicherlich würde jeder ohne Zögern zustimmen, dass eine solche instabile soziale Lage das persönliche Glücksstreben arg beeinträchtigen könnte. Im Zeichen des langfristigen Selbstinteresses soll man daher für eine moralisch geregelte Ordnung votieren, die allen Beteiligten hinreichende Sicherheit voreinander garantiert. Wie beim obigen Ziel der persönlichen Schadensbegrenzung kann ein solches Handeln im Interesse der individuellen Nutzenmaximierung zwar sozialethisch wertvolle Folgen haben. Das Handeln selbst aber ist nicht moralisch, solange der eigene Interessenstandpunkt in keiner Weise transzendiert wird. Abgesehen von dieser bereits monierten grundsätzlichen Crux suggeriert das Argument auch irreführenderweise, es gäbe nur die beiden Alternativen einer vormoralischen Welt, in der alle Menschen morden, stehlen und betrügen, und einer moralischen Welt, in der keiner dies tut. Tatsächlich lassen sich jedoch zahlreiche Zwischenwelten denken, in denen beispielsweise nur wenige, die meisten oder alle Menschen bis auf eine einzige Ausnahme sich an die moralischen Regeln halten (vgl. Bayertz, 142f.). Am interessantesten für den egozentrischen Amoralisten wäre sicherlich die letztgenannte Alternative: Er könnte vom Schutz der moralischen Normen profitieren, ohne sich selbst an sie halten zu müssen. In Anbetracht solchen Trittbrettfahrertums liefe das kontraktualistische Argument ins Leere. Denn tatsächlich scheint zwar jeder Mensch ein ausgeprägtes Interesse an der Moral zu haben, aber mitunter kein allzu großes, sie zu befolgen.

Natürlich könnte man zur Not auf den vorangegangenen Argumentationstyp zurückgreifen und vor den Sanktionen warnen, die auf den Trittbrettfahrer warten. Wer wirklich klug ist, wird aber im Verborgenen unmoralisch handeln und in der Öffentlichkeit moralische Gesinnung heucheln. Weshalb sollte er auch da moralkonform handeln, wo es unentdeckt bleibt? Bereits Platon hat diese Problematik der unentdeckten Amora-

Unrechttun im Verborgenen?

lität in der berühmt gewordenen Parabel vom Ring des Gyges ins Bild gesetzt (vgl. Platon: Pol., 359bff.): Durch Drehen dieses Ringes wird der Besitzer unsichtbar gemacht, so dass er ohne Furcht vor Sanktionen nach Belieben Unrecht tun könnte. Der platonische Sokrates wird nun von seinen Gesprächspartnern dazu aufgefordert, die Gerechtigkeit als etwas intrinsisch, d.h. in sich Gutes auszuweisen. Anstelle einer klaren und konzisen Antwort seitens des Sokrates folgt zwar ein weit ausholendes, vielschichtiges Gespräch über Gerechtigkeit allgemein. Unüberhörbar ist aber Platons Insistieren auf der notwendigen inneren Zerrissenheit einer ungerechten Seele: Wer immer im Dunkeln oder als ein tyrannischer Alleinherrscher den Mitmenschen ungestraft Ungerechtigkeiten zufüge, dessen Seele gerate in Unordnung. Platon stellt sich den Amoralisten dabei als völlig zügellosen und triebhaften Menschen vor, bei dem die egozentrischen Bedürfnisse absolute Oberhand über seine Vernunft gewonnen haben (vgl. ebd., 577cff.). Diese Vorstellung dürfte allerdings auf den gewöhnlichen zeitgenössischen Egoisten und Trittbrettfahrer kaum zutreffen. Hingegen gilt für ihn die zweite von Platon hervorgekehrte Problematik: Wie unwahrscheinlich auch seine Entlarvung und Bestrafung aufgrund situativer Gegebenheiten oder günstiger Machtkonstellationen sein mag, bleibt doch ein gewisses Restrisiko. Seine Seele dürfte daher nie ganz frei von Furcht vor unerwünschten Konsequenzen sein. Weil es in der Realität keinen Ring des Gyges gibt, hätte der Trittbrettfahrer unablässig viel Energie darauf zu verwenden, seine Mitmenschen zu täuschen und sein wahres Gesicht zu verbergen. Dies bedeutete aber eine ständige innere Unruhe und fehlendes Welt- und Selbstvertrauen. Damit dürfte tatsächlich sein harmonischer Seelenhaushalt gestört sein.

Nehmen wir einmal an, es gelänge dem unentlarvten Amoralisten, auf Dauer und mit minimalem Aufwand in größtmöglicher Sicherheit zu leben. Man denke etwa an einen Händler, der um seiner persönlichen Gewinnmaximierung willen seine Kunden betrügt. Er tut dies so gerissen, dass alle ihn als ehrlichen und zuverlässigen Handelspartner und Menschen achten. Neben der erfolgreichen Täuschung seiner Mitmenschen müsste ihm darüber hinaus auch noch die viel heiklere Selbsttäuschung gelingen. In Bezug auf die Selbstachtung dürfte jedoch die Strategie des Trittbrettfahrers versagen (vgl. Luckner, 32): Weil er weiß, dass die positiven Fremdeinschätzungen sich einer Täuschung verdanken und damit nicht „echt" sind, bilden sie keine zuverlässige Basis für ein positives Selbstbild. Würden seine Geschäftspartner und Freunde nämlich seinen wahren betrügerischen und gewinnsüchtigen Charakter so gut kennen wie er selbst, würden sie ihn verachten. Denn in der Gemeinschaft, in der er lebt, sind solche Verhaltensweisen moralisch geächtet. Seine bewusst kalkulierte Betrügerei wird aufgrund dieses Wissens um eine täuschungsfreie negative Fremdeinschätzung sein Selbstbild nach und nach verdüstern. Er wird also auf die Dauer nicht „vor sich selbst bestehen" und eine positive Selbstbeziehung aufrecht erhalten können. Ohne eine emphatische Selbstaffirmation als Ergebnis der persönlichen Wertschätzung im Privatbereich sowie auch der moralischen Anerkennung in der Gemeinschaft kann der Einzelne aber kein Glück finden (vgl. Fenner 2007, 160f.). Wenngleich eine moralische Lebensführung keineswegs eine Garantie für Glück darstellt, scheint es folglich im persönlichen Selbstinteresse zu liegen, sich sowohl im Verborgenen als auch unverborgen an die moralischen Regeln zu halten. Ein dritter individualethischer Rat der Klugheit könnte somit lauten: „Du sollst moralisch sein, um Dich selbst achten zu können!" Dieser Argumentationsstrategie ist streng genommen nur da Erfolg beschieden, wo bereits ein Interesse an moralischer Selbstachtung vorliegt. Denn man möchte sich selbst hierbei offenkundig nicht aufgrund irgendwelcher beliebiger Charaktereigenschaften oder Begabungen achten können, sondern als eine moralische Person. Ein solches moralisches Selbstverständnis setzt wohl immer schon eine genuin moralische Einstellung voraus. Bei diesem Argument scheint daher die Moral auch nicht in gleicher Weise instrumentalisiert zu werden wie bei den bisher aufgeführten.

Interesse an Selbstachtung (Glücksbedingung)

Auf die Frage „Warum überhaupt moralisch sein?" haben wir damit keine einschlägige und überzeugende Antwort gefunden. Hinsichtlich der „schwachen" prudentiellen Gründe an die Adresse egoistischer Amoralisten muss man vielmehr gestehen: Es lässt sich nicht zeigen, dass man sich um des eigenen Glücks willen stets und überall moralisch verhalten soll. Zwar hat jeder ein ausgeprägtes Selbstinteresse am Bestehen moralischer Verhältnisse, weil sie ihm das Überleben und minimale Sicherheit für sein Glücksstreben gewährleisten. Auch möchte sich jeder vor moralischen Sanktionen bewahren. Am besten fährt aber, wer

schwache prudentielle Gründe

punktuell und strategisch geschickt gegen die Regeln verstößt, wo die Chancen des Entdecktwerdens gering und der persönliche Profit maximal sind. Im Gegensatz zu diesem individualethischen Argumentationsstrang wird die Moral beim Verweis auf das Interesse an (moralischer) Selbstachtung nur noch in einem sehr ausgedünnten Sinn instrumentalisiert: Als Mitglied einer moralischen Gemeinschaft verliert der notorische Trittbrettfahrer auf die Dauer die Achtung vor sich selbst, auch wenn die Mitmenschen ihn irrtümlicherweise für moralisch integer halten. Wo ein solches moralisches Selbstverständnis jedoch fehlt und keinerlei Bereitschaft zum Transzendieren der egozentrischen Perspektive anzutreffen ist, lässt sich mit rationalen Argumenten nichts mehr ausrichten.

Wer andererseits gelernt hat und habituell fähig ist, den moralischen Standpunkt einzunehmen, braucht keine instrumentellen schwachen Argumente mehr. Er rechtfertigt sein moralisches Handeln ausschließlich mit starken Gründen, die von den schwachen strukturell unabhängig sind: Er tut das moralisch Richtige, weil es vom unparteiischen Standpunkt aus für alle Betroffenen die bestmögliche Alternative ist. Und er tut es auch dann, wenn es ihm keine persönlichen Vorteile verspricht und ihm keine Strafen drohen. Denn die moralische Perspektive verlangt gerade, den egozentrischen Standpunkt der eigenen Wünsche und Bedürfnisse zu verlassen und die fremden Interessen genauso zu berücksichtigen wie die eigenen. Die Frage nach dem Eigennutzen des moralischen Handelns verträgt sich deshalb schlecht mit der Frage nach dem moralisch richtigen Handeln. Es gibt also nicht nur keine zwingenden Gründe für den Übergang vom individualethischen Streben nach persönlichem Glück zur Einnahme des unparteiischen Standpunktes der Moral, sondern dieses Streben zielt an der genuin moralischen Perspektive völlig vorbei. Die Moral soll eben nicht dem Einzelnen selbst (am meisten) nützen, sondern dem Wohl der Gemeinschaft dienen. Obgleich sich die beiden Bewertungsrichtungen in konkreten Handlungssituationen nicht *per se* in Widerstreit befinden müssen, sind die beiden Perspektiven *per se* nicht aufeinander rückführbar.

starke moralische Gründe *(Marginalie)*

individual-/strebensethische Perspektiven strukturell unabhängig *(Marginalie)*

Strukturell voneinander unabhängige Gründe für moralisches Handeln:

Du sollst moralisch sein, weil …

„schwache" individualethische außermoralische Gründe:	„starke" sozialethische moralische Gründe:
• Du sonst mit moralischen Sanktionen (Ausgrenzung/Tadel) rechnen musst • es in Deinem eigenen Interesse (Überleben/Sicherheit) liegt • du Dich selbst sonst nicht achten kannst (als moralisches Wesen) - - ▶	• alle Menschen gleich und gleichberechtigt sind • ein gerechtes, wohlgeordnetes Zusammenleben für alle Menschen besser ist als Krieg und Ungerechtigkeit

Gründe für moralisches Handeln

Übungsaufgaben

1. Definieren Sie Ethik, Moral und Metaethik. Versuchen Sie sich dabei an das allgemeine Schema für Definitionen zu erinnern.

2. Welche beiden grundlegenden Perspektiven kann man innerhalb der normativen Ethik einnehmen? Erläutern Sie die beiden ethischen Betrachtungsweisen anhand eines selbst gewählten Beispiels.

3. Welches sind die grundlegenden Kennzeichen moralischen Urteilens und Handelns?

4. Erläutern Sie Toulmins Argumentationsschema ausgehend von der Behauptung, Abtreibung sei ethisch legitim/illegitim. Welche Position vertreten Sie und welche Gründe ließen sich anführen?

Literatur

Bayertz, Kurt: Warum überhaupt moralisch sein?, München 2004.

Dietrich, Julia: Ethisch-Philosophische Grundlagenkompetenzen: ein Modell für Studierende und Lehrende, in: Maring, Matthias (Hrsg.): Ethisch-Philosophisches Grundlagenstudium. Ein Studienbuch, 2. Auflage, Münster 2005, S. 15–32.

Düwell, Marcus: Angewandte oder Bereichsspezifische Ethik, in: Düwell, Marcus, Hübenthal, Christoph und Werner, Micha H.: Handbuch Ethik, Stuttgart/Weimar 2002, S. 243–247.

Düwell, Marcus, Hübenthal, Christoph und Werner, Micha H.: Ethik: Begriff – Geschichte – Applikation, in: dies. (Hrsg.): Handbuch Ethik, Stuttgart/Weimar 2002, S. 1–23.

Fenner, Dagmar: Das gute Leben, Berlin 2007.

Link, Hans-Jürgen und Schubert, Viktor: Philosophisches Argumentieren in der Ethik, in: Maring, Matthias (Hrsg.): Ethisch-Philosophisches Grundlagenstudium 2. Ein Projektbuch, Münster 2005, S. 21–29.

Luckner, Andreas: Klugheit, Berlin 2005.

Pfeifer, Volker: Ethisches Argumentieren. „Was ist richtig, was ist falsch?" Ethisches Argumentieren anhand von aktuellen Fällen, Bühl 1997.

Pieper, Annemarie: Einführung in die Ethik, 6., überarb. und aktual. Auflage, Tübingen 2007, Einleitung und Kapitel 1.1.

Quante, Michael: Einführung in die Allgemeine Ethik, Darmstadt 2003, Kapitel I.

Ricken, Friedo: Allgemeine Ethik, 4. überarb. Auflage, Stuttgart 2003, Kapitel A.

Thurnherr, Urs: Vernetzte Ethik. Zur Moral und Ethik von Lebensformen, Freiburg/München 2001, Kapitel 2.

Toulmin, Stephen: Der Gebrauch von Argumenten, 2. Auflage, Weinheim 1996, Kapitel III.

Handlungstheorie

Zusammenfassung

Der Gegenstand ethischer Urteile und Reflexionen ist das menschliche Handeln. Jede ethische Theorie setzt damit wenigstens eine rudimentäre Handlungstheorie voraus. Zentral sind dabei die elementaren Unterscheidungen von *Handeln* (im engen Sinn) mit einer „mentalen Ursache" und *Verhalten* (Handeln im weiten Sinn), ausgelöst durch eine „physische Ursache". Die Handlungsabsicht oder Intention als mentale Ursache setzt sich zusammen aus dem Handlungsziel und den gewählten Mitteln zur Zielverfolgung (Kapitel 2.1). Die *Freiwilligkeit* einer Handlung bemisst sich am Maß der *Situationskenntnis* bzw. dem Informationsstand bezüglich des Handlungsziels und der gewählten Mittel. Unfreiwilligkeit des Handelns bedeutet aber nicht automatisch eine ethische Entlastung des Handlungssubjekts. Vielmehr sollten solche irrationalen Handlungen grundsätzlich unterlassen werden (Kapitel 2.2). Eine Analyse der unterschiedlichen *Handlungsfolgen* ist darüber hinaus unabdingbar, um die Grenzen der ethischen *Verantwortung* zu klären (Kapitel 2.3). Wie insbesondere die aktuellen medizinethischen Debatten etwa zur Sterbehilfe nahe legen, muss zudem unterschieden werden zwischen *Handeln, Unterlassen und Zulassen*. Eine handlungstheoretische Differenz ist allerdings nicht zwangsläufig an eine Differenz in der ethischen Bewertung gekoppelt (Kapitel 2.4).

Gegenstand der philosophischen Ethik ist wie in Kapitel 1.1 dargelegt das menschliche Handeln. Denn gemäß unserer Definition versucht die Ethik, allgemeine Kriterien oder Prinzipien für die Beantwortung der Frage zu begründen, wie man handeln soll. Wer Ethik betreibt, setzt immer schon voraus, dass die Menschen handelnde Subjekte sind und sich zwischen verschiedenen Handlungsalternativen frei entscheiden können. Eine präzise ethische Beurteilung von Handlungen ist nur möglich, wenn man sich die einzelnen Aspekte der konkreten Handlung wie Handlungssubjekt, Handlungsalternativen, Handlungsziel, Mittel, Handlungsgründe und Handlungsfolgen vergegenwärtigt.

Ethik und Handlungstheorie

Eine jede ethische Theorie fußt damit wenigstens implizit auf einer wie auch immer rudimentären Handlungstheorie. Um der Ethik ein solides Fundament zu geben, sollen daher diese Grundlagen im vorliegenden 2. Kapitel beleuchtet werden. Allerdings ist die Ethik einerseits aufgrund ihrer praxisverändernden Intention und ihres normativen Anspruchs mehr als eine bloße Beschreibung und Kategorisierung von menschlichen Handlungen. Zugleich ist sie weniger als jene, da sie sich nicht mit schlechthin allen, sondern nur mit ethisch relevanten Handlungen befasst. Ausgeschlossen sind beispielsweise rein technische Handlungen zur Erreichung bestimmter technischer Zwecke wie etwa das Fahrradflicken zum Zweck des Fahrradfahrens oder rechtmäßige bzw. gesetzeswidrige Handlungen, die eine juristische Betrachtung erfordern. Zur Sprache kommen hingegen Handlungen, die aus prudentiellen oder moralischen Überlegungen vollzogen wurden oder sinnvollerweise unter diesen Aspekten beurteilt werden können: prudentielle und moralische Handlungen. Selbstverständlich kann mitunter ein und dieselbe Handlung aus verschiedenen Blickwinkeln betrachtet werden.

Handlungstypen

Streng genommen stehen in der Ethik nicht einzelne konkrete Handlungen zur Diskussion, sondern Handlungstypen. Um einen Handlungstyp herauszubilden, muss man von der Individualität des Handlungssubjekts abstrahieren. Denn unabhängig davon, wer unter ähnlichen Bedingungen eine bestimmte Handlung ausführt, ist diese ethisch immer gleich zu beurteilen. Hört man im Rundfunk die Meldung, im Bahnhof Stuttgart sei diese Nacht Silvia S. von ihrem türkischen Exliebhaber Ismael K. aus enttäuschter Liebe erstochen worden, kommt es allein auf die Beschreibung der Handlung bzw. die deskriptiven (beschreibenden) Eigenschaften der Handlung an. Die Personennamen können durch Individuen-variablen ersetzt und das Verb in seine präsentische Form über-führt werden: „In einem Bahnhof ersticht X aus Liebeskummer seine Exfreundin Y". Solche Handlungstypen müssen aber immer noch hinreichend spezifiziert sein, um als Grundlage ethischer Beurteilung dienen zu können. So ist die Angabe der Intention (Absicht) der handelnden Personen unabdingbar: „X ersticht Y" etwa wäre ein allzu genereller Handlungstyp, weil X sowohl aus Liebeskummer als auch aus Mordlust oder Notwehr hätte han-deln können. Diese Gründe sind aber für die ethische Beurteilung entscheidend. Besonders bei verwickelten Sachverhalten müssen auch der Kontext der Handlung und die möglichen Handlungs-optionen minutiös geschildert werden. „Z wartet im Stuttgarter Bahnhof auf den Zug nach Tübingen" wäre unter Umständen zu unspezifisch; beispielsweise dann, wenn in Zs unmittelbarer Nähe Silvia S. erstochen wurde oder er seiner todkranken Mutter ver-sprochen hatte, die Nacht bei ihr in Stuttgart zu wachen.

Handlung und Verhalten | 2.1

Anschauungsbeispiele

V schreibt einen Brief an eine Freundin.
W spielt Trompete.
X raucht pausenlos Zigaretten.
Y schlägt im Zorn über seinen Chef seinen unbeteiligten Sohn.
Z stolpert und bricht sich das Bein.
  (vgl. zu diesen und den folgenden Beispielen Ricken, Kapitel C)

Allen Beispielsätzen ist gemeinsam, dass sie Handlungen in einem engen oder weiten Sinn beschreiben. Nur die Personen V−X füh-ren dabei *Handlungen in einem engen Sinn* aus: Deren Charakteris-tikum ist ein bewusst gewähltes und verfolgtes Handlungsziel. V beispielsweise hat sich zum Ziel gesetzt, einen Brief an eine Freundin zu schreiben und führt dies auch aus. Hier haben wir einen unzweideutigen klassischen Beispielfall. Beim Trompeten-spiel von W handelt es sich um eine „Fertigkeit" als Spezialfall einer Handlung im engeren Sinn. Während W sich zwar bewusst dafür entschieden hat, Trompetenspielen zu lernen, hat er durch gezieltes kontrolliertes Üben eine weitgehende Automatisierung

Handlungen im engen Sinn

der fortan unbewusst ablaufenden Fingerbewegungen erreicht. Natürlich behält er die Freiheit auszuwählen, was und zu welchem Zeitpunkt er spielen will. Etwas weniger frei ist X, von dem wir annehmen, er sei ein notorischer Kettenraucher. Er hat sich eine „Gewohnheit" angeeignet, die im Unterschied zu einer „Fertigkeit" durch unkontrollierte Wiederholungen zustande kommt. Auch bei dieser Unterkategorie des Handelns im engen Sinn wird die zunächst bewusste Handlung mit der Zeit weitgehend unbewusst und automatisch vollzogen. Im Fall von Y jedoch, der seinen unschuldigen Sohn im Affekt prügelt, spricht man von einer

Handlung im weiten Sinn

„Impulshandlung". Nur noch in einem sehr *weiten Sinn* darf sie als Handlung gelten, weil das Prügeln unbewusst und ohne Prüfung des Handlungsziels im rasenden Zorn über den Chef geschieht. Als Paradebeispiel für ein Verhalten ohne Handlungsziel fungiert das unfreiwillige Stolpern mit unliebsamen Folgen wie im Fall

Verhalten

von Z. Unter *Verhalten* versteht man nämlich unspezifisch sämtliche Körperbewegungen und körperlichen Ausdrucksweisen von lebendigen Organismen.

Definition

> **Verhalten** (Handlung im weiten Sinn):
> Gesamtheit der Körperbewegungen und körperlichen Ausdrucksweisen von lebendigen Organismen.

z. B.: Z stolpert und bricht sich das Bein.
Spezialfall: Affekthandlung
z. B.: Y schlägt im Zorn seinen unbeteiligten Sohn.

Definition

> **Handlung** (im engen Sinn):
> bewusste Tätigkeit, bei der man ein als gut befundenes Ziel verfolgt.

z. B.: V schreibt einen Brief an eine Freundin.
Spezialfälle:
Fertigkeit: durch kontrollierte Wiederholungen weitgehend automatisierter, unbewusster Tätigkeitsvollzug
z. B.: W spielt Trompete.
Gewohnheit: durch unkontrollierte Wiederholung weitgehend automatisierter, unbewusster Tätigkeitsvollzug
z. B.: X raucht pausenlos Zigaretten.

Wer stolpert, gähnt oder niest, ist zwar in gewissem Sinn ein „Handlungssubjekt". Dieses führt aber die entsprechenden Körperbewegungen bzw. Verhaltensweisen weder zielgerichtet noch bewusst aus. Vielmehr „passieren" sie ihm bloß oder „stoßen ihm zu". Wenn man fragt, wieso Z über den Stein gestolpert ist, trifft man nicht auf eine Intention oder Absicht des Handlungssubjekts wie bei V: V schreibt ihrer Freundin möglicherweise, weil sie ihr von einer neuen Beziehung erzählen oder sich nach ihrem Befinden erkundigen will. Mit dem Entschluss, aus diesem Grund einen Brief zu schreiben und damit den Wunsch des Briefschreibens umzusetzen, hat V ein realitätsorientiertes Ziel und einen klaren Handlungsplan vor Augen. Dieses Handlungsziel bildet zusammen mit den gewählten Mitteln der Zielverfolgung die *Absicht* oder *Intention* des Handlungssubjekts als *mentale Ursache* der Handlung. Damit kommt eine *intentionale Kausalität* in Gang. Anders wurde das Verhalten von Z durch eine *physische Ursache* hervorgerufen, d. h. von einem *physischen Zustand* oder *Ereignis* in Raum und Zeit: Es könnte ein Stein gewesen sein, der Z zum Stolpern brachte. Fragt man weiter, wie dieser Stolperstein auf die Terrasse gelangt ist, kann man vielleicht die Bauarbeiten auf dem darüberliegenden Balkon als Ursache eruieren. Hier könnte sich etwas gelöst haben und dank der Schwerkraft nach unten befördert worden sein. Statt bei der Absicht im Kopf des Handlungssubjekts ein Ende zu finden, kann die Kette der *Ereigniskausalitäten* immer weiter zurückverfolgt werden (vgl. Ricken, 97).

mentale Ursache: Intention

physische Ursache: Ereignis

intentionale Kausalität vs. Ereigniskausalität

Ethisch relevant sind alle Handlungen im engen Sinn, d. h. die bewusst gewählten zielgerichteten Handlungen wie etwa das absichtliche Umstoßen einer Vase im Rahmen einer Installation. Für sie trägt das Handlungssubjekt die volle Verantwortung (vgl. Kapitel 2.4). Wo aber keine mentale, sondern eine physische Ursache vorliegt wie beim ungewollten Umstoßen einer Vase im Partygedränge, wird man niemandem Bosheit unterstellen. Vielmehr entschuldigt man ihn, weil er es „nicht absichtlich" getan hat und „nichts dafür" kann. Bei genauerer Analyse des Handlungskontextes würde man vermutlich auf eine komplexe Verantwortungsteilung stoßen: Während der Organisator möglicherweise weniger Gäste einladen und die zerbrechlichen Gegenstände aus dem Wohnzimmer hätte entfernen sollen, wäre seitens der Partygänger mehr Rücksicht und Sorgfalt erforderlich gewesen. Rein von außen betrachtet lässt sich freilich nicht in allen Fällen eindeutig feststellen, wo eine zielgerichtete Handlung und wo ein ungewolltes Verhalten vorliegt. Denn ein und derselbe beobachtbare Vorgang wie das Umstoßen einer Vase kann sowohl eine Handlung (A) als auch ein Verhalten (B) sein. Zumeist bringt uns aber eine Analyse des Handlungskontextes Klarheit hierüber, wie folgendes Beispiel zeigt:

Anschauungsbeispiel

Handlung/Verhalten

Handlung	Verhalten
A wirft die große Vase im Wohnzimmer um, weil er anlässlich einer Party ein happening veranstalten will.	B stößt beim Gedränge auf einer Party an die große Vase im Wohnzimmer und wirft sie um.
Mentale Ursache: Intention/Absicht des Handelnden	Physische Ursache: physischer Zustand oder Ereignis, Naturgesetze
Intentionale Kausalität	Ereigniskausalität
Ziel = Happening veranstalten, Aufmerksamkeit auf sich ziehen	Ursache = Platzmangel, Schwerkraft, Zerbrechlichkeit der Vase

2.2 | Situationskenntnis und Freiwilligkeit

Anschauungsbeispiele

a) Eine junge Frau wirft in Basel eine Flaschenpost in den Rhein, um ihrem Angebeteten in Bonn ihre Liebe zu bekennen.
b) Ödipus tötet seinen Vater, ohne es zu wissen.
c) Ein Jäger erlegt vermeintlich einen Hirschen, erschießt aber seinen verhassten Konkurrenten.
d) Ein Kapitän wirft im Sturm eine wertvolle Ladung über Bord, um seine Mannschaft zu retten.

Absicht:
Ziel und Mittel

Im ersten Beispiel a) hat die junge Frau aus Basel zwar ein klares Ziel vor Augen, nämlich dem Angebeteten in Bonn ihre Liebe zu eröffnen. Sie hat auch ein Mittel gewählt, um dieses Ziel zu realisieren: Per Flaschenpost schickt sie die Liebesbotschaft den Rhein hinunter. Zur Handlungsabsicht in einem weiteren Sinn gehört nicht nur das Handlungsziel, sondern immer auch die Mittelwahl. Unstreitig ist die Flaschenpost zwar ein äußerst romantisches Medium. Die Wahrscheinlichkeit eines Handlungserfolgs ist aber gleich Null. Als viel geeigneteres Mittel hätte sich die Briefpost oder der E-Mail-Verkehr mit praktisch hundertprozentiger Erfolgsgarantie angeboten. Da man die zahllosen Hindernisse auf dem Seeweg zwischen Basel und Bonn gar nicht abschätzen kann, ist die Handlungssituation beim Flascheneinwerfen nahezu unbekannt. Es wäre genauso naiv zu glauben, die Botschaft könnte in die Hände des Adressaten gelangen, wie wenn man wähnte, mit verbundenen Augen einen Vogel abschießen zu können. Da sich die Unkenntnis auf die Mittel zum gewählten Zweck bezieht, fehlt eine hinlängliche *Mittel-Zweck-Rationalität*. Es liegen folglich irrationale Handlungen vor, die man vernünftigerweise unterlassen sollte. Weil minimale Kenntnisse der Handlungsumstände fehlen, wären diese absichtlichen, irrationalen Handlungen zugleich *unfreiwillig* zu nennen. Denn freiwillig ist eine Handlung nach Aristoteles nur dann, wenn der Handelnde selbst ihr Ursprung ist („mentale Ursache") und „alles Einzelne kennt in Bezug auf den Bereich der Handlung" (Aristoteles, 1111a, 23f.). Nicht alle irrationalen unfreiwilligen Handlungen sind aber ethisch zu missbilligen. Wie das Versenden einer Flaschenpost können sie ethisch gänzlich irrelevant sein.

Wenden wir uns den Beispielen b) und c) zu, wird hier eine weitere Differenzierung nötig: Offenkundig bezieht sich die Unwissenheit in beiden Fällen nicht auf die Mittel, sondern auf das Ziel selbst. In Beispiel b) tötet Ödipus nach griechischer Sage den Wagenlenker, mit dem er an einer engen Weggabelung in Streit geraten ist. Er kennt diesen Mann nicht und rechnet nicht damit, dass es sein richtiger Vater sein könnte, den er nie zuvor zu Gesicht bekam. Im zweiten Fall c) lautet das Handlungsziel, den gesichteten Hirschen im Wald zu erlegen. Der Jäger täuscht sich aber in seiner Annahme, dass es sich um einen Hirschen handelt. Es fehlt bei beiden Handlungen die *Zielrationalität*, so dass auch sie irrational sind. In gewissem Sinn kann man sagen, Ödipus hat seine Handlungsabsicht erreicht, den widerspenstigen Wegelagerer zu beseitigen. Allerdings hätte er ihn nicht getötet, wenn er geahnt hätte, es könnte sein Vater sein. Die Unkenntnis der Handlungssituation und die daraus resultierende irrationale Zielwahl führen wiederum zu einer unfreiwilligen Handlung. Anders verfehlt der Jäger zwar seine vordergründige Absicht, den Hirschen im Wald zu erlegen. Möglicherweise hätte er aber auch

Marginalien:

Kenntnis der Mittel problematisch

Mittel-Zweck-Rationalität

Kenntnis des Ziels problematisch

Zielrationalität

dann auf ihn geschossen, wenn er gewusst hätte, dass es sich um seinen verhassten Kollegen handelt. Er bereut jedenfalls seine Tat anders als Ödipus in keiner Weise. Man könnte daher mit Ricken argumentieren, die Handlung entspreche durchaus der übergreifenden, tiefer liegenden Absicht des Jägers, seinen Gegenspieler auszuschalten (vgl. Ricken, 103f.). Das Nichtwissen sei bloß zufällig und bilde nicht die Ursache der Handlung. Weil sie das habituelle Wollen des Handelnden nicht durchkreuze, sei die Handlung nicht unfreiwillig. Meines Erachtens ist sein Handeln aber auch nicht freiwillig, weil es gar nicht durch sein übergreifendes Ziel verursacht wurde, sondern durch die irrtümliche aktuelle Zielsetzung. Während Aristoteles es als „nicht freiwillig" von „unfreiwillig" im Fall von Ödipus abgrenzt, ziehe ich die Bezeichnung *freiwillig-unfreiwillig* vor.

freiwillig-unfreiwillig

Da man irrationale Handlungen generell vermeiden sollte, sind Handlungen mit irrationaler Zielwahl genauso zu unterlassen wie diejenigen mit irrationaler Mittelwahl, ob dadurch nun zufällig ein tiefer liegendes längerfristiges Ziel erfüllt wird oder nicht. Bei ethisch relevanten irrationalen Handlungen stellt sich prinzipiell die Frage, ob das Nichtwissen vermeidbar gewesen wäre. Im Fall von Ödipus muss die Frage wohl verneint werden — wobei das Töten von Wegelagerern nach unserem heutigen Moralkodex ohnehin per se als verwerflich erscheinen mag. Vom Jäger jedoch darf man erwarten, dass er sich mit tauglichen Fernrohren wappnet und sein Zielobjekt genauestens mustert, bevor er abschießt. Wenn es jemandem aufgrund seiner intellektuellen Fähigkeiten und des zu einem bestimmten Zeitpunkt verfügbaren Wissens möglich ist, sich die nötigen Informationen über das gewählte Handlungsziel und die Mittel zu dessen Erreichen zu beschaffen, ist er für sein Nichtwissen und das irrationale, unfreiwillige Handeln verantwortlich. Das Pochen auf die Unfreiwilligkeit des Handelns stellt also nicht in jedem Fall eine ethische Entlastung des Handelnden dar. Wer mit überhöhter Geschwindigkeit durch ein Wohngebiet rast und dabei unfreiwilligerweise ein spielendes Kind erfasst, hat zwar nicht vorsätzlich getötet, sondern wollte nur rechtzeitig in die Vorlesung kommen. Er hätte aber wissen müssen und können, dass man in jenem Wohngebiet mit spielenden Kindern auf der Straße zu rechnen hat. Die Wahl der Mittel bildet wie bereits betont einen Teil der Handlungsabsicht. Weil das Nichtwissen selbstverschuldet ist, kann man dafür ethisch verantwortlich gemacht werden (vgl. den folgenden Abschnitt 2.4).

Unfreiwillig sind gemäß Aristoteles nicht nur Handlungen auf der Basis einer unzulänglichen Kenntnis der Handlungssituation, sondern auch all jene, bei denen der Handelnde nicht selbst Ursprung ist. Dies sind Handlungen in einem weiten Sinn, die entweder durch physische Zustände oder Ereignisse ausgelöst werden wie das Stolpern oder zu denen man unter Androhung von physischer Gewalt oder Folter gezwungen wird. Ein solches Verhalten ist unfreiwillig, weil eine mentale Ursache im Handelnden fehlt. Stattdessen liegt eine Ereigniskausalität oder die intentionale Kausalität einer anderen Person vor. Wenn jemand unter dem Einfluss von Drogen oder heftigen Affekten handelt, verfügt er weder über eine klare Handlungsintention noch kann er die Situation adäquat einschätzen. Er agiert indes nicht „aus Unwissen" wie Ödipus und der Jäger, sondern schlicht „unwissend" (vgl. Aristoteles, 1110b, 25). *[Randnotiz: nicht selbst Ursache des Verhaltens / Ereigniskausalität oder intentionale Kausalität anderer]*

Im Beispielfall d) erfasst der Kapitän zwar die Handlungssituation adäquat und wählt die Option, die Ware über Bord zu werfen. Damit liegt eine Handlung im engen Sinn vor. Allerdings scheint es der Sturm als eine äußere physische Ursache zu sein, die den Kapitän zu dieser äußersten Maßnahme „zwingt". Denn ursprünglich hat er mit großer Wahrscheinlichkeit die Beförderung der Ware von A nach B im Auge gehabt. Man zweifelt daher an der Freiwilligkeit seines Handelns. Wäre nicht ein lebensbedrohender Sturm ausgebrochen, hätte der Kapitän niemals die Absicht gehabt, das wertvolle Frachtgut ins Meer zu werfen. Gleichwohl handelt es sich auch nach aristotelischer Handlungsanalyse um eine freiwillige Handlung, weil sich der Kapitän in Anbetracht der sich verändernden Situationsbedingungen das neue Ziel setzt, das Überleben der Besatzung zu retten (vgl. Aristoteles, 1110a, 11f.). Den Verlust der Ware nimmt er als das kleinere Übel in Kauf. Vermutlich sind sehr viele Alltagshandlungen solche *unfreiwillig-freiwilligen* Handlungen. Nur allzu oft geraten wir in Lebenssituationen, die wir uns anders gewünscht hätten und die uns zur bescheidenen Anpassung unserer längerfristigen Ziele an die gegebene Realität zwingen. Wären die Bedingungen günstiger gewesen, hätten wir es uns niemals vorstellen können, uns diese revidierten Ziele zu eigen zu machen. *[Randnotiz: unfreiwillig-freiwillig]*

Definitionen

> **freiwillig:**
> - mentale Ursache im Handelnden selbst
> *und*
> - hinreichende Kenntnis der Handlungssituation
> **unfreiwillig:**
> - unzureichende Kenntnis des Ziels oder der Mittel des Handelns (irrationales Handeln)
> *oder*
> - physischer Zwang

freiwillig/unfreiwillig

	freiwillig	unfreiwillig
freiwillig	• Bedingungen für freiwillig • kein physischer oder psychischer Zwang, ausreichend viele Handlungsoptionen	• Unkenntnis oder physischer Zwang (vgl. Bedingungen für unfreiwillig) *und* • Übereinstimmung mit übergreifender Absicht z. B. c) Jäger
unfreiwillig	• physischer oder psychischer Zwang *und* • Wahl neuer, angepasster Ziele z. B. d) Kapitän	• Unkenntnis oder physischer Zwang (vgl. Bedingungen für unfreiwillig) *und* • Nichtübereinstimmung mit übergreifender Absicht z. B. b) Ödipus

2.3 | Handlungsfolgen und Verantwortung

In der philosophischen Ethik wird eine Kontroverse darüber geführt, ob für die ethische Beurteilung einer Handlung lediglich die Absichten der Handlungssubjekte zählen oder auch die Handlungsfolgen. Es stehen sich die Positionen der Gesinnungsethik und der konsequentialistischen Ethik gegenüber, die ich in Kapitel 5.1 vorstellen werde. An dieser Stelle konzentriere ich mich auf die handlungstheoretischen Aspekte und die Frage nach der Reichweite der Verantwortung eines Handlungssubjekts. Auf den ersten Blick könnte man meinen, dieses sei für alle *faktischen Folgen* seines Tuns verantwortlich. Die faktischen Folgen sind sämtliche Zustände und Veränderungen in der Welt,

faktische Folgen

die ohne diese Handlung nicht eingetreten wären (vgl. Ricken, 107). Bei genauerem Hinsehen tritt aber klar zutage, dass das Handlungssubjekt niemals für alle Veränderungen in der Welt verantwortlich gemacht werden kann, die ohne sein Zutun nicht hätten geschehen können. So wäre es beispielsweise absurd, das unschuldige Opfer eines Verkehrsunfalls für das geschehene Unglück verantwortlich zu machen. Wenn der Fußgänger jedoch am Unglückstag zuhause geblieben wäre, hätte der Unfall nicht stattfinden können. Der Unfall ist damit eine faktische Folge seines Spaziergangs. In gleicher Weise wäre es befremdlich, die Eltern für alles verantwortlich zu machen, was ihre Kinder tun, auch wenn deren Leben eine faktische Folge ihrer Geburt darstellt. Wären die Kinder nicht von ihren Eltern geboren worden, hätten sie niemals in des Weltgeschehen eingreifen können. Für welche eingeschränkten faktischen Folgen sind wir dann aber verantwortlich?

Verantwortlich sind wir ohne Zweifel für alle *beabsichtigten Folgen*. Dabei sind die direkt beabsichtigten Folgen identisch mit dem *Ziel der Handlung*. Man nimmt eine Handlung überhaupt nur in Angriff, um ein bestimmtes Ziel bzw. die beabsichtigten Folgen zu erreichen. Darüber hinaus sind wir aber auch verantwortlich für die lediglich *in Kauf genommenen Folgen*. Diese wünscht man sich zwar nicht als solche. Man ist aber bereit, sie als Nebenwirkungen oder notwendige Investitionen für die Erreichung des Handlungsziels zu akzeptieren. Veranschaulichen lässt sich dies anhand des Beispiels d) in Kapitel 2.2: Die aktuell beabsichtigte Folge des Kapitäns ist die Rettung seiner Besatzung trotz des tobenden Sturms. Um dieses Ziel zu erreichen, wählt er das *Mittel*, das Frachtgut über Bord zu werfen. Der damit verbundene Verlust der Ware bildet die in Kauf genommene Folge. Hätte nicht das Unwetter die Gefahr des Kenterns über das Schiff gebracht, hätte er diese unerwünschte Folge niemals in Erwägung gezogen. Meistens sind die in Kauf genommenen Folgen solche, die unvermeidlich an den Einsatz der zielführenden Mittel gekoppelt sind. Da sich die Mittelwahl als Teil der Handlungsabsicht erwies (vgl. Kapitel 2.1), wären die „in Kauf genommenen" Folgen gleichfalls in gewisser Weise „beabsichtigte" Folgen. Die entsprechenden Nebenhandlungen stellen unfreiwillig-freiwillige Handlungen dar. Mit diesem Raster lässt sich auch der im nächsten Abschnitt 2.4 näher zu erläuternde Beispielfall indirekt

Marginalien:

beabsichtigte Folgen

Handlungsziel

in Kauf genommene Folgen

Mittel

aktiver Sterbehilfe analysieren: Ziel der Handlung ist die Verminderung von Leid (= beabsichtigte Folgen). Als Mittel wählt man starke schmerzlindernde Medikamente, die aller Wahrscheinlichkeit nach eine Verkürzung der Lebenszeit mit sich bringen (= in Kauf genommene Folgen).

Die Verantwortlichkeit für die beabsichtigten und in Kauf genommenen Folgen ist unbestritten, weil die handelnden Personen in beiden Fällen mentale Ursachen des Geschehens sind. Auch wenn der Kapitän das Mannschaftsteam mit der Entladung der Fracht beauftragt und der Arzt die schmerzlindernden Medikamente durch eine Assistentin verabreichen lässt, tragen beide weiterhin die Verantwortung für das Handeln. Doch tragen sie diese ganz allein? In vielen Fällen sozialer Interaktionen stellt sich das schwierige Problem der Verantwortungsteilung: Welche Verantwortung tragen zum Beispiel die ausführenden Besatzungsmitglieder oder die Assistenzärztin? Haben sie sich mit dem Antritt ihrer Arbeit nicht dazu verpflichtet, die Anweisungen ihrer Vorgesetzten ergeben auszuführen? Wo Tausende von Menschen in technologischen oder ökonomischen Großprojekten zusammenarbeiten, scheint sich die individuelle Verantwortung reziprok zur Zahl der Beteiligten zu reduzieren. Man spricht dann von „organisierter Verantwortungslosigkeit". Je weiter unten jemand in der Unternehmenshierarchie als ein Rädchen im Getriebe tätig ist, desto kleiner scheint seine Verantwortung zu sein. Aufgrund der geringen Spezialisierung seiner Arbeit lässt er sich problemlos austauschen, wenn er aus schlechtem Gewissen einen Befehl von oben verweigern sollte. Es ist wohl eine Realität, dass die Auflehnung eines Einzelnen gegen eine ethisch zweifelhafte Unternehmung in den meisten Fällen lediglich eine Kündigung provoziert. Gleichwohl trägt jeder Einzelne die Verantwortung für den gesamten Arbeitsprozess, solange er sich daran beteiligt. Denn er unterstützt mit seinem Tun die Realisation einer möglicherweise schlechten Absicht, die er kennt oder kennen könnte. Eine Alternative zur unfreiwillig-freiwilligen Kündigung gibt es nur da, wo die Mitarbeiter über eine Partizipationsmöglichkeit an der Organisation und Durchführung der betrieblichen Aufgaben verfügen. Letztlich ist dem *Verwässerungsproblem der Verantwortung* nur beizukommen mit einem Kampf für ein demokratisches Mitbestimmungs- und Beschwerderecht aller Mitarbeiter. Ähnlich komplex sind Fälle nicht institutio-

Problem geteilter
Verantwortung

Verwässerungsproblem

neller, nicht organisierter Verantwortungslosigkeit etwa anlässlich eines Gewaltverbrechens, bei dem keiner der zahlreichen Augenzeugen hilft. Jeder denkt, einer der vielen anderen könne doch intervenieren. Das „Prinzip der Verantwortung für arbeitsteilige Pflichten" verlangt jedoch, dass zwar nicht jeder Augenzeuge selbst hilft, aber sich darum bemüht, dass dem Opfer des Gewaltverbrechens geholfen wird (vgl. Tetens, 147).

Gerade im Kontext des Verwässerungsproblems bei ethisch fragwürdigen Geschäften hört man manchmal die Drohung: „Wenn Du es nicht machst, tut es nur ein anderer!" Es handelt sich hier aber nicht um ein rationales Argument, sondern nur um einen irrationalen Manipulationsversuch. Denn der „Verweigerer" oder „Aussteiger" wäre weder selbst mentale Ursache noch hätte er in irgendeiner Weise Anteil an einer solchen. Daher trägt er in diesem Fall keine Verantwortung für das Handeln von anderen Personen. Etwas weniger klar sind die Verantwortungsverhältnisse bei Erpressungen: Man wird von den Erpressern aufgefordert, eine ethisch verwerfliche Tat zu begehen. Verweigert man diese, drohen sie mit dem Erschießen der eigenen Kinder, die sie in ihrer Gewalt haben (vgl. Aristoteles, 1110a, 5f.). Ist man am Töten der Kinder mitverantwortlich, wenn man die kommandierte unethische Tat ausschlägt? Obgleich auch hier keine kausale (Mit-)Verursachung zu verzeichnen ist, könnte man mit Ricken nach einer „negativen kausalen Verantwortung" fragen (vgl. Ricken, 112 und 296). Denn durch sein Tun hätte der Erpresste den Tod verhindern können. Aber auch diese Form der Überantwortung von fremdem Handeln ist mit Ricken klar zurückzuweisen. Man machte sich nämlich durch eine solche Unterwerfung beliebig erpressbar und könnte sein Handeln nicht mehr nach ethischen Kriterien selbst bestimmen. Es stünde einem zwar offen, das kleinere Übel zu wählen und so gesehen unfreiwillig-freiwillig zu handeln (vgl. Kapitel 2.2). Jeder Beliebige könnte einem aber irgendetwas Schlechtes zu tun befehlen und drohen, sonst passiere etwas noch Schlimmeres. Damit hätte man sich zum Spielball unethischer Machenschaften degradieren lassen, die man nicht wie einen lebensbedrohlichen Sturm oder eine andere Naturkatastrophe einfach tolerieren kann. Wer seiner ethischen Überzeugung treu bleibt und den erpresserischen Drohungen standhält, darf daher nicht für die Gräueltaten der Erpresser verantwortlich gemacht werden.

Bei den bisher behandelten Problemfällen waren die Folgen des Handelns durchaus voraussehbar, seien sie nun direkt beabsichtigt, in Kauf genommen oder durch ein kollektives Projekt anvisiert. Die handelnden oder an der Handlung beteiligten Personen wussten, was geschieht, wenn sie dies oder jenes tun. Nun kann eine Handlung aber mehr oder weniger gut gelingen, so dass die beabsichtigten oder in Kauf genommenen Folgen anders ausfallen als erwartet. Wenn das Missglücken der Handlung auf einer Fehleinschätzung des eigenen Könnens oder der situativen Gegebenheiten basiert, ist man für die missglückte Handlung und ihre Folgen vollumfänglich verantwortlich. Nur wenn schlechterdings unvorhersehbare innere (Krankheiten) oder äußere Veränderungen (Naturkatastrophen/Krieg) zum Scheitern des Handlungsvollzugs führen, ist man von der Verantwortung entlastet. Wenn aus einem Gefängnis zwei Gewaltverbrecher entweichen, haben die Gefängniswärter natürlich nichts weniger beabsichtigt als das. Ihre Intention und Aufgabe der sicheren Verwahrung der Häftlinge haben sie aber verfehlt, indem sie bestehende Sicherheitslücken ignorierten. Sie sind damit für den Ausbruch und die neuerlichen Verbrechen mitverantwortlich. Kommen wir nochmals auf das Beispiel des Studenten aus Kapitel 2.2 zurück, der auf direktestem Weg zur Uni rast, um rechtzeitig in der Vorlesung zu sein: Viele Nebenhandlungen wie der Gang zur Garage, das Lenken durch das Wohngebiet und das Drücken auf das Gaspedal sind zwar in der ursprünglichen Absicht nicht repräsentiert, aber implizite Bestandteile des bewusst gewählten Mittels des Autofahrens. Nicht in der Handlungsabsicht enthalten ist hingegen der Tod des spielenden Kindes im Wohngebiet. Er stellt eine unvorhergesehene Folge der gewählten Mittel zur Zielerreichung dar. Ungeachtet dessen, dass der Student mit seiner überhöhten Geschwindigkeit gegen die Verkehrsregeln verstößt, hätte er jedoch die Gefahr spielender Kinder in diesem Wohngebiet voraussehen müssen. Sein gewähltes Mittel, durch das Wohngebiet zu rasen, war irrational und die Handlung mit großer Wahrscheinlichkeit zum Scheitern verurteilt.

Sowohl beim Studenten als vermutlich auch bei den Gefängniswärtern liegt ein *individuelles Wissensdefizit* vor, das diese selbst zu verschulden haben. Infolgedessen sind sie für die von ihnen zwar nicht vorausgesehenen, aber mit großer Wahrscheinlichkeit prognostizierbaren negativen Folgen verantwortlich, weil

nicht vorausgesehene Folgen

individuelles vs. prinzipielles Wissensdefizit

sie sich des hohen Risikos hätten bewusst sein müssen. Nicht verantwortlich ist man hingegen für diejenigen unvorhergesehenen Folgen, die aus einer *prinzipiellen* Informationslücke resultieren. Wenn ein Arzneimittel nach bisherigen medizinischen Forschungsergebnissen und Erfahrungen ohne gesundheitsschädigende Nebenwirkungen gilt, darf ein Allgemeinpraktiker nicht für allfällige unvorhergesehene Folgen dieses Medikaments verantwortlich gemacht werden. Als ein weniger tauglicher Maßstab für Verantwortlichkeit fungiert der allgemeine Wissensstand einer Zeit bei Fernprognosen und Technikfolgenabschätzung. Angesichts der prinzipiellen Unsicherheit bezüglich der langfristigen Folgen vieler technischer Neuerungen oder Eingriffe in das komplexe Ökosystem gilt es vielmehr mit Hans Jonas für die „Heuristik der Furcht" zu plädieren: Wo irreversible negative Spätfolgen nicht sicher ausgeschlossen werden können, sollte nicht gehandelt werden. Tut man es trotzdem, handelt man unverantwortlich. Die Diskussion der verschiedenen Beispiele hat somit ergeben: Das Handlungssubjekt ist für alle vorausgesehenen und prinzipiell voraussehbaren Folgen verantwortlich sowie für unvorhersehbare, aber nicht sicher ausschließbare negative Spätfolgen.

Verantwortung für Handlungsfolgen

Handelnder trägt **Verantwortung für**:

1. **Handlungsabsicht**
   - **beabsichtigte Folgen** = Handlungsziel
     z. B. Besatzung retten
   - **in Kauf genommene Folgen** = Begleiterscheinung der gewählten Mittel
     z. B. Ware über Bord werfen

2. **nicht beabsichtigte, aber prinzipiell voraussehbare Folgen**
   z. B.: Student rast durch Wohngebiet und reißt Kind in Tod.
   • gilt nicht für: prinzipielles, nicht indivduelles Wissensdefizit
   z. B.: Nebenwirkungen eines Medikaments sind nach dem Wissensstand der Zeit nicht bekannt.

3. **prinzipiell nicht voraussehbare, aber auch nicht sicher auszuschließende negative Spätfolgen**
   z. B.: technologische Neuerungen oder Nutzungsarten natürlicher Ressourcen, welche die Lebensgrundlagen der Menschen negativ beeinflussen könnten

2.4 | Handeln, Unterlassen, Zulassen

a) Obwohl X sehr wohlhabend ist, übernimmt er keine Patenschaft bei „Terre des Hommes". Eine solche hätte aber einem Kind in Afrika das Leben gerettet und dessen Zukunft gesichert.
b) Der Steuermann eines Schiffes spielt mit den anderen Besatzungsmitgliedern Karten. Er merkt nicht, dass ein Riff vor dem Schiff auftaucht, das es zum Kentern bringt.
c) Y sieht, wie ein Kind im See ertrinkt. Er geht tatenlos am Ufer weiter.
d) Z vergisst, die Herdplatte abzustellen und geht ins Kino. Das Haus brennt nieder und fünf Nachbarn kommen ums Leben.
e) Die Ärzte beschließen im Einvernehmen mit den Angehörigen, bei einer todkranken Patientin mit infauster Prognose auf lebensverlängernde Maßnahmen zu verzichten. Drei Tage später stirbt die Patientin.

Liegen in den Beispielen a—e überhaupt Handlungen vor? Glänzen die geschilderten Personen nicht vielmehr durch Nichthandeln? In Abschnitt 2.1 hatten wir eine Handlung im engeren Sinn definiert als bewusste Tätigkeit, bei der man ein als gut befundenes Ziel verfolgt. Vor diesem Hintergrund müsste man urteilen, dass alle Personen in einer Hinsicht handeln, in einer anderen nicht: Indem sie ein bestimmtes Ziel verfolgen, tun sie etwas anderes nicht, das sie auch hätten tun können. X im Beispiel a) spart vermutlich sein Geld oder investiert es in Aktien oder eine größere Anschaffung, statt eine Patenschaft bei „Terre des Hommes" zu übernehmen. Der Steuermann in b) spielt Karten und versäumt es, das Schiff sicher an der Klippe vorbei zu führen. Y in c) promeniert am Ufer entlang, ohne das Kind vor dem Ertrinken zu retten. Z in d) geht ins Kino und vergisst, die Herdplatte abzuschalten. Die Ärzte in e) schließlich wenden sich sicherlich anderen Patienten zu. Man kann also durchaus mit derselben Verhaltensweise etwas tun (am Ufer promenieren) und etwas anderes unterlassen (Kind retten). Im alltäglichen Leben ist es völlig normal und gar nicht zu vermeiden, dass man mit jeder bewussten Zielsetzung und zielgerichteten Ausführung einer Handlung andere Handlungsmöglichkeiten ausschließt, die einem auch offengestanden hätten. Wir stehen immer wieder vor einer Auswahl an Handlungsoptionen, zwischen denen wir uns entscheiden müssen. Wenn ich einen gehbehinderten Freund in

Handlungsoptionen

die nächste Stadt fahre, kann ich meinen zwei Kindern kein Mittagessen kochen. Bin ich aber nicht nur für all das verantwortlich, was ich tatsächlich tue, sondern auch für all jenes, das ich unterlasse? Muss mein Nichthandeln genauso einer ethischen Bewertung unterzogen werden wie das Handeln? Oder kann das Unterlassen einer Handlung sogar selbst als ein Handeln, ein sogenanntes Unterlassungshandeln gedeutet werden?

Unser alltäglicher Sprachgebrauch kennt tatsächlich einen sehr weiten Begriff des Handelns, der unter Umständen auch das Unterlassen einer Handlung als Handlung interpretiert. So würde man sagen, dass Z in Beispiel d), der die Herdplatte abzustellen vergaß, damit das Haus in Brand gesetzt hat. Oder der Steuermann in b) habe das Schiff zum Kentern gebracht, indem er das Steuer verließ. Diese Beschreibungen scheinen aber nicht korrekt zu sein. Denn es liegt in keiner Weise eine bewusste Tätigkeit vor, bei der man ein als gut befundenes Ziel verfolgt, wie es unsere Handlungsdefinition verlangt. Weder hat Z das Haus in Brand setzen wollen und zu diesem Zweck den Herd brennen lassen, noch hat der Steuermann auf das Kentern des Schiffes abgezielt, als er mit seinen Kumpels Karten spielte. Bei c) und e) wären wir wahrscheinlich vorsichtiger und würden formulieren: Y in c) hat das Kind ertrinken lassen, aber nicht ertränkt, und die Ärzte in e) haben die todkranke Patientin sterben lassen, aber nicht getötet. Sie hätten also nichts getan, sondern nur etwas zugelassen. Hat jedoch X in a) gleichfalls ein Kind in der Dritten Welt dadurch sterben lassen, dass er keine Patenschaft bei „Terre des Hommes" übernahm? Es herrschen in unserem Sprachsystem große Unsicherheiten bezüglich der begrifflichen Unterscheidungen zwischen Handeln, Unterlassen und Zulassen. Der tatsächliche Sprachgebrauch kann uns also nicht als Maßstab dienen.

Auch in philosophischen Diskussionen fungiert „Handeln" oftmals als Oberbegriff, unter dem sowohl ein aktives „Tun" (Handeln im engen Sinn) als auch ein passives „Unterlassen" (Verhalten) zusammengefasst werden. Dieter Birnbacher schlägt demgegenüber überzeugend vor, „Handeln" und „Unterlassen" als Kontrastbegriffe zu bestimmen (vgl. Birnbacher 1995, 31). „Unterlassen" sei die Nichtausführung einer Handlung, bei der die Möglichkeit bestanden hätte, dass das Handlungssubjekt sie vollzieht (vgl. ebd., 32 und 38). Nach dieser Definition ist nicht jedes faktische Nichtstun automatisch ein Unterlassen. In Beispiel c)

Handeln vs. Unterlassen

etwa wäre die Möglichkeitsbedingung nicht erfüllt, wenn Y Nichtschwimmer ist oder die gegebenen Wasserverhältnisse eine Rettung durch Menschenhand verunmöglichen. Y hätte dann nichts unterlassen, was er auch hätte tun können, weil er es eben gar nicht tun konnte. Wenn X in Beispiel a) niemals irgendwelche Informationen zur Hilfsorganisation „Terre des Hommes" erhielt, verfügte er nicht über die reale Möglichkeit, eine Patenschaft zu übernehmen. Natürlich sind nicht alle Arten des so definierten Unterlassens ethisch von Belang. Wenn ich nachmittags ins Kino gehe und es unterlasse, den angefangenen Roman zuhause fertig zu lesen, dürfte dies weder unter prudentiellen noch moralischen Gesichtspunkten relevant sein. In den oben aufgelisteten Fallbeispielen b), c) und d) hat das Unterlassen des Handlungssubjekts aber einerseits gravierende negative Folgen. Andererseits hat das Subjekt jeweils etwas unterlassen, das man von ihm erwartet oder gefordert hat oder zu dem es sich verpflichtete. Nur ein Unterlassen, das Erwartungen oder Regeln durchbricht und eine signifikante Schädigung entweder des Handelnden selbst oder der vom Handeln Betroffenen zur Folge hat, avanciert zum Gegenstand strebensethischer oder moralphilosophischer Debatten. Da in unseren Beispielen durchweg negative Folgen für *andere* Menschen gezeitigt werden, stehen moralische Fragen im Vordergrund. Im Fall a) allerdings sind zum einen die Folgen des Unterlassens nicht unmittelbar ersichtlich, weil sie sich nur indirekt über eine Organisation abspielen, welche vielleicht auf anderem Wege zu den benötigten Spendengeldern kommt. Darüber hinaus ist sehr umstritten, ob es überhaupt eine universelle Hilfspflicht aller reichen Menschen gegenüber ärmeren gibt (vgl. Kapitel 6.4). X könnte also zwar eine Patenschaft übernehmen, muss dies aber ethisch gesehen nicht mit gleicher Dringlichkeit, mit der Y dem unmittelbar vor seinen Augen ertrinkenden Kind helfen soll. Seine Spende wäre zwar ethisch erfreulich gewesen, ohne dass sein Nichtspenden per se moralisch verwerflich ist.

Es gilt nun zu prüfen, ob ein Unterlassen bei gleich gravierenden Fremdschäden im selben Maß moralisch verwerflich ist wie ein Handeln. In meinen Augen lassen sich je nach Handlungssituation durchaus Schweregrade bei der Beurteilung eines Unterlassens unterscheiden. Am nachsichtigsten zu beurteilen sind sicherlich all jene Fälle, in denen das Handlungssubjekt die Handlungsoption mit den unerwünschten Folgen weder willent lich noch wissentlich gewählt hat: Entweder hat es die Situation völlig falsch eingeschätzt und daher die negativen Folgen des Nichthandelns nicht voraussehen können, oder es hat die betreffende Handlungsmöglichkeit, die ihm auch offen gestanden hätte, überhaupt nicht gesehen. Wenn Z in Beispiel d) die Herdplatte brennen lässt, weil er diese Handlungsoption übersieht, scheint man dieses Vergessen trotz der verheerenden Folgen entschuldigen zu müssen. Denn dies kann jedem mal passieren und ist wohl auch jedem schon mal passiert. Man hatte nur insofern Glück, dass man selbst oder jemand anders das Versäumnis durch Zufall rechtzeitig entdeckte oder dass das Feuer zu klein war, um einen Brand zu verursachen. Im Grunde kennt aber jeder diese potentielle Gefahr und weiß auch, dass er nach dem Kochen alle Herdplatten wieder ausschalten sollte. Man kann dann nach den Gründen des Vergessens solch selbstverständlichen Wissens fragen. Vielleicht ist Z eine mit ihren vier Kindern völlig überlastete allein erziehende Mutter, die an einem Freitagabend wie immer spät von der Arbeit nach Hause kommt, schnell noch für alle kocht und sich dann den lang ersehnten Kinobesuch gönnt. Während sie das verheerende Ausmaß ihres Unterlassens mit den fünf Toten schwerlich ahnen konnte, wusste sie eigentlich, dass man keine Herdplatten unbedeckt brennen lassen darf. Sie hat dieses Wissen aber an jenem verhängnisvollen Freitag nicht präsent bzw. nicht aktiviert, weil sie sehr gestresst ist und nur noch an den befreienden Kinobesuch denkt (vgl. die Differenz aktives/passives Wissen bei Aristoteles, 1146b, 30ff.). Das In-Vergessenheit-Geraten solch weitgehend automatisierter, technischer Handbewegungen wie das Abschalten einer Platte ist im Unterschied zum Nicht-verfügbar-Haben moralischer Grundsätze milder zu beurteilen. Die Ausrede von Y, er hätte gerade die ethische Hilfspflicht „vergessen", als er das ertrinkende Kind zu retten unterließ, wäre demgegenüber inakzeptabel.

Y im Beispiel c), vor dessen Augen ein Kind ertrinkt, könnte jedoch eine Fehleinschätzung der Handlungssituation unterlaufen sein: Falls das Kind nicht um Hilfe schrie, sondern nur wild mit den Armen ruderte und kreischte, hielt Y das Ganze möglicherweise für ein Spiel und sah sich folglich zu keinerlei Rettungsmanövern veranlasst. Auch der Steuermann von b) hätte mutmaßlich nicht mit seinen Kollegen Karten gespielt, wenn er auch nur mit einem geringen Risiko gerechnet hätte, an dieser

negative Folgen des Unterlassens nicht vorausgesehen

Fehleinschätzung der Situation

Stelle auf ein Riff zu treffen. Obwohl in beiden Fällen das offenkundige Fehlverhalten auf einer inadäquaten Situationsdeutung basiert, divergiert die ethische Bewertung: Das Unterlassen des Steuermanns ist schwerwiegender, weil er die Verantwortung für die Navigation trägt und vermutlich der Einzige an Bord ist, der die nötigen Kompetenzen für das Umschiffen der Klippe hat. Zu prüfen wäre außerdem, ob es sich bei seiner Ahnungslosigkeit bezüglich des Vorkommens von Klippen um ein individuelles oder prinzipielles Wissensdefizit handelt. Hat er es aus Faulheit versäumt, sich über die Meeresverhältnisse der Route ausreichend zu informieren, ist die moralische Schuld erheblich größer als bei einem prinzipiellen Defizit (vgl. Kapitel 2.3). Ähnlich gilt es im Beispiel c) zu differenzieren: Sofern Y ein zufälliger Passant ist und in keiner Weise Umgang mit Kindern pflegt, mag man ihm seine Fehldeutung anders als die Desinformiertheit des Steuermanns entschuldigen. Dies gilt aber nicht für den Fall, dass es sich bei Y um einen Elternteil oder eine Betreuungsperson des Kindes handelte. Denn dann stünde Y als „Garant" in einer besonderen Verantwortungsbeziehung zu diesem. In den Rechtswissenschaften fungieren die Beziehungen der Eltern zu ihren Kindern, des Arztes zu seinen Patienten sowie der direkt Verwandten zu den mit ihnen in einer Lebensgemeinschaft Lebenden als typische „Garantenstellungen" (vgl. Birnbacher 1995, 15). Von den Garanten erwartet man, dass sie ihre Aufgaben und Pflichten bezüglich der ihnen Anvertrauten oder ihnen Nahestehenden verantwortungsvoll ausüben. Ähnlich wie beim Steuermann, der für die sichere Lenkung des Schiffes zuständig ist, hat der Vater für das Wohl des Kindes zu sorgen. Nachlässigkeiten und Unterlassungen sind in solchen sozialen Beziehungen ethisch schwerwiegender als z. B. das Versäumnis von Z, die Herdplatte auszuschalten.

In den von mir bisher diskutierten Beispielen haben die Handlungssubjekte etwas unwillentlich und unwissentlich unterlassen: Sie haben die Handlungsalternative entweder gar nicht erkannt oder die Folgen des Unterlassens völlig falsch eingeschätzt. Ethisch viel verwerflicher ist ein Unterlassen aber dann, wenn jemand die Situation adäquat beurteilt und bewusst die Handlungsoption mit negativen Konsequenzen für andere Menschen wählt; oder wenn er bewusst unterlässt, was in einer Handlungssituation ethisch gefordert ist. Dass sich indes jemand wissentlich

erschwerend:
Garantenstellung

negative Folgen des
Unterlassens bewusst
und willentlich bejaht

und willentlich für nachteilige Folgen für das eigene Wohl ent-
schließt, dürfte in der Realität kaum vorkommen. Fallbeispiel c)
ist so offen formuliert, dass ein wissentliches und willentliches
Ertrinkenlassen des Kindes nicht ausgeschlossen ist. Y könnte
etwa die Absicht hegen, das Kind möge sterben, weil er möglicherweise für immer von seinem lästigen Schreien befreit sein
möchte. Ein vergleichbarer Fall läge vor, wenn der Steuermann
den Untergang des Schiffes herbeisehnt, weil es beispielsweise
aufgrund einer illegalen Fracht von der Seepolizei verfolgt wird.
Wo eine solche Intention und ein klares Ziel vorliegt, scheint
die Differenz zu einer Handlung verschwindend zu sein (Ricken
etwa spricht von einer Handlung, vgl. 113). Die betroffenen Personen sind jedoch nicht die *mentale Ursache* des Geschehens, weil
sie ihr Ziel nicht mit der Wahl geeigneter Mittel selbsttätig verfolgen. In Ermangelung einer *intentionalen Kausalität* liegt keine
Handlung im engeren Sinne vor (vgl. Kapitel 2.1). Verursacht
wird der Vorgang des Ertrinkens primär durch *physikalische* Ursachen wie Wassertiefe, Schwerkraft und ungenügende Wasser-
verdrängung des Kindes, also durch die *Ereigniskausalität*. Es läuft
ein von Y unabhängiger Prozess ab, den er nicht verhindert, weil
die absehbaren Folgen dieser Kausalkette zufällig mit seiner eigenen tiefer liegenden Absicht übereinstimmen. Man kann diese
Sonderform des Unterlassens sinnigerweise ein „Zulassen" oder   Zulassen
„Geschehenlassen" nennen, auch wenn hierüber keine terminologische Einigkeit herrscht (vgl. z.B. Ricken, 113 oder Birnbacher
1995, 103ff.). Damit ein Unterlassen als „Zulassen" gilt, muss es
sich also sowohl wissentlich als auch willentlich vollziehen. Der
Unterlassende muss die Situation adäquat erfassen und die Folgen richtig abschätzen, zu denen der von ihm unabhängig ablau-
fende Kausalprozess ohne sein Eingreifen führt.

Definition

Unterlassen (weiterer Begriff):
Jemand tut etwas nicht, das er auch hätte tun können (sei dies wissentlich oder
unwissentlich, willentlich oder unwillentlich).
• ethisch relevante Fälle:
  – Unterlassen hat negative Folgen für Person selbst oder für andere Betrof-
    fene
  – man unterlässt etwas, wozu man sich verpflichtet hat oder was man tun
    sollte (technische/prudentielle/moralische Regeln)

Spezialfall Zulassen (engerer Begriff):
Jemand tut etwas ganz bewusst nicht, obwohl er die Situation und die Folgen seines Unterlassens adäquat erfasst und den unabhängig von ihm ablaufenden Kausalprozess stoppen könnte.
• ethisch relevante Fälle: dieselben wie oben beim Unterlassen sind ethisch relevant, aber viel schärfer zu verurteilen

Anschauungsbeispiele: Unterlassen (Zulassen)

Unterlassen:
b) Steuermann verlässt Steuer, Schiff kentert
  • unwillentlich und unwissentlich
  • weder gefährliche Klippe noch Untergang des Schiffes vorausgesehen

d) Z vergisst das Abstellen der Herdplatte, Haus brennt ab und reißt Nachbarn in Tod
  • unwillentlich und unwissentlich
  • Vergessen des Plattenabstellens nicht bemerkt, Brand und Tod nicht vorausgesehen.

Spezialfälle Zulassen:
c) Y sieht ein Kind ertrinken und geht tatenlos vorüber
  • Prozess des Ertrinkens nicht selbst initiiert, hat aber Möglichkeit, ihn zu verhindern
  • Folge des Ertrinkens (Tod des Kindes) wird bejaht

e) Ärzte stellen Sterbensprozess fest, verzichten aber auf lebensverlängernde Maßnahmen
  • Prozess des Sterbens nicht selbst initiiert, haben aber Möglichkeit, ihn zu verhindern
  • Folge des Sterbens (Tod der Patientin) wird bejaht

Kein „Zulassen" liegt freilich vor, wo die Kausalkette nicht unabhängig von der unterlassenden Person abläuft, sondern von ihr zuvor bewusst initiiert oder doch gezielt beeinflusst wurde. Ausgeschlossen ist also folgendes Szenario im Beispielfall c): Y hat dem nichtschwimmenden Kind, das ihm aufgrund seines penetranten Geschreis schon länger lästig war, eine hübsche Plastikente ins tiefe Wasser geworfen. Beim Versuch, die ihm versprochene Ente zu holen, ertrinkt das Kind erwartungsgemäß. Analog könnte der von der Polizei verfolgte Steuermann von d) das Schiff in eine Gegend lenken, die für gefährliche Klippen bekannt ist und dann kurz vor dem Auflaufen das Steuer verlassen. In beiden Fällen liegt klar ein zielgerichtetes Handeln vor, das die Kausalkette mit den verhängnisvollen Folgen erst ins

Rollen bringt. Sieht man von einer solchen Kombination von aktivem Handeln und passivem Unterlassen mit klarer Dominanz des ersteren ab, stellt sich die Frage, inwiefern der Unterlassende überhaupt für die kausalen Vorgänge verantwortlich gemacht werden kann. Wenn Y als zufälliger Passant das ertrinkende Kind erblickt und untätig bleibt, hat er dann einen kausal relevanten Einfluss auf das Geschehen? Wäre das Kind nicht genauso ertrunken, wenn er nicht zufällig vorbeigekommen wäre? Birnbacher insistiert angesichts solcher Skepsis darauf, das Unterlassen mache unter diesen Umständen sehr wohl einen Kausalfaktor im Prozess des Ertrinkens aus (vgl. Birnbacher 1995, 76f.). Dass Y untätig bleibt, stelle nämlich eine negative Randbedingung in einem Gesamtkomplex von Kausalursachen und anderen Randbedingungen wie das (unfreiwillige) Ins-Wasser-Fallen des Kindes, die Schwerkraft und die Wassertiefe dar. Denn grundsätzlich könnten nicht nur Wirkursachen, sondern auch ein Zustand oder ein Unterlassen kausale Ursachen sein. Hätten nur diese anderen Komponenten vorgelegen, nicht aber das Zulassen von Y, wäre das Kind nicht ertrunken. Y trüge somit ein *negative kausale Verantwortung* für das Ertrinken des Kindes (vgl. Kapitel 2.3). **negative kausale Verantwortung**

Auch wenn man diese Kausaltheorie und eine mögliche (negative) *kausale Verantwortung* durch Unterlassen zurückweist, trägt Y doch eine (positive) *normative moralische Verantwortung* für sein Unterlassen. Da sein Unterlassen negative Konsequenzen für seine Mitmenschen hat, muss er es nämlich vor anderen rechtfertigen können. Er müsste erklären können, wieso er die elementare Pflicht zur Hilfeleistung in Not an jenem Seeufer missachtet hat oder dieses in unserer Gesellschaft weitgehend anerkannte Gebot generell nicht beachtet (vgl. Kapitel 6.4). **normative moralische Verantwortung**

Eine heftige medizinethische Debatte ist darüber entbrannt, ob eine solche moralische Verantwortung bei einem Unterlassen geringer sei als bei einem Handeln, so dass bei gleichen Folgeschäden das Zulassen milder zu beurteilen wäre. Präzedenzfall ist das klassische Beispiel eines Zulassens im Bereich der Sterbehilfe, wie ich es in e) geschildert habe: Die Ärzte leisten hier passive Sterbehilfe, indem sie bei einer unheilbar kranken und sterbenden Person auf lebensverlängernde Maßnahmen verzichten. Eine solche *passive Sterbehilfe* ist immer eine Form von „Zulassen". Das Nichtstun der Ärzte stellt gleichsam eine negative Randbedingung dar, die erfüllt sein muss, damit die todkranke **aktive vs. passive Sterbehilfe**

Person sterben kann. Das übergreifende Ziel der Ärzte im Rahmen der Sterbehilfe ist es generell, den Patienten das Sterben zu erleichtern, indem man mit medizinischen Mitteln Schmerzen zu lindern und die Lebensqualität erträglich zu machen sucht. Wo ihnen dies mit keinen zur Verfügung stehenden Mitteln mehr gelingt und auch keine Hoffnung auf einen zukünftigen Erfolg besteht, ziehen sie den Tod als äußerstes Mittel zur Erlösung von den Schmerzen in Erwägung. Voraussetzung für passive genauso wie für aktive Sterbehilfe ist allerdings der mehrfach geäußerte, kontinuierliche Sterbewunsch der Patientin (sowie idealerweise das Einverständnis der Angehörigen). Keine Rolle spielt hingegen, ob der Verzicht auf lebenserhaltende Maßnahmen erst beschlossen wird, nachdem bereits solche Behandlungsmethoden aufgenommen wurden, oder ob noch keine solchen Maßnahmen erfolgt sind (vgl. Birnbacher 1995, 351). Obgleich das Abstellen von Beatmungsgeräten kurzfristig betrachtet ein zielgerichtetes Handeln darstellt, wird es im Rahmen eines Zulassens vollzogen: Mit den zuvor aufgenommenen Maßnahmen hat man einen unabhängig von den ärztlichen Eingriffen ablaufenden Sterbeprozess lediglich aufgehalten, aber in keiner Weise verursacht. Durch das Aufheben der Behandlung lässt man den Sterbeprozess nur zu.

Bei der *aktiven Sterbehilfe* versucht man, die allgemeinen Ziele der Sterbehilfe, d.h. Schmerzlinderung oder Verbesserung der Lebensqualität, mit der gezielten Verabreichung bestimmter Medikamente zu erreichen: *Direkt aktive Sterbehilfe* in hoffnungslosen Fällen bedeutet eine gezielte Lebensverkürzung durch todbringende Arzneimittel. *Indirekt aktive Sterbehilfe* wäre demgegenüber das Verabreichen von starken Schmerzmitteln, wobei man die lebensverkürzenden Nebenwirkungen lediglich in Kauf nimmt. In gewisser Weise ist der Tod aber sowohl beim Handeln der indirekt aktiven Sterbehilfe als auch beim Zulassen der passiven Sterbehilfe wenigstens indirekt als Mittel oder als in-Kauf-genommene Folge intendiert (vgl. Birnbacher 1995, 351). Gleichwohl ist aktive Sterbehilfe im Unterschied zur passiven in allen europäischen Staaten verboten und damit illegal. (Eine Ausnahme stellen die Niederlande dar, in der sie zwar auch illegal, aber straffrei ist.) Doch ist diese Diskrepanz in der Bewertung von Handeln und Zulassen ethisch gerechtfertigt? Tragen die Ärzte nicht in beiden Fällen gleich viel ethisch-normative Verantwortung, ob sie mentale Ursache sind oder nur eine notwendige negative Randbedingung eines unabhängig von ihnen ablaufenden Kausalprozesses? Ich würde diese Frage bejahen und mit James Rachels darauf pochen, dass letztlich allein die Richtigkeit bzw. Vernünftigkeit der jeweiligen Entscheidung ausschlaggebend ist (vgl. Rachels, 260f.): Wenn sich das Leiden einer nicht sterbenden Person auch langfristig nicht vermindern lässt oder nur auf Kosten des Bewusstseins und der Kommunikationsfähigkeit, und die betroffene Person deswegen nur noch an den erlösenden Tod zu denken vermag, scheint aktive Sterbehilfe genauso legitim wie passive. Es käme also weniger auf den Unterschied zwischen aktiver und passiver Sterbehilfe an als auf die Kriterien, mit denen man die getroffene Entscheidung rechtfertigen kann. Hier wäre sicherlich eine sorgfältige Abklärung der Heilungschancen der Betroffenen durch zwei unabhängige Ärzte oder Psychiater unabdingbar, darüber hinaus die Prüfung der Autonomie und Kontinuität des Sterbewunsches. Die meisten Gegenargumente gegen aktive Sterbehilfe sind denn auch Slippery-Slope- oder Dammbruchargumente, die sich nicht auf die unterschiedliche Struktur einzelner Handlungen bzw. Unterlassungen beziehen, sondern auf die großflächige Etablierung der Praxis der aktiven Sterbehilfe: Infolge einer Legitimierung der aktiven Sterbehilfe befürchtet man eine ungewollte Ausweitung dieser Praxis und erheblich größere Missbrauchgefahr als bei der passiven. Solche Ängste betreffen aber streng genommen nur eine unkontrollierte Freigabe aktiver Sterbehilfe, nicht die kontrollierte, kriteriell geprüfte Durchführung mit höchster Sorgfaltspflicht und Verantwortungsbewusstsein.

Anschauungsbeispiel: Sterbehilfe		
aktive Sterbehilfe: **Handlung**		*passive* Sterbehilfe: **Zulassen**
Ärzte sind mentale Ursache des Geschehens		Ärzte sind nicht mentale Ursache des Geschehens
intentionale Kausalität		Ereigniskausalität (natürlicher Sterbensprozess)
direkt aktiv: Verabreichen Todbringender Mittel	*indirekt aktiv:* Verabreichen starker Schmerzmittel, die zum Tod führen können	negative kausale Verantwortung: Nichteingreifen der Ärzte ist notwendige Randbedingung für Tod der Patientin
große normative Verantwortung		normative Verantwortung gleich groß

Handlung/Zulassen

1. Erläutern Sie den Unterschied zwischen „Handlung" im engen Sinn und „Verhalten" (Handeln im weiten Sinn) anhand eines selbstgewählten Beispiels.
2. Für welche Folgen seines Handelns ist das Handlungssubjekt ethisch verantwortlich?
3. Nennen Sie die Unterscheidungskriterien zwischen Handeln, Unterlassen und Zulassen. Ist mit diesen handlungstheoretischen Differenzen auch eine Differenz in der ethischen Beurteilung verbunden (vgl. aktuelle Sterbehilfedebatte)?

Literatur

Aristoteles, Nikomachische Ethik, 2. Auflage, München 1995, 3. und 7. Buch.

Birnbacher, Dieter: Tun und Unterlassen, Stuttgart 1995.

Rachels, James: Aktive und passive Sterbehilfe, in: Sass, Hans-Martin (Hrsg.): Medizin und Ethik, Stuttgart 1999, S. 254–264.

Ricken, Friedo: Allgemeine Ethik, 4. überarb. Auflage, Stuttgart 2003, Kapitel C.

Nonkognitivismus

3

Zusammenfassung

In Kapitel 1 wurde die Aufgabe der Ethik so bestimmt, dass sie allgemeine Prinzipien oder Beurteilungskriterien begründet, anhand derer Handlungen bewertet und normative Aussagen über Handlungen geprüft werden können. Die Begründbarkeit und Wahrheitsfähigkeit von normativen Aussagen wird nun aber von Vertretern des ethischen *Nonkognitivismus* generell bestritten: Anlässlich ihrer semantischen Analysen normativer Äußerungen stellen sie fest, es handle sich nicht um Behauptungen, die wahr oder falsch sein können. Vielmehr seien es Gefühlsausdrücke (Kapitel 3.1: *Emotivismus*), imperativische Aufforderungen (Kapitel 3.2: *Präskriptivismus*) oder Kundgebungen willkürlicher persönlicher Entscheidungen (Kapitel 3.3: *Dezisionismus*). Während dieses Aufdecken der nicht kognitiven sprachpragmatischen Funktionen normativer Äußerungen als verdienstvoll anzusehen ist, erweist sich die epistemiologische These ihrer Nichtbegründbarkeit als höchst problematisch: Jede Suche nach begründeten Antworten auf die Frage „Wie soll ich handeln?" in gemeinsamen rationalen Diskussionen in Ethik und Recht wäre dann schlechterdings absurd (Kapitel 3.4).

Andrea ist ungewollt schwanger und hat sich soeben vom Erzeuger des Kindes getrennt. Sie erwägt eine Abtreibung, um ihre gerade beginnende berufliche Karriere nicht zu gefährden. Zudem rechnet sie sich aus, ohne Kind leichter einen Partner zu finden, mit dem sie später eine Familie gründen könnte. Sie bespricht sich mit zwei Freundinnen:

Christiane, die selbst in einer ungewollt kinderlosen Partnerschaft lebt, rät ihr vehement davon ab, die Schwangerschaft zu beenden. Nur wenn das Leben der Schwangeren in Gefahr steht, gibt es ihrer Ansicht nach einen legitimen Grund für das Töten eines beginnenden menschlichen Lebens.

Barbara, die nach einem abgeschlossenen Studium erfolgreich eine berufliche Laufbahn in Angriff genommen hat, rät ihr mit derselben Emphase zu einer Abtreibung. Denn sie ist überzeugt, ein Kind würde zu diesem Zeitpunkt und unter diesen Umständen sowohl Andreas berufliche als auch private Perspektive erheblich verschlechtern. (nach Quante, 41f.)

Das Gespräch mit ihren Freundinnen erweckt bei Andrea den Eindruck, beide würden lediglich ihre persönlichen Wertvorstellungen und Wünsche in Bezug auf ihr eigenes Leben äußern. Es stellt sich bei ihr Unbehagen ein. Denn solche subjektiven Ratschläge sind ihr keine wirkliche Hilfe bei der Beantwortung der Frage „Wie soll ich handeln?" Sie hegt infolgedessen sogar den Verdacht, dass es gar keine allgemeinen ethischen Beurteilungskriterien oder Prinzipien für menschliches Handeln gibt. Gemäß unseren einführenden Begriffsklärungen gehören solche Überlegungen zur Möglichkeit der Begründbarkeit von Werten und Normen in den Bereich der „Metaethik" (vgl. Kapitel 1.1). Als eine Art „Wissenschaftstheorie der Ethik" hat die Metaethik einige zentrale Unterscheidungskategorien eingeführt, anhand derer man sich sehr gut einen systematischen Überblick über die verschiedenen Positionen in der Ethik verschaffen kann. Eine der grundlegendsten Unterscheidungen, die wir uns in dieser Einführung zunutze machen wollen, ist diejenige zwischen „Kognitivismus" (Kapitel 4) und „Nonkognitivismus" (Kapitel 3). Sie betrifft den genaueren Status von normativen Aussagen oder Urteilen. In Kapitel 1.2 über das ethische Argumentieren gingen wir wie selbstverständlich davon aus, dass sämtliche Antworten auf die Frage „Wie soll ich handeln?" vom Typ behauptender Aussagen sind. Man würde also mit der normativen Äußerung „Du sollst x tun/nicht tun" behaupten, eine bestimmte Handlungsweise sei

Metaethik

Kognitivismus vs. Nonkognitivismus

richtig oder falsch. Wie gezeigt erhebt man mit solchen Behauptungen immer einen Geltungsanspruch auf Wahrheit oder normative Richtigkeit, der sich argumentativ begründen lässt. Anlässlich ihrer *semantischen Analyse* ethischer Sprechakte bestreiten aber die Vertreter des ethischen „Nonkognitivismus", dass man mit normativen Aussagen Behauptungen macht, die wahr oder falsch sein können. Ihrer Ansicht nach sind normative Aussagen vielmehr Ausdruck subjektiver Einstellungen oder persönlicher Wunschvorstellungen oder aber Appelle, mit denen man andere zu etwas überreden will. Im Rahmen *epistemiologischer Überlegungen* wurde darüber hinaus postuliert, solche normativen Aussagen ließen sich grundsätzlich nicht rational und argumentativ begründen. Obwohl es sich in der metaethischen Debatte empfiehlt, diese beiden Aspekte auseinanderzuhalten (vgl. Scarano, 27−34), fasse ich sie hier einfachheitshalber zu einer einheitlichen nonkognitivistischen Position zusammen:

> **Nonkognitivismus:**
> Normative Äußerungen sind keine wahrheitsfähigen und rational begründbaren Behauptungen, sondern haben eine sprachpragmatische Funktion wie das Ausdrücken von Gefühlen, das Appellieren oder Befehlen.

Definition

Negative Erfahrungen aus der Alltagspraxis wie diejenige von Andrea in ihrer schwierigen Entscheidungssituation können in der Tat nonkognitivistische Schlussfolgerungen nahe legen: Es kommt vor, dass wir anlässlich der Frage „Was soll ich tun?" mit gegensätzlichen, miteinander unvereinbaren Ratschlägen konfrontiert werden oder dass es uns nicht gelingt, jemand anderem mit argumentativen Mitteln die eigenen ethischen Überzeugungen einsichtig zu machen. Auch der Traditionsrelativismus scheint für die nonkognitivistische These zu sprechen, indem er auf die Vielfalt der unterschiedlichen Wertvorstellungen und Normen verschiedener Volksgruppen oder Kulturen aufmerksam macht (vgl. Kapitel 4.3). Darüber hinaus verleiht das neuzeitliche naturwissenschaftliche Weltbild dem Nonkognitivismus eine gewisse Anfangsplausibilität. Gemäß der vom logischen Empirismus oder Positivismus in den 20er Jahren des 20. Jahrhunderts ausgearbeiteten empiristischen Grundhaltung gibt es nämlich nur zwei Arten von sinnvollen Aussagen: entweder empirische Aussagen über Tatsachen in der Welt, die sich intersubjektiv überprüfen

logischer Empirismus/ Positivismus

lassen und entweder wahr oder falsch sind, oder logische Sätze, deren Wahrheitsgehalt von den unumstößlichen allgemeinen Gesetzen der Logik abhängig ist. Logisch oder analytisch wahr wäre etwa der Satz „Der Kreis ist rund", weil das Prädikat „rund" in der Definition des Kreises enthalten ist. Offenkundig genügen normative Aussagen darüber, wie man handeln soll, diesem Sinnkriterium nicht: Sie sind weder logisch ableitbar noch sagen sie etwas aus über empirisch beobachtbare Tatsachen. Es wären dann letztlich sinnlose Scheinsätze, die weder wahr noch falsch sein können und sich nicht begründen lassen. Wittgenstein, der als einer der Väter des logischen Empirismus gilt, zog daraus die letzte Konsequenz: „Darum kann es auch keine Sätze der Ethik geben. Es ist klar, dass sich die Ethik nicht aussprechen lässt." (Wittgenstein, 6.42 und 6.421) Soll man also auf ethische Reflexionen ganz verzichten, weil sich normative Aussagen prinzipiell nicht begründen lassen? Stellen nonkognitivistische Theorien überhaupt Positionen der normativen Ethik dar?

3.1 | Emotivismus

Die radikalste Spielart des Nonkognitivismus ist der *Emotivismus*. Als namhafteste Vertreter haben sich Alfred J. Ayer und Charles L. Stevenson profiliert, auch wenn sie in ihren späteren Arbeiten etwas von der früheren Extremposition abrückten. Ayer argumentiert vor dem Hintergrund der soeben erläuterten Prämissen des logischen Empirismus. Aus seiner Warte ist eine normative Ethik als Wissenschaft genauso unmöglich wie für Wittgenstein. Philosophische Ethik erschöpft sich daher in Metaethik. Diese weist die Unmöglichkeit einer normativen Ethik auf, wodurch alle Aufgaben erledigt scheinen. Wie bei den anderen angelsächsischen Vertretern des Nonkognitivismus beginnen Ayers „metaethische" Untersuchungen allerdings streng genommen mit „metamoralischen" Aussagen. Das sind neutrale, nicht wertende Aussagen über moralische Alltagsphänomene wie Gebote, Verbote oder normative, d. h. wertende Aussagen. Wann immer jemand etwa eine moralische Aussage mache wie „Stehlen ist unfair", bringe er damit lediglich seine subjektiven Gefühle der Missbilligung, Verabscheuung oder des Entsetzens zum Ausdruck (vgl. Ayer, 141). Seine Äußerung könne nicht wahr oder falsch

emotionale
Komponente

sein, sondern nur aufrichtig oder unaufrichtig. Es gebe auch keine allgemeinen Kriterien oder Werte, auf die man zurückgreifen könne, um seine Äußerung im Konfliktfall zu begründen. Damit ist die metaethische Ebene prinzipieller Zweifel an ethischen Begründungsverfahren erreicht.

Etwas komplexer wird die emotivistische Analyse bei Stevenson, der neben der Komponente der Gefühlsexpression die appellative Funktion hervorkehrt: Mit einem normativen Urteil wollen die Menschen nicht nur ihre moralischen Gefühle der Billigung oder Missbilligung mitteilen, sondern auf die Gefühle und Motivlagen der anderen Einfluss nehmen. Sie tun dies aber laut Stevenson nicht mittels rationaler Argumente, sondern setzen allein auf die suggestive und appellative Kraft ihrer Äußerungen. Wenn jemand beispielsweise ausruft „Stehlen ist unfair!", drückt er damit nicht nur aus: „Ich finde Stehlen entsetzlich!", sondern zugleich: „Du sollst es auch entsetzlich finden!" (vgl. Stevenson, 121f.). Damit empfiehlt er dem Adressaten eine Einstellungsänderung, wodurch dieser zu bestimmten Verhaltensweisen motiviert wäre. Auch wenn jemand für seine persönliche Werthaltung Gründe aufführt, könne er damit maximal eine psychisch-kausale Beeinflussung erzielen. Während man Meinungsverschiedenheiten erfahrungsgemäß durch das Beibringen zusätzlicher Informationen über die strittige Sache rational beilegen kann, stünde einem bezüglich divergierender Werthaltungen nur die suggestive „Infizierung" des anderen mit den eigenen Gefühlen der Billigung oder Missbilligung zur Verfügung (vgl. ebd., 131ff.).

appellative Komponente

Anschauungsbeispiel

Normative Aussage: „Stehlen ist unfair!"

Emotivismus:
1. *emotionale Komponente:* „Ich finde Stehlen entsetzlich!"
2. *appellative Komponente:* „Du sollst Stehlen auch entsetzlich finden (und dies entsprechend unterlassen)!"

3.2 | Präskriptivismus

Obwohl Stevenson als Vertreter des Emotivismus angesehen wird, war er mit seiner Theorie der appellativen Wirkung normativer Äußerungen zugleich der Wegbereiter des *Präskriptivismus*. Der wesentlich von Hare geprägte „Präskriptivismus" betont nämlich die „präskriptive", d.h. vorschreibende und appellative, auffordernde Funktion normativer Aussagen. Moralische Urteile seien statt als Behauptungen vielmehr als Imperative zu verstehen, die weder wahr noch falsch sein können (vgl. Hare 1997, 19f.). Der Präskriptivismus ist damit in erster Linie eine semantische Theorie über die Bedeutung normativer Aussagen in einem sprachpragmatischen Kontext. Wer beispielsweise äußert: „Stehlen ist unfair!", verbinde damit die direkte imperativische Aufforderung: „Stehle nicht!" Während Stevenson im Zeichen des Emotivismus auf rhetorische Manipulation und Suggestion setzt, erweist sich Hares Position als einer rationalen Argumentation zugänglicher. Denn neben der Präskriptivität sei für normative Äußerungen die Universalität kennzeichnend. Universalisierbar wäre ein ethischer Imperativ wie „Du sollst nicht stehlen!" dann, wenn der Sprecher damit einen universellen, d.h. an alle rationale Wesen gerichteten Geltungsanspruch erhebt. Konkret könnte ein solcher universeller Imperativ mit Bezug auf unser Anschauungsbeispiel lauten: „Niemand darf stehlen!" Doch ob solche universalisierbaren Urteile unter epistemiologischem Gesichtspunkt auch ausreichend rational begründet und wirklich ethisch legitim sind, steht damit noch offen. Ich werde auf diese Problematik in Kapitel 4.2.3 zurückkommen. Hare selbst setzt „Universalisieren" irritierenderweise mit ethischem „Begründen" gleich (vgl. Hare 1983, 108) und missinterpretiert seine eigene Position mitunter als „kognitivistisch" (vgl. Hoffmann-Riedinger, 60). Nur unter semantischem Aspekt ist Hares Präskriptivismus jedenfalls eindeutig dem Nonkognitivismus zuzuordnen, weil normative Sprechakte als nicht wahrheitsfähige Imperative gedeutet werden.

(Randnotizen:) imperativische Komponente

(Randnotizen:) universalistische Komponente

Anschauungsbeispiel (Fortsetzung)

Präskriptivismus:
3. *imperativische Komponente:* „Du sollst nicht stehlen!"
4. *universalistische Komponente:* „Niemand darf stehlen!"

Dezisionismus | 3.3

Hare schien auf den ersten Blick mit seinem Universalisierungs-
postulat den emotivistischen Subjektivismus überwunden und
der Möglichkeit einer rationalen Begründung in der Ethik näher gerückt zu sein (vgl. Kapitel 3.2). Bei den bisherigen Überlegungen zum Präskriptivismus wurde jedoch noch nicht deutlich, nach welchen Kriterien oder Prinzipien jemand überhaupt
seine universellen Imperative auswählen soll. Nach Hare muss
man hierfür auf präskriptive Prämissen in Form von obersten
moralischen Grundsätzen zurückgreifen (vgl. Hare 1983, 111).
Um solche Grundsätze ausfindig zu machen, empfiehlt er dabei das empirische Falsifikationsverfahren. Man soll wie in den
Naturwissenschaften Hypothesen aufstellen und dann ihre Anwendung in der Praxis prüfen. Wenn man sich alle Folgen eines
hypothetisch-normativen Grundsatzes virtuell vergegenwärtigt
und diese Konsequenzen inakzeptabel sind, wäre er als Prämisse
disqualifiziert. Letztlich basieren nach Hare aber alle ethischen
Prinzipien auf individuellen Prinzipienentscheidungen, die **dezisionistische**
man ihrerseits nicht rational begründen kann (vgl. Hare 1997, **Komponente**
103ff.). Irgendwann in seinem Leben entscheidet jeder Mensch
sich für bestimmte Prinzipien, unter mehr oder weniger großem
Einfluss von Erziehung und Bildung oder von hypothetischen
Folgenabschätzungen. Begründen lassen sich auch nach seiner
empiristisch-positivistischen Grundhaltung nur deskriptive Tat-
sachenaussagen, nicht aber (universalistische) präskriptive Sollensaussagen. Hare vertritt damit eine dezisionistische Position.
Denn der *Dezisionismus* leugnet die rationale Begründbarkeit von
Entscheidungen im Allgemeinen und von allgemeingültigen
normativen Geltungsansprüchen im Besonderen. Ein dezisionis-
tischer Nonkognitivist postuliert also, normative Aussagen seien
letztlich nichts anderes als der Ausdruck willkürlicher persönlicher Entscheidungen.

Anschauungsbeispiel (Fortsetzung)

Dezisionismus:
5. *dezisionistische Komponente:* „Ich entscheide mich (willkürlich) dafür und will,
dass niemand stiehlt!"

3.4 | Kritik an nonkognitivistischen Positionen

Aus heutiger Sicht gelten sowohl der Emotivismus als auch der Dezisionismus als unhaltbare Extrempositionen (vgl. Morscher, 41). Bevor ich aber Kritik übe an den Grundthesen der nonkognitivistischen Ethik, möchte ich ihre bleibenden Verdienste würdigen: Mit ihrer semantischen Analyse von sprachlichen Ausdrucksformen haben Metaethiker gezeigt, dass moralische Äußerungen nicht nur eine kognitive Komponente enthalten. Eine normative Aussage wie „Stehlen ist unfair!" weist über die Behauptung hinaus, dass ein solches Handeln ethisch verwerflich sei, nicht kognitive sprachpragmatische Funktionen auf: 1. eine *emotionale und appellative Komponente*, die moralische Gefühle der Missbilligung seitens des Sprechers anzeigt und an einen gefühlsmäßigen Einstellungswandel des Adressaten appelliert (Emotivismus). Ob Gefühlsregungen sogar konstitutiv für unsere Werturteile sind, werden wir in Kapitel 7.1 zu klären suchen. Grundsätzlich bilden aber emotive psychophysische Reaktionen gemäß neueren emotionspsychologischen Erkenntnissen immer Begleiterscheinungen kognitiver Einschätzungen. Emotive und kognitive Momente sollten daher nicht gegeneinander ins Rennen geschickt werden. Äußerst verwerflich ist in der Ethik zudem die Methode der psychisch-kausalen Beeinflussung oder Manipulation. Denn dadurch wird der Adressat zu einem Instrument beliebiger subjektiver Zwecke degradiert. Als autonome Person würde man ihn nur achten, wenn man ihm Gründe und Argumente für die (emotional gefärbten) eigenen Haltungen vorlegen würde, zu denen er Stellung beziehen könnte. Als zweites Moment hatten wir die *imperativische und universalistische Komponente* im Sinne des Präskriptivismus hervorgehoben. Moralische Äußerungen verfügen typischerweise über einen befehlenden Gebots- oder Verbotscharakter und erheben einen Allgemeinheitsanspruch (vgl. Kapitel 1.1). Insofern dürften auch alle Kognitivisten diese beiden Aspekte billigen, soweit sie nicht wie bei Hare auf eine dezisionistische Basis gestellt werden. Die dritte von den Dezisionisten radikalisierte *Komponente willkürlicher Entscheidungen* rückt bei der Frage nach einer möglichen Letztbegründung ins Zentrum. Auch Kognitivisten, die zwar ethische Urteile und Prinzipien begründen, aber auf Letztbegründung verzichten, haben sich nicht von jedem dezisionistischen Moment befreit.

Verdienst: sprachpragmatische Funktionen normativer Aussagen

Gegen die epistemiologische These der Wahrheitsunfähigkeit oder der Nichtbegründbarkeit können nicht anders als für die Stützung der nonkognitivistischen Position (vgl. den Beginn von Kapitel 3) zuallererst Plausibilitätsargumente ins Feld geführt werden: Zwar mag jeder schon einmal in schwierigen Entscheidungssituationen wie die der geschilderten schwangeren Andrea von der Subjektivität und Beliebigkeit normativ-präskriptiver Äußerungen enttäuscht worden sein. Gerade diese Enttäuschungsreaktionen zeigen aber an, dass wir in der Regel von normativen Aussagen Wahrheit bzw. Objektivität und intersubjektive Begründbarkeit erwarten. Gingen wir tatsächlich davon aus, dass unsere Mitmenschen mit ihren normativen Aussagen lediglich ihre ganz persönlichen Gefühle oder willkürlichen Festsetzungen ausdrücken oder uns auf emotionaler Ebene kausal-psychisch manipulieren wollen, würden wir sie kaum um Rat fragen. Die unbestreitbare Tatsache, dass wir in rationalen Diskussionen gemeinsam nach begründeten Antworten auf die Frage suchen, wie wir (in bestimmten Situationen) handeln sollen, wäre dann schlechterdings unerklärlich. Die rationale Behandlung solcher Fragen, wie sie seit Jahrtausenden in Ethik und Recht stattfindet, erschiene plötzlich absurd. Natürlich handelt es sich hier wie gesagt lediglich um Plausibilitätsargumente: Auch wenn der Glaube an die Objektivität und Begründbarkeit von Werten und Normen tief sowohl im Alltagsdenken als auch in der philosophischen Tradition verankert ist, beweist dies natürlich nicht die Möglichkeit ihrer Begründbarkeit. Vielmehr kann man gerade diese traditionsreichen Selbstverständlichkeiten im Zeichen eines ethischen Skeptizismus oder Nonkognitivismus radikal in Frage stellen. In Absehung von positiven Plausibilitätsargumenten bietet es sich daher als Strategie der Kritik am Nonkognitivismus an, dessen skeptische Einwände gegen den Kognitivismus ihrerseits zu widerlegen.

Zum einen waren selbst die Vertreter des logischen Empirismus nachweislich an einer kritisch-rationalen Diskussion ethischer und rechtlicher Fragen interessiert (vgl. Morscher, 44). Man könnte ihnen folglich einen performativen Selbstwiderspruch zum Vorwurf machen. Denn ein konsequenter Emotivist oder Dezisionist, der die Möglichkeit einer intersubjektiven Moralbegründung strikt von sich weist, dürfte an einem solchen rationalen Diskurs kein Interesse zeigen. Zumindest extreme Formen

Kritik:
Plausibilitätsargumente

performativer
Selbstwiderspruch

des Emotivismus und Dezisionismus lassen sich auf diese Weise widerlegen. Nehmen wir uns daraufhin die Einwände von John Mackie vor, der als einer der schärfsten gegenwärtigen Kritiker des Kognitivismus den Glauben an die Objektivität und Wahrheit moralischer Aussagen schlicht als „Irrtum" bezeichnet (vgl. Mackie, 50): Einen wesentlichen Grund für diese irrtümlichen Annahmen erblickt Mackie im starken sozialen Druck, der beim Lernen moralischer Regeln, Gebote und Verbote auf die Heranwachsenden ausgeübt werde. Auch wenn man aber seiner These der sozialen Indoktrination moralischer Normen beipflichtet, ist damit noch nichts über deren Objektivität und Richtigkeit bzw. Falschheit entschieden. Der Schluss von der Genese einer moralischen Überzeugung auf ihre Geltung, d. h. auf ihren Geltungs- und Begründungsanspruch, wäre vielmehr ein „genetischer Fehlschluss".

genetischer
Fehlschluss

Ein weiterer skeptischer Einwand ist das zu Beginn des Kapitels bereits erwähnte „Argument der Relativität" (vgl. ebd., 40f.). Mackie gibt bezüglich des Relativitätsvorwurfs allerdings selbst zu, dass allein vom Bestehen von Meinungsverschiedenheiten zwischen Individuen oder kulturellen Gruppen noch nicht auf die Subjektivität der Werte und Normen geschlossen werden darf. Es könnte nämlich sein, dass alle Gemeinschaften in den allgemeinsten und grundlegendsten Prinzipien miteinander übereinstimmten und diese nur verschieden angewendet werden. Die eingeschränkt kognitivistische Position des Traditionsrelativismus wird in Kapitel 4.3 ausführlicher zur Diskussion stehen.

Als viel schlagkräftiger schätzt Mackie selbst sein „Argument der Absonderlichkeit" ein, das besagt: „Gäbe es objektive Werte, dann müsste es sich dabei um Wesenheiten, Qualitäten oder Beziehungen von sehr seltsamer Art handeln, die von allen anderen Dingen in der Welt verschieden wären." (ebd., 43) Zudem wäre ein genauso absonderliches Erkenntnisvermögen notwendig, um solche normativen Phänomene erkennen zu können. Wie die meisten Nonkognitivisten geht Mackie aber von empiristischen Kernannahmen aus, die solche Forderungen als absurd erscheinen lassen. Bereits zu Beginn dieses Kapitels wiesen wir auf das naturwissenschaftlich-positivistische Weltbild hin, das einen Nährboden bildet für nonkognitivistisches Gedankengut. Auf den ersten Blick verleiht es dem Nonkognitivismus auch eine gewisse Anfangsplausibilität. Gerade diese positivistische Einschränkung der Welt auf das empirisch Erfahrbare oder Erkennbare muss aber im Rahmen einer moralphilosophischen Betrachtung als zu reduktionistisch verworfen werden. Dabei ist es gar nicht notwendig, wie Platon eine ontologisch eigenständige ideelle Welt des Normativen neben oder über der empirischen Welt des Faktischen zu postulieren. Als soziale Konstrukte kommt den Werten, Normen, Beurteilungskriterien und Prinzipien keine „Faktizität", d. h. faktische Existenz zu wie den raumzeitlichen Dingen in der Welt. Vielmehr haben sie „Geltung", wenn und solange sie von rationalen Wesen entwickelt, begründet und eingesehen werden. Nur wo „Rationalität" auf den empiristisch-positivistischen Rationalitätsbegriff restringiert wird, fallen normative Aussagen und ethische Diskurse unplausiblerweise dem Bereich des Irrationalen zu. Demgegenüber sollte die praktische Welt der menschlichen Handlungen mit ihrem eigenen Rationalitätstyp als eigenständiger Bereich neben der theoretischen Welt der Tatsachen mit ihrem spezifischen Erkenntnisproblem anerkannt werden. Die weltanschauliche Basis der meisten nonkognitivistischen Theorien erweist sich damit als zu eng und einseitig.

empiristisch-positivistischer Reduktionismus

Faktizität vs. Geltung

theoretische vs. praktische Rationalität

Mit dieser Kritik am Nonkognitivismus und an den skeptischen Einwänden gegen die Objektivität und Wahrheit ethischer Normen und Prinzipien ist natürlich die Richtigkeit des ethischen Kognitivismus noch lange nicht bewiesen. Als gesichert kann die These von der Begründbarkeit und Wahrheitsfähigkeit normativer Aussagen erst dann gelten, wenn sich überzeugende Begründungsverfahren finden lassen. Diese Suche ist erst für das nachfolgende Kapitel 4 vorgesehen. Obwohl das hier applizierte terminologische Begriffsraster „Nonkognitivismus-Kognitivismus" dem Bereich der Metaethik entstammt, handelt es sich bei den einzelnen inhaltlichen Theorien, die unter das Etikett „Kognitivismus" subsumiert werden, ganz eindeutig um Positionen der normativen Ethik. Nicht in gleicher Weise klar liegen die Verhältnisse beim „Nonkognitivismus": Die Theorien der Nonkognitivisten bilden insofern Grenzfälle der normativen Ethik, als sie die Unmöglichkeit allgemeiner, begründeter Beurteilungskriterien oder Prinzipien aufzuweisen suchen. Eine Theorie wie diejenige Ayers ist wie gesehen auch aufgrund von Ayers Selbsteinschätzung reine Metaethik. Als logischer Empirist und nonkognitivistischer Metaethiker meint er die Unmöglichkeit einer normativen Ethik demonstriert zu haben. Ethik könnte folglich überhaupt nur in Form von Metaethik betrieben werden.

Grenzfall normativer Ethik

Kritik (Zusammenfassung)

- Plausibilitätsargument: seit Jahrtausenden geführte rationale Diskussionen in Ethik und Recht darüber, wie wir handeln sollen, entpuppten sich als absurd
- performativer Selbstwiderspruch: Nonkognitivisten dürften selbst keinerlei Interesse an ethischen Diskussionen zeigen
- positivistischer Reduktionismus auf das empirisch Erfahrbare ist unhaltbar:
  - soziokulturelle Geltung von Werten, Normen und Prinzipien versus Faktizität von raumzeitlichen Dingen
  - praktische Rationalität versus theoretische Rationalität

Übungsaufgaben

1. Die drei wichtigsten Positionen des Nonkognitivismus betonen verschiedene sprachpragmatische Funktionen normativer Äußerungen. Illustriere dies am Beispiel der normativen Aussage „Du sollst hier nicht rauchen!"
2. Welche Kritik kann man an nonkognitivistischen Positionen üben?

Literatur

Ayer, Alfred J.: Sprache, Wahrheit und Logik, Stuttgart 1970.

Hare, Richard M.: Freiheit und Vernunft, Frankfurt a. M. 1983.

Hare, Richard M.: Die Sprache der Moral, 2. Auflage, Frankfurt a. M. 1997.

Hoffmann-Riedinger, Monika: Metaethik, in: Pieper, Annemarie (Hrsg.): Geschichte der neueren Ethik, Bd. 2, Tübingen 1992, S. 55–80.

Mackie, John L.: Ethik. Die Erfindung des moralisch Richtigen und Falschen, Stuttgart 2000.

Morscher, Edgar: Kognitivismus/Nonkognitivismus, in: Düwell, Marcus, Hübenthal, Christoph u. a. (Hrsg.): Handbuch Ethik, Stuttgart/Weimar 2002, S. 36–48.

Scarano, Nico: Metaethik – ein systematischer Überblick, in: Düwell, Marcus, Hübenthal, Christoph u. a. (Hrsg.): Handbuch Ethik, Stuttgart/Weimar 2002, S. 25–35.

Stevenson, Charles L.: Die emotive Bedeutung ethischer Ausdrücke, in: Grewendorf, Günther und Meggle, Georg (Hrsg.): Seminar: Sprache und Ethik. Zur Entwicklung der Metaethik, Frankfurt a. M. 1974, S. 116–139.

Kognitivismus

Inhalt

Zusammenfassung

Im Gegensatz zu den Nonkognitivisten gehen die *Kognitivisten* davon aus, normative Aussagen seien grundsätzlich rational begründbar und wahrheitsfähig. Die *kognitivistischen Subjektivisten* beziehen sich bei ihren Begründungen normativer Prinzipien ausschließlich auf rationale Interessen der Handlungssubjekte (Kapitel 4.1): Während der ethische *Egoismus* aber höchstens als sollensethisches Ergänzungsprinzip akzeptabel ist (Kapitel 4.1.1), werden beim *Kontraktualismus* oder der Vertragstheorie die moralischen Vorbedingungen des Vertragsschlusses nicht offengelegt und begründet (Kapitel 4.1.2). Nach Ansicht *kognitivistischer Objektivisten* hingegen ist die Richtigkeit normativer Aussagen in der Übereinstimmung mit einer außerhalb der Subjekte existierenden Wirklichkeit (moralischer Realismus) oder in allgemeinen kognitiven, sprachlichen oder pragmatischen Bedingungen moralischen Urteilens und Handelns begründet

(Konstruktivismus). Die *moralischen Realisten* beziehen sich entweder wie die *Naturalisten* (evolutionäre und hedonistische Ethik) auf die empirische Wirklichkeit und laufen Gefahr, einen naturalistischen Fehlschluss zu begehen (Kapitel 4.2.1) oder postulieren wie die *Intuitionisten* (materiale Wertethik) eine ontologisch fragwürdige ideelle Wirklichkeit intuitiv einsehbarer Werte (Kapitel 4.2.2). *Konstruktivisitische Ansätze* fragen bei ihrer reflexiv-rekonstruktiven Moralbegründung nach den kognitiven, pragmatischen, sozialen oder sprachlichen Bedingungen moralischen Urteilens oder Handelns, um daraus ethische Kriterien oder Prinzipien abzuleiten (Kapitel 4.2.3). Dazu zählen die Vernunftethik Kants, die Diskursethik und der handlungsreflexive Ansatz. Die *ethischen Relativisten* schließlich glauben, dass Werte und Normen immer nur innerhalb einer bestimmten Kultur oder Traditionsgemeinschaft begründbar sind (Kapitel 4.3).

Anschauungsbeispiel

Student A will sich mit einer Verleumdungskampagne an einem Professor für die schlechte Benotung seiner Hausarbeit rächen. Er hatte für ihr Verfassen die ganzen Semesterferien geopfert und nun eine glatte Eins erwartet. Student B rät ihm von diesem persönlichen Rachefeldzug ab.
B: Das sollst Du nicht tun.
A: Wieso soll ich das nicht tun? An meiner Stelle würdest Du sicherlich auch so handeln – eine solche Gemeinheit!
B: Nein, das würde ich niemals tun.
A: Ha, da bist Du halt viel zu feige dafür. Dir fehlt doch nur der Mut zu so was.
B: Darum geht es doch gar nicht. Ich meine, dass niemand in einer solchen Situation so handeln sollte. So was Niederträchtiges tut man einfach nicht.

Natürlich wäre dieser kurze Dialog in der Realität noch nicht zu Ende. Vermutlich würde der Student A zu Recht nachhaken mit der Frage: „Wieso soll denn keiner in vergleichbarer Lage so handeln?" Ein Kognitivist könnte dann verschiedene moralische Regeln oder Prinzipien geltend machen und diese unterschiedlich begründen. Gemeinsam ist allen kognitivistischen Positionen, dass sie davon ausgehen, moralische Aussagen seien grundsätzlich rational begründbar und wahrheitsfähig. Sie sind also keineswegs reine Gefühlsäußerungen oder willkürliche Setzungen

Kognitivismus vs. Nonkognitivismus

der moralischen Subjekte. Vielmehr sind es Behauptungen, mit denen man einen Geltungsanspruch auf Wahrheit oder Richtigkeit erhebt. Solche behauptenden Aussagen weisen einen kognitiven Gehalt auf, aufgrund dessen man entscheiden kann, ob sie *als solche* wahr oder falsch sind. Gegen die *Nonkognitivisten* mit ihrem naturwissenschaftlich-positivistischen Weltbild pochen *Kognitivisten* gern auf die Eigenständigkeit der praktischen Philosophie gegenüber der theoretischen. Infolgedessen weisen sie auf die Unangemessenheit der Differenz „wahr" − „falsch" für den Bereich menschlicher Praxis hin (vgl. Höffe 2007, 60). Um dem Unterschied terminologisch Rechnung zu tragen, müsste man statt von einer „wahren" oder „falschen" Handlung von einer „guten" oder „schlechten"; statt von einer „wahren" oder „falschen" normativen Äußerung besser von einer „richtigen" oder „falschen" sprechen. Während man also mit einer deskriptiven Tatsachenaussage einen Wahrheitsanspruch erhebt, wären normative Urteile mit dem Anspruch auf normative Richtigkeit verbunden. Auch ich werde im Folgenden die Rede von „normativer Richtigkeit" bevorzugen. Obgleich der Objektivitätsanspruch von Normen im Bereich der praktischen Philosophie ein anderer ist als derjenige von Tatsachenbehauptungen im theoretischen Bereich, scheint mir eine analoge Verwendung des Wahrheitsbegriffs auf der Ebene der Normen gleichwohl möglich zu sein.

Wahrheit vs. normative Richtigkeit

Die ethischen Kognitivisten sehen in der Folge ihre zentrale Aufgabe darin, allgemeine Kriterien oder Prinzipien zu finden, um die Wahrheit/Richtigkeit oder eben Falschheit einer normativen Aussage feststellen und diese begründen oder widerlegen zu können. Diese Kriterien oder Prinzipien sollen ihrerseits rational und argumentativ begründet werden und damit für alle vernunftbegabten Wesen einsichtig sein. Wenn man sich bei der Begründung normativer Urteile oder Prinzipien ausschließlich auf rationale Interessen der Handlungssubjekte bezieht, spricht man von *kognitivistischem Subjektivismus* (Kapitel 4.1). Entwickelt man jedoch die ethischen Beurteilungskriterien unabhängig von solchen subjektiven Interessen, liegt ein *kognitivistischer Objektivismus* vor (Kapitel 4.2). Wenn Student B im obigen Beispiel darauf insistiert, sein moralisches Urteil „Du sollst x nicht tun" sei keine Frage persönlicher Feigheit oder Tapferkeit, scheint er nach Art kognitivistischer Objektivisten von seiner universellen

kognitivistischer Subjektivismus vs. Objektivismus

Gültigkeit überzeugt zu sein. Während die kognitivistischen Objektivisten und Subjektivisten für normative Urteile und Prinzipien eine universelle Gültigkeit (für alle Menschen) reklamieren, schränken die *ethischen Relativisten* den Geltungsanspruch auf die jeweilige konkrete Kultur oder Traditionsgemeinschaft ein (Kapitel 4.3). Auch wenn die Möglichkeit der Begründbarkeit und Richtigkeit moralischer Normen hierbei nicht grundsätzlich bestritten wird, liegt doch ein erheblich schwächerer kognitivistischer Anspruch vor.

Definition

> **Kognitivismus:**
> Normative Aussagen sind Behauptungen, die wahrheitsfähig und rational begründbar sind.

4.1 | Kognitivistischer Subjektivismus

Anschauungsbeispiel (Fortsetzung)

A (*ethischer Subjektivist*): Rache in Form von Verleumdung ist die beste und vernünftigste Handlungsweise. Denn die Verleumdungskampagne gegen den Professor wird mir größtmögliche Genugtuung verschaffen, ohne dass ich als ihr Urheber aufgedeckt werden kann und somit mein Studium gefährde.

ethischer Subjektivismus

Zentrales Anliegen des *ethischen Subjektivismus* ist es, die Ethik auf ein empirisches Fundament zu stellen, das mit unserem modernen Welt- und Selbstverständnis im Einklang steht. Viele zeitgenössische Moralphilosophen halten den kognitivistischen Subjektivismus für das einzig gegenwartsfähige ethische Begründungsprogramm. Sie führen moralische Sollensaussagen auf empirische Einstellungen wie faktische Wünsche oder Interessen zurück. Moralische Werte und Normen sollen ausschließlich aus dem Nachdenken der Menschen darüber hervorgehen, wie sie ihre

Interessen

persönlichen Interessen am besten verfolgen können. „Interesse" ist dabei zunächst einfach ein Oberbegriff für alle mentalen Zustände, in denen ein Subjekt etwas als positiv bewertet, wünscht oder beabsichtigt (vgl. Quante, 56). Die positive Einschätzung des Gegenstandes des Interesses impliziert zugleich, dass dem Subjekt etwas an dessen Realisierung liegt. Solche individuellen Interessen sind jedem Subjekt in der Selbsterfahrung oder durch

Beobachtung anderer Handelnder zugänglich. Mit der Wahl eines derart empirienahen Ausgangspunktes gewinnt der kogni-tivistische Subjektivismus große Attraktivität und Plausibilität. Philosophisch relevant und „kognitivistisch" wird die Theorie da, wo man die aufgeklärten Eigeninteressen rationaler Handlungs-subjekte in den Mittelpunkt rückt: „Aufgeklärt" sind Interessen, wenn das Subjekt sie zum einen in einen Zusammenhang mit seinen anderen Interessen stellt, und zum anderen deren mög-liche (langfristige) Konsequenzen bei der Interessenbefolgung vergegenwärtigt. Kognitivistische subjektivistische Positionen wie der Egoismus erscheinen aber aus moralphilosophischer Sicht äußerst fragwürdig, weil sie sich der Einnahme des objektiven Standpunktes der Moral verweigern. Darüber hinaus lässt der ethische Egoismus (4.1.1) die anthropologische Tatsache unbe-rücksichtigt, dass die Menschen soziale Lebewesen sind und auf Kooperation mit anderen angewiesen sind. Es müsste infolgedes-sen wie beim ethischen Kontraktualismus (4.1.2) zum aufgeklär-ten Interesse einer rationalen Person gehören, sich an bestimm-te Interaktionsregeln zu halten. Obgleich der Kontraktualismus der sozialen Komponente ausreichend Rechnung trägt, wird er unter ethischem Aspekt gleichfalls beargwöhnt. Statt die beiden prominentesten Ansätze des kognitivistischen Subjektivismus jedoch von vornherein aus dem moralphilosophischen Diskurs auszugrenzen, versuche ich in den folgenden Abschnitten, ihren ethischen Status und Stellenwert zu eruieren.

kognitivistischer Subjektivismus

aufgeklärte Interessen

> **Ethischer Subjektivismus:**
> Normative Aussagen lassen sich allein im Rekurs auf individuelle Interessen begründen.

Definition

Egoismus

4.1.1

Der *ethische Egoismus* erkennt als einzigen Maßstab ethischen Handelns die Erfüllung der eigenen Interessen an. Diese wer-den ohne Rücksicht auf die Interessen und Rechte der anderen Menschen verfolgt. Im Alltag rekurrieren wir oft implizit oder explizit auf diese Handlungsregel, wenn wir Handlungen vor anderen rechtfertigen oder entschuldigen müssen, die nur den eigenen Interessen entspringen. So könnte jemand sein Schwarz-fahren damit rechtfertigen, dass er wegen eines für seine beruf-

ethischer Egoismus

liche Karriere äußerst wichtigen Termins unbedingt diesen Zug nehmen musste, aber keine Zeit mehr zum Lösen der Fahrkarte fand. Im Hintergrund egoistischer Handlungen steht die unausgesprochene Annahme: „Ich bin wichtiger als alle anderen". Sie muss oder kann aus Sicht egoistischer Theoretiker nicht bewiesen werden, leitet aber viele praktische Entscheidungen. Jean-Claude Wolf, der sich heute unter den Universitätsprofessoren als Einziger offen zum ethischen Egoismus bekennt, spricht daher von einer „stillen Theorie" (vgl. Wolf 2004, 513): Obwohl in der Praxis die meisten Menschen wenigstens zeitweise der egoistischen Haltung verfallen, bringen nur wenige den Mut auf, zum ethischen Egoismus zu stehen. Während die *romantische Variante* des ethischen Egoismus einfach davon ausgeht, dass es für die Einzigartigkeit des Egos keinen objektiven oder intersubjektiv mitteilbaren Grund gibt, liefert die von Wolf vertretene *aufgeklärte Version* wenigstens eine indirekte Begründung: Jeder kenne seine eigenen Interessen am besten und sei auch am meisten motiviert, sie zu erfüllen. Gegen diese indirekte Begründung lässt sich zunächst einwenden, dass sich eine philosophische Ethik nicht darauf beschränken darf, das Nächstliegende und Bekannteste zu empfehlen (vgl. zu dieser Kritik Fenner 2004, 523).

Darüber hinaus kann es unter den eigenen, wohlbekannten Interessen nicht nur egoistische, sondern auch altruistische geben. Denn zu Unrecht werden „Interessen" meist unwillkürlich mit dem Attribut „egoistisch" in Verbindung gebracht. Es gilt aber zu unterscheiden zwischen den „eigenen Interessen", d. h. sämtlichen Interessen, die ein Subjekt aktuell hat, und seinen „Eigeninteressen" oder „Selbstinteressen". Eigene „Interessen" im oben definierten allgemeinen Sinn können durchaus selbstlose altruistische Interessen am Wohl anderer sein, etwa an demjenigen der Familie oder von Freunden. Hier wäre das Attribut „egoistisch" sicherlich fehl am Platz. Da es einem Egoisten letzlich immer nur um den eigenen Vorteil geht, berücksichtigt er von den ihm bekannten „eigenen Interessen" ausschließlich die selbstbezogenen „Eigen-" oder „Selbstinteressen". Während sich ein naiver, unaufgeklärter Egoist nur um den je eigenen Gegenwartsnutzen kümmert, dürfte es im wohlverstandenen, aufgeklärten Eigeninteresse eines rationalen Egoisten liegen, das Wohl seiner Mitmenschen in Grenzen zu fördern. Auch der aufgeklärte, reflektierte Egoist wird aber nur so lange im Sinne

Eigeninteressen
(egoistische Interessen)

fremden Wohls handeln, wie sich sein Verhalten kurz- oder langfristig positiv auf die Erfüllung seiner selbstbezogenen Interessen auswirkt. Niemals tut er den anderen Gutes um des Guten
oder um ihrer selbst willen. Er hilft nur denen, die er braucht,
um seine egozentrischen Wünsche zu erfüllen. Und er bedient
ihre Interessen nur, solange sie seine eigenen Wünsche nicht
beeinträchtigen. Anstelle einer unparteiischen Interessenabwägung liegt somit eine klare Priorität der Eigeninteressen und eine
Instrumentalisierung der Mitmenschen und der auf sie bezoge-
nen altruistischen Interessen vor. Der an den Tag gelegte Qua-
si-„Altruismus" entpuppt sich als ein Mittel zur Erfüllung der
Eigeninteressen.

Max Stirner bringt die egoistische Grundhaltung in seinem
programmatischen Werk *Der Einzige und sein Eigentum* folgendermaßen auf den Punkt: „Egoistisch ist es, keiner Sache einen eigenen oder ‚absoluten' Wert beizulegen, sondern ihren Wert in
Mir zu suchen." (186) Bei Stirner besteht der anvisierte Eigennutzen des Egoisten unzweideutig aus purem Selbstgenuss. Denn
er verrät uns: „Mein Verkehr mit der Welt besteht darin, dass
Ich sie genieße und so sie zu meinem Selbstgenuss verbrauche."   unterschiedliche
(358) Die egoistische Position lässt aber grundsätzlich offen, an   Wertmaßstäbe
welchem Wertmaßstab die eigenen Interessen gemessen werden   (Genuss, Macht)
sollen. Aristipp von Kyrene, der Begründer des Hedonismus, hat
den sinnlichen Genuss als höchstes Gut ausgewählt und damit   Hedonismus
die egoistische Variante des Hedonismus ins Leben gerufen. An-   (Lust)
ders als diese beiden genussorientierten Ansätze plädiert Friedrich Nietzsche lautstark für ein Leben im Zeichen persönlicher
Machtsteigerung und künstlerisch-schöpferischer Selbstentfal-
tung. „Was ist gut? — Alles, was das Gefühl der Macht, den
Willen zur Macht selbst im Menschen erhöht." (Nietzsche, 170)
Gemeinsam ist allen radikal egoistischen Theorien die Schwierigkeit, wie eine Gemeinschaft von solchen sich gegenseitig in-
strumentalisierenden Egoisten gedacht werden soll. Während
Stirner sich rebellisch und anarchistisch gegen jede Art von sozialen Bindungen, moralischen Verpflichtungen und politischen
Strukturen auflehnt, projektiert Nietzsche eine ebenso fragwürdige „inter pares"-Moral einer künstlerischen Elite starker Einzelindividuen. Diese „großen Individuen", auch „die Wenigsten"
genannt, thronen an der Spitze einer Pyramide von sklavisch le-
bendem Menschenmaterial, das ihnen eine blühende Wirtschaft

und Verwaltung zur Verfügung stellt (vgl. Fenner 2000, 331ff.). Da beide sozialpolitischen Konzeptionen die moralische Idee eines von gegenseitigen Verpflichtungen getragenen, gerechten Zusammenlebens bei Weitem verfehlen, sind sie als moralphilosophische Theorien disqualifiziert.

Kritik: keine moral-philosophische Position

Infolgedessen ist es in der Philosophie zu Recht umstritten, ob der Egoismus überhaupt als moralphilosophische Position gelten darf. Die *materiale* Bedingung des moralischen Standpunktes, die unparteiische Berücksichtigung der Interessen aller Betroffenen, ist beim radikalen Egoismus nicht erfüllt. Denn dieser weist gerade jede soziale Verbindlichkeit und Gerechtigkeit (Nietzsche: „Nivellierung") zugunsten der Schwächeren zurück. Auch hinsichtlich des *formalen* Kriteriums universeller Gültigkeit vermissen die Kritiker den erforderlichen Allgemeinheitsanspruch. Wer nämlich einen „universalistischen Egoismus" vertritt, der es sämtlichen Menschen gebietet, rücksichtslos im Sinne ihres Eigeninteresses zu handeln, scheint sich in einen performativen Selbstwiderspruch zu verwickeln: Ist man verpflichtet, seinen eigenen Nutzen zu maximieren, kann man kein Interesse daran haben, andere zur Nutzenmaximierung zu animieren (vgl. Birnbacher 2002, 97). Die Verteidiger des Egoismus kontern dagegen, ein Egoist müsse zwar tatsächlich annehmen, auch alle anderen Menschen sollten ihr Eigeninteresse als obersten Wert ansetzen. Damit sei aber keineswegs notwendig der Wunsch verbunden, dass es ihnen auch gelinge, ihre Interessen durchzusetzen (vgl. Ginters, 88f.). Veranschaulicht wird dies anhand eines Wettspiels: Jede Mannschaft geht davon aus, dass ihre Gegner gleichfalls versuchen werden, das Spiel zu gewinnen. Zugleich hofft sie aber, dass es ihnen misslingt.

individualethisches Klugheitsprinzip

Trotz dieser Möglichkeit einer Universalisierung des ethischen Egoismus wird er zumeist nicht als sozialethische Sollensforderung interpretiert, sondern als individualethisches Klugheitsprinzip (vgl. Birnbacher 2002, 97). Denn in der Regel ist die Aufforderung zum egoistischen Handeln nicht als universalisierbares Prinzip gemeint, das für alle Menschen verbindlich sein soll. Vielmehr fungiert es als Rat oder Empfehlung an die einzelnen Handelnden, sich im Interesse ihres persönlichen Glücks an der egoistischen Maxime zu orientieren. Somit erscheint mir der Egoismus entweder als prudentielles Prinzip individualethischen Glücksstrebens oder allenfalls als abgeleitetes bzw. ergänzendes

Teilprinzip einer Sollensethik legitim. Es findet sich nämlich selbst bei Kant eine indirekte Pflicht zum individuellen Glücksstreben, welche die Bereitschaft fördern soll, sich dem Kategorischen Imperativ zu beugen (vgl. MS, A/B 12). Und Wolf plädiert für einen Egoismus, bei dem man eine minimale Moral anerkennt, die allen (egoistischen) Menschen Sicherheit und negative Freiheit garantiert (Wolf 2004, 515). Bereits aufgrund der anthropologischen Tatsache der unabdingbaren zwischenmenschlichen Interaktion muss der Egoismus rationalerweise durch moralische Normen, spieltheoretische Strategien oder kontraktualistische Vereinbarungen (vgl. Kapitel 4.1.2) in seine Schranken gewiesen werden.

Definition

Prinzip des Egoismus:
Dasjenige Handeln ist ethisch richtig, das die größtmögliche Erfüllung der Eigeninteressen verspricht, ohne Rücksicht auf die Interessen und Rechte der Mitmenschen.
Interessen (Güter): • Aristipp, Stirner: (Selbst-)Genuss
                     • Nietzsche: Machtsteigerung, Selbstvervollkommnung

Kritik

Status:
- *strebensethische Klugheitsregel* bzw. *sollensethisches Ergänzungsprinzip*
- als *Moralprinzip disqualifiziert:*
  - *materiales Kriterium* nicht erfüllt: kein unparteiischer Standpunkt
  - *formales Kriterium* nicht erfüllt: kein Allgemeinheitsanspruch

Kontraktualismus

4.1.2

Im Gegensatz zum Programm des ethischen Egoismus kehren die spieltheoretischen und kontraktualistischen Varianten des kognitivistischen Subjektivismus das anthropologische Faktum hervor, dass Menschen aufeinander angewiesen sind und miteinander kooperieren müssen. Auch die Kontraktualisten wählen aber als methodischen Ausgangspunkt die Annahme, dass alle Menschen rationale Egoisten sind, d.h. kluge Nutzenoptimierer mit egoistischen Selbstinteressen. Diese Annahme ist nicht zwangsläufig mit der anthropologischen Prämisse verknüpft, alle Menschen seien *tatsächlich* rationale Egoisten. Man versucht aber aufzuzeigen, dass Zusammenarbeit und damit eine eingeschränkte Nutzenmaximierung im wohlverstandenen, aufgeklärten Interesse selbst eines egoistischen Einzelindividuums liegen. Es soll also paradoxerweise für jeden von Vorteil sein, seine eigenen Vorteile nicht unter allen Umständen maximieren zu wollen.

Spieltheorie

Die vorwiegend in den Sozialwissenschaften zur Anwendung kommende *Spieltheorie* versucht für verschiedene typische Handlungssituationen eine Auswahl an rationalen Handlungsstrategien für die beteiligten Akteure zu ermitteln. Mit ihrer Hilfe soll der Einzelne zu rationalen Entscheidungen gelangen, selbst wenn keine Kommunikation mit den anderen möglich ist.

Gefangenendilemma

So sind etwa im berühmt gewordenen Gefangenendilemma zwei Verbrecher nach einem Bankraub gefangen und ohne jede Möglichkeit der Absprache inhaftiert worden. Wenn beide schweigen, werden sie nur zu jeweils einem Jahr Haft verurteilt, weil ihnen lediglich der unerlaubte Besitz einer Mordwaffe nachgewiesen werden kann. Um sie zu einem Geständnis zu bewegen, macht die Untersuchungsbehörde ihnen folgenden Vorschlag: Gesteht einer von beiden, wird dieser infolge der Kronzeugenregelung freigesprochen, wohingegen sein Kumpel die Höchststrafe von zehn Jahren erhält. Sagen jedoch beide gegeneinander aus, wirkt sich die Bereitschaft zur Aussage strafmildernd aus und führt zu je fünf Jahren Gefängnisstrafe. Eine rein egoistische Interessenverfolgung im Sinne einer Minimierung der persönlichen Gefängnisstrafe wäre hier offenkundig irrational und unklug. Denn wenn beide gestehen, bedeutet dies für beide fünf Jahre anstelle der erhofften Freilassung. Eine wesentlich rationalere Handlungsstrategie wäre die beidseitige Geständnisverweigerung. Weil es bei einer solchen strategischen Lösungsfindung aber keineswegs um eine angemessene Berücksichtigung der fremden Interessen oder einen fairen Interessenausgleich geht, handelt es sich gar nicht um eine moralische Angelegenheit. Schließlich kann eine Kooperation zwischen Gangstern, die sich ihrer gerechten Strafe entziehen wollen, kein Paradigma für Moral sein.

Das Denkmodell der Spieltheorie gelangte im 20. Jahrhundert nicht nur in den Wirtschafts- und Sozialwissenschaften zur Blüte, sondern inspirierte bedeutende gegenwärtige Vertreter des *ethischen Kontraktualismus* wie David Gauthier oder John Rawls. Die Kontraktualisten oder Vertragstheoretiker postulieren, eine staatliche oder moralische Ordnung sei nur insoweit legitim, als sie sich als Ergebnis einer vertraglichen Übereinstimmung zwischen Individuen aufgrund ihrer natürlichen Interessen denken lasse. Man kann also grundsätzlich einen *politischen* von einem *moralischen Kontraktualismus* unterscheiden: Zielt ersterer auf die Legitimierung einer staatlichen Ordnung ab, bemüht sich der uns hier vornehmlich interessierende moralische Kontraktualismus um die Rechtfertigung von moralischen Normen (vgl. Kersting 1994, 51f.). Die Idee des moralischen Kontraktualismus geht zurück auf die griechischen Sophisten im fünften vorchristlichen Jahrhundert. Als eigentlicher Begründer des Kontraktualismus figuriert allerdings Thomas Hobbes, im 17. Jahrhundert einer der ersten Theoretiker der bürgerlichen Gesellschaft der Neuzeit. Er hat den Kontraktualismus in seiner staatsphilosphischen Ausrichtung für zwei Jahrhunderte auf Erfolgskurs gebracht. Sowie nämlich zu Beginn der Neuzeit die traditionellerweise legitimierenden Instanzen Natur, Gott und Tradition entmachtet wurden, gewann das kontraktualistische Argument mächtig an Attraktivität. Man sah sich verwiesen auf das autonome, aus allen vorgegebenen Ordnungen herausgeworfene rationale Subjekt. Erhielt der Einzelne bislang Sinn und Wert aus den traditionalen Gesellschaften, musste sich jetzt umgekehrt jede moralische, gesellschaftliche und politische Ordnung vor diesen ungebundenen, asozialen Einzelnen ausweisen können (vgl. Kersting 2002, 165). Den fruchtbaren Boden des Kontraktualismus bilden somit der normative Individualismus und der Liberalismus der Neuzeit. Nachdem in Hobbes Nachfolge etwa bei Locke, Rousseau und Kant lange Zeit der politische Kontraktualismus dominierte, wird der moralische Kontraktualismus erst seit wenigen Jahrzehnten etwa von David Gauthier und Peter Stemmer wieder verteidigt. Anstelle von „Vertrag" sprechen die zwei Genannten allerdings lieber von „Agreement" (vgl. Gauthier, 9 und Stemmer, 88).

Die beiden zentralen Momente der kontraktualistischen Argumentation sind die genaue Analyse des „Naturzustandes" (a) und der Vertragsschluss (b). Ad a: Unter „Natur-" oder „Urzustand" versteht man den Zustand vor dem Vertragsabschluss, ohne jegliche Normen oder Rechte, in dem alle Menschen unbegrenzte Freiheiten genießen. In diesem vorvertraglichen, moralfreien

Randnotizen:
Kontraktualismus (Vertragstheorie)

politischer vs. moralischer

Natur-/Urzustand

Zustand sollen nun derartige allgemeine Lebensbedingungen oder zwischenmenschliche Konflikte herrschen, dass alle Menschen freiwillig einer Beschränkung ihrer natürlichen Freiheiten zustimmen müssten. Hobbes schildert beispielsweise in seinem Hauptwerk *Leviathan* (32) einen totalen Kriegszustand aller gegen alle („bellum omnium contra omnes"), in dem jeder dem anderen ein Wolf ist („homo homini lupus"). Je nachdem, wie diese Problemlage genauer charakterisiert wird, sind damit bereits die Ziele des Vertragsschlusses vorgegeben: Bei Hobbes etwa soll durch den Vertrag vornehmlich die Unsicherheit und die Furcht vor einem gewaltsamen Tod beseitigt werden. Weil jeder ein starkes Interesse an Sicherheit und Lebenserhaltung hat, sich aber aus eigener Kraft auf Dauer deren Gefährdung nicht erwehren kann, verzichten alle auf ihre Freiheit, gelegentlich auftretende Tötungswünsche gegenüber ihren Mitmenschen auszuleben, und verpflichten sich einem allgemeinen Tötungsverbot. Denn bei langfristiger Betrachtung stellt sich das persönliche Kosten-Nutzen-Kalkül bezüglich der allgemeinen Befolgung des Tötungsverbots für alle eindeutig als positiv heraus. Ad b: In der neueren Kontraktualismusdiskussion ist man sich darüber einig geworden, dass sich die Legitimität solcher moralischer Normen nicht

hypothetischer (fiktiver) Vertragsschluss

einem *faktischen*, sondern einem *hypothetischen* Vertragsschluss verdankt (vgl. Schmidt 2000, 32). Auch der „Urzustand" ist also ein bloß vorgestellter *fiktiver*, nicht ein tatsächlich existierender *historischer*. Von einem „Vertrag" kann folglich nur in einem sehr metaphorischen Sinn die Rede sein. Es handelt sich eher um ein Gedankenexperiment, das rationale, an den eigenen Interessen orientierte Individuen in ihrem Kopf durchspielen, um die Richtigkeit von Normen zu prüfen. Legitim sind sie also genau dann, wenn man sicher sein kann, dass es im langfristigen rationalen Selbstinteresse aller Menschen liegt, den Zustand zu überwinden, in dem sie nicht gelten. Ethisch richtig sind also diejenigen Normen, die in Bezug auf die individuellen Interessen der Menschen mehr Nutzen als Schaden bringen.

Gehen wir zur kritischen Diskussion des moralischen Kontraktualismus über, lautet die Kernfrage: Sind solche im Rekurs auf subjektive faktische Interessen begründeten Normen wirklich ethisch legitim oder nur strategisch klug? Zunächst kann man jedoch die Tauglichkeit des Vertrags-Kunstgriffs als solche hinterfragen: Wessen Phantasie ist fähig, sich einen vormoralischen

„Urzustand" sogenannter natürlicher Interessen und Freiheiten so präzise vorzustellen, dass sich aus ihm sämtliche konkreten Normen für die Gesellschaft ableiten lassen? Anstelle einer Generierung von Normen scheint man zirkulärerweise die Ausgangsbedingungen immer gerade so zu konstruieren, dass man die gewünschten Normen daraus ableiten kann. Geht man hingegen von bestimmten zu prüfenden Normen wie dem Tötungsverbot aus, treten die spezifischen, von Interessenethikern oft unter den Tisch gewischten Moralitäts-Bedingungen des Vertragsschlusses zutage (vgl. Kersting 1994, 55): Es ist die gegenseitige Anerkennung und Freiwilligkeit, die Gleichheit und Reziprozität aller Vertragspartner. So sollen alle Interessen gleich berücksichtigt und alle Individuen gleichviel Nutzen aus der allgemeinen Befolgung der Normen ziehen können bzw. gleich viele Freiheiten dafür opfern müssen. Damit wird aber der unparteiische Standpunkt der Moral charakterisiert. Wie bei der Diskursethik (Kapitel 4.2.3b) sind die konsensuell vereinbarten Normen nur dann moralisch legitim, wenn der Prozess der Konsensbildung bestimmten moralischen Kriterien genügt. Da die Subjekte des Kontraktualismus aber interessenorientierte Nutzenmaximierer sind, würden sie niemals einer Norm zum Schutz fremder Interessen irgendwelcher Minderheiten wie etwa der Rollstuhlfahrer oder Obdachlosen zustimmen. Ein Vertragsschluss setzt daher eine Identität der Interessen aller Vertragspartner voraus, weil nur dann das Selbstinteresse am Vertrag gleich groß ist. Es müssten sich also in der Vielzahl der individuellen Interessen einige für alle Menschen gleichermaßen fundamentale Interessen ausmachen lassen, wie etwa das Interesse an Selbsterhaltung und minimaler Sicherheit bei Hobbes. Dafür kommen aber nur „transzendentale Interessen" erster Ordnung in Frage (vgl. Höffe 1997, 103), die immer schon erfüllt sein müssen, damit Menschen überhaupt überleben können, handlungsfähig sind und ihre persönlichen Wünsche zweiter Ordnung verfolgen können.

Man kann somit gegen die kontraktualistische Moralbegründung einwenden, das Ergebnis falle inhaltlich gesehen eher „mager" aus im Sinne einer „Minimalmoral" (vgl. Ott, 126). Auf einen radikal ausgelebten Egoismus dürften rationale Egoisten nur da zu verzichten bereit sein, wo gemeinsame basale Interessen vorliegen, die man jedermann fraglos unterstellen kann.

Moralitäts-Bedingungen des Vertragsschlusses

Interessenidentität der Vertragspartner

Minimalmoral

Solche in der menschlichen Natur verankerten notwendigen Interessen können dabei entweder anhand einer empirischen Untersuchung oder im Rekurs auf das höherstufige Interesse an Interessenverfolgung bzw. die menschliche Handlungsfähigkeit (vgl. Kapitel 4.2.3c) eruiert werden (vgl. Stemmer, 194ff.). Neben dem bereits erwähnten Tötungsverbot dürfte das Verbot von Stehlen, Lügen und Versprechensbruch fundamentale menschliche Interessen bedienen. Wo allerdings divergierende Interessen vorliegen, wäre eine vertragliche Einigung nur denkbar,

Schleier-Argument

wenn zusätzlich das sogenannte Schleier-Argument ins Spiel gebracht würde: Nach Rawls sollen sich alle Vertragspartner hinter einem „Schleier des Nichtwissens" („veil of ignorance") befinden, d. h. in Unkenntnis ihrer sozialen Stellung, ihrer Lebensumstände und ihrer Interessen zweiter Ordnung (vgl. Rawls, 159f.). Es müssen daher alle damit rechnen, in der Position der Schwachen oder der Minderheiten zu sein und deren Interessen zu haben. Obwohl ein gut situierter Wohlstandsbürger nicht zu fürchten braucht, irgendwann in seinem realen Leben zum Armutsflüchtling zu mutieren, müsste er unter besagtem Schleier die Interessen der Armen berücksichtigen, weil seine Individualität ausgeblendet wird. Dadurch wäre einer Akzeptanz von Fürsorge- oder Schutznormen gegenüber Benachteiligten der Weg geebnet. Man entfernt sich damit offenkundig nochmals einen Schritt weiter von spieltheoretischen Überlegungen und gelangt in die Nähe moralischer Grundintuitionen wie der Goldenen Regel (vgl. Kapitel 5.3). Denn Rawls' kontraktualistisches Modell verkörpert unzweideutig das Prinzip des unparteiischen objektiven Standpunktes und die Idee der Gerechtigkeit (vgl. Kapitel 6.3), die den Kern jeder Moral bilden (vgl. Höffe, 1992a, 185ff.).

Kritik

Wird bei Rawls' Weiterentwicklung des Kontraktualismus das Selbstinteresse individueller Klugheit gerade überwunden, meint man im klassischen Kontraktualismus moralische Legitimität und Normativität aus dem rationalen Selbstinteresse konkurrierender Individuen herleiten zu können. So liest man bei Stemmer: „Das Moralische erwächst also (…) aus dem Interesse der Menschen, ihr eigenes Leben möglichst zuträglich einzurichten, und aus dem Nachdenken darüber, auf welche Weise dieses Ziel am besten zu erreichen ist." (84) Die kontraktualistische Begründungsstrategie moralischer Normen erscheint dann als ein argumentativer Kunstgriff, um Egoisten oder Skeptiker dazu zu bringen, nach bestimmten moralischen Normen zu handeln. Dabei müssten diese keineswegs aufhören, Egoisten oder Skeptiker zu sein. Denn die Begründungsstrategie sprengte in keiner Weise den Rahmen der aufgeklärten Selbstinteressen der Einzelnen. Moralische Richtigkeit von Normen stellte nichts anderes als das Resultat eines Vertragsschlusses auf der Basis prudentieller Rationalität dar. Gegen ein solches Kontraktualismusverständnis wäre aber einzuwenden, dass es sich hierbei um eine „Reduktion von Moral auf Klugheit" und eine Instrumentalisierung der Moral handelte (vgl. Bayertz, 161). Solange jeder vom Standpunkt des egoistischen Nutzenoptimierers aus den persönlichen Nutzen gegen die Kosten abwägt, ist die Dimension des Moralischen im Grunde noch gar nicht erreicht. Da man den eigenen Interessenstandpunkt in keiner Weise transzendiert, befindet man sich immer noch auf der prudentiellen Ebene des vertikalen strebensethischen Selbstbezugs (vgl. Kapitel 1.1). Lässt man sich durch den kontraktualistischen Kunstgriff zur Einhaltung moralischer Normen überreden, handelte man immer nur moral*gemäß* oder moral*konform*, aber nicht moralisch. Moralisch rational (kurz: moralisch) denkt und handelt nämlich nur derjenige, der die Normen *aus der Einsicht heraus* akzeptiert, dass sie wesentliche und berechtigte Interessen aller Menschen in gleicher Weise berücksichtigen. Nur dieser nimmt den unparteiischen Standpunkt der Moral ein.

Richtig verstanden darf Moral also nicht als Resultat einer Übereinkunft von rationalen, ausschließlich selbstinteressierten klugen Individuen aufgefasst werden. Wie gesehen bildet nicht jede vertragliche Einigung Moral ab, sondern nur diejenige unter bestimmten moralisch vordefinierten Bedingungen. Bei einem richtig verstandenen kontraktualistischen Moralprinzip wäre der Prozess der Vertragsfindung selbst Ausdruck von Moralität und Normativität. Nicht weil die Normen das Resultat eines strategischen Konsenses von individuellen Nutzenoptimierern darstellen, verdienen sie das Attribut „moralisch", sondern aufgrund der moralisch vordefinierten Bedingungen des Vertragsschlusses: der Gleichheit, Freiwilligkeit, Reziprozität und Symmetrie, welche den unparteiischen Standpunkt der Moral umschreiben. Dank dieser moralischen Eigenschaften der Konsensfindung sind die Normen des Vertrags nicht von zufälligen, eventuell asozialen individuellen Interessen abhängig, sondern

Instrumentalisierung der Moral

moralkonform statt moralistisch

Vertrag ≠ Garantie für Moral

schützen die für alle Menschen gleichermaßen guten transzendentalen Interessen. Nur wenn diese Moralitäts-Bedingungen des Vertrags erfüllt sind, dürfen die vertraglich vereinbarten Normen den Anspruch auf Moralität erheben. Da diese Vorbedingungen im Kontraktualismus anders als etwa im diskursethischen Modell nicht weiter begründet werden, ist der kontraktualistische Ansatz nicht letztbegründungskompetent (vgl. Kersting 2002, 166). Letztlich kann der Vertrags-Kunstgriff nicht mehr sein als eine Veranschaulichung unserer grundlegenden moralischen Intuitionen wie Reziprozität, Interessensymmetrie oder faire Ausgangsbedingungen.

Das Gedankenexperiment eines interessenbasierten Vertrags individualistischer Nutzenmaximierer ohne moralische Gesinnung hat zudem immer wieder die Kritik auf sich gezogen, dass sich die einzelnen Handelnden parasitär und opportunistisch verhalten könnten. Verbale Übereinkünfte, Versprechungen oder Verträge sind erfahrungsgemäß viel zu schwach, um entgegenstehenden Eigeninteressen standhalten zu können. Der Kontraktualismus kämpft also mit dem in Kapitel 1.3 behandelten Problem, dass man aus indivdualethischer Sicht nur zeigen kann, dass langfristig jeder von der allseitigen Regelbefolgung und der Überwindung des konfliktuösen Urzustandes profitiert (vgl. Kersting 1994, 52f.). Strategisch-prudentiell am günstigsten wäre es nämlich für den Einzelnen, dem Vertrag zuzustimmen und den Schutz der Moral zu genießen, ohne sich selbst an die Regeln zu halten. Auch von rein egoistischen Zeitgenossen abgesehen kann ein bloß *hypothetischer* Vertrag ganz grundsätzlich niemals zu *faktischen* Verpflichtungen führen. Die Durchsetzung kontraktualistischer Normen scheint damit von Anfang an ein ausdividiertes System von Sanktionen zu erfordern. Bereits Hobbes hat im Rahmen seines politischen Kontraktualismus diese Problematik klar erkannt und für einen starken Staat mit einem Gewaltmonopol in Analogie zum biblischen Ungeheuer *Leviathan* plädiert (vgl. Hiob, 41.25).

Margin notes:
parasitäres Verhalten

hypothetischer Vertrag nicht bindend

Definition

> **Prinzip des Kontraktualismus:**
> Diejenige Norm ist ethisch richtig, die sich als Ergebnis einer vertraglichen Übereinkunft zwischen interessenorientierten Individuen denken lässt, sofern die allgemeine Befolgung dieser Normen und damit die Überwindung des vormoralischen „Urzustandes" im aufgeklärten langfristigen Selbstinteresse aller Vertragspartner steht.

Z.B.: *Norm* „Du sollst nicht töten"
a) **fiktiver vormoralischer „Naturzustand":** Krieg aller gegen alle, permanente Todesangst, fundamentale Interessen an Selbsterhaltung und Sicherheit ständig bedroht
b) **hypothetischer Vertrag:** Verzicht auf Freiheit, andere nach Wunsch zu töten
Gewinn: Lebensschutz und Sicherheit
➡ Nutzen ist für jeden Einzelnen langfristig größer als Kosten

Kritik

Status:
- als *argumentativer Kunstgriff im Sinne strategischer Rationalität und individueller Klugheit:*
  - Devise: „Du sollst den Vertrag anerkennen, weil er Deinen langfristigen Selbstinteressen dient"
  - oft verknüpft mit der anthropologischen These, dass alle Menschen rationale Egoisten sind
  Problem:
  - Instrumentalisierung der Moral ➡ keine moralische Gesinnung
  - parasitäres Verhalten ➡ Profitieren von Regeln ohne Regelbefolgung
- als *Prinzip der Moral:*
  - Devise: „Du sollst den Vertrag anerkennen, weil er für alle Menschen gleichermaßen gut ist, indem er ihre fundamentalen Interessen schützt"
  - Annahme rationaler Egoisten ist nur methodisch
  Problem:
  - aus hypothetischem Vertrag folgen keine faktischen Verpflichtungen
  - Angewiesenheit auf Sanktionen

Kognitivistischer Objektivismus | 4.2

Im Gegensatz zum ethischen Subjektivismus bestreitet der *ethische Objektivismus*, dass sich moralische Sollens-Aussagen auf prudentielle Interessen von Subjekten zurückführen lassen. Wenn wir etwas als moralisch richtig oder falsch beurteilen, gehe

ethischer Objektivismus

es um mehr als um zufällige empirische oder wie auch immer aufgeklärte Einstellungen konkreter Subjekte. Dabei können die Objektivisten durchaus auf unsere moralischen Intuitionen bezüglich alltäglicher Werterfahrungen zurückgreifen: Normalerweise meinen wir nicht, dass ein Handeln gut sei, weil wir es billigen. Vielmehr billigen wir es, weil es uns als moralisch wertvoll erscheint. Wir fühlen uns durch bestimmte Werteigenschaften der Handlung „gelenkt und gebunden" (Quante, 74). Innerhalb des kognitivistischen Objektivismus kann man nochmals folgende drei Positionen unterscheiden: den Naturalismus (Kapitel 4.2.1), den Intuitionismus (4.2.2) und den Konstruktivismus (4.2.3). Die ersten beiden Positionen werden gerne unter das Etikett „Realismus" subsumiert (vgl. Düwell/Hübenthal, 13 und Ricken, 73f.) und bisweilen sogar irreführenderweise gegen den

moralischer Realismus „Objektivismus" abgegrenzt (vgl. Quante, 74). Der „Realismus" kann dadurch charakterisiert werden, dass man der Moralphilosophie ein ontologisches Fundament gibt: Eine normative Aussage sei genau dann wahr, wenn sie mit der von unserem subjektiven Meinen und Wünschen völlig unabhängigen Wirklichkeit übereinstimmt. Die einer Handlung oder Person zugeschriebenen moralischen Eigenschaften wie „gerecht" oder „unfair" müssten ihnen also auch in der „Realität" zukommen. Sie bezeichneten objektive Eigenschaften der Personen oder Handlungen, denen sie zugesprochen werden. Bei solchen real existierenden moralischen Eigenschaften kann es sich entweder um „natürliche" empirische, sinnlich erfahrbare Eigenschaften handeln („Naturalismus") oder um „nicht natürliche" ideelle, geistig erfahrbare Eigenschaften („Intuitionismus").

Definition

Ethischer Objektivismus:
Normative Aussagen lassen sich nicht auf subjektive Interessen zurückführen. Ihre Objektivität ist vielmehr in der Übereinstimmung mit einer außerhalb der Subjekte existierenden Wirklichkeit (moralischer Realismus) oder in allgemeinen kognitiven, pragmatischen oder sozialen Bedingungen moralischen Urteilens oder Handelns begründet (Konstruktivismus).

Definition

Moralischer Realismus:
Eine normative Aussage ist dann wahr, wenn sie mit bestimmten Tatsachen in der Welt übereinstimmt.

Naturalismus 4.2.1

Anschauungsbeispiele

a) X rechtfertigt seine Steuerhinternziehung damit, dass doch alle Menschen dies tun.
b) Y hat der fremden Frau beim Aussteigen aus dem Zug geholfen, weil sie alt und gebrechlich war und zwei schwere Koffer trug.
c) Z ist gegen Empfängnisverhütung, weil das naturwidrig sei.
d) Alle Männer sollen vom moralischen Gebot ehelicher Treue entlastet werden, weil ihr genetisches Programm sie dazu zwingt, möglichst viele Frauen zu begatten, um die Fortpflanzung zu steigern.

Der Naturalismus ist eine philosophische Position des 20. Jahrhunderts, derzufolge alles in der Welt, insbesondere auch geistige und soziale Phänomene, aus der Natur heraus und mittels naturwissenschaftlicher Methoden erklärt werden kann. Entsprechend versuchen die *ethischen Naturalisten*, alle ethischen Begriffe und Aussagen auf naturwissenschaftlich ausgewiesene empirische Begriffe oder Tatsachen zu reduzieren. Moralische Aussagen wären dann letztlich nichts anderes als Aussagen über das Vorliegen natürlicher Tatsachen. Während die Nonkognitivisten die Ethik für unvereinbar mit dem neuzeitlich-naturwissenschaftlichen Weltbild wähnen und in den Bereich des Irrationalen verbannen (vgl. Kapitel 3), wird die Ethik also von den Naturalisten zu einer angewandten Naturwissenschaft transformiert. Die Bezugnahme auf raumzeitliche Fakten oder Ereignisse ist aber nicht nur im philosophischen Naturalismus, sondern auch im moralischen Alltagsdiskurs sehr beliebt. Vermutlich stellt sie sogar den am häufigsten gebrauchten Argumentationstyp dar. Trotz dieser hohen Anfangsplausibilität erweisen sich die gängigsten naturalistischen Argumentationsweisen bei eingehender Prüfung als logisch falsch oder unvollständig. Die Reduktion von Normen auf Fakten ist höchst problematisch und umstritten. Ich werde mit der Analyse einiger typischer alltäglicher Argumentationsfallen beginnen, um danach zwei bedeutende philosophische Positionen des ethischen Naturalismus vorzustellen: die *evolutionäre* (a) und die *hedonistische Ethik* (b).

ethischer Naturalismus

Definition

Ethischer Naturalismus:
Normative Aussagen sind wahr und begründet, wenn sie mit naturwissenschaftlichen empirischen Aussagen über die Wirklichkeit übereinstimmen.

Argumentationsformen wie im ersten Anschauungsbeispiel a)
sind uns aus dem praktischen Alltag wohl vertraut: So versucht
X das Hinterziehen der Steuern damit zu rechtfertigen, dass doch
alle Menschen Steuern hinterziehen, wo immer sie nur können.
Nehmen wir einmal an, dass es tatsächlich stimmt, dass alle Menschen oder doch ein Großteil der Menschen Steuern hinterzieht,
wo sich eine günstige Möglichkeit bietet. Anhand einer empirischen Überprüfung müsste diese Pauschalaussage erst einmal
verifiziert bzw. falsifiziert werden. Kann man aber wirklich vom
Faktum, dass alle Menschen so handeln, darauf schließen, dass
Steuerhinterziehung ethisch legitim ist? Eine ähnliche Denkweise liegt bei folgenden Argumentationsweisen vor: Es müssen
neue Flughäfen gebaut werden, weil alle Menschen fliegen wollen. Ist dieser Schluss zwingend? Oder eine entlarvte Lüge wird
mit dem Hinweis auf eine neuere Studie von Psychologen und
Kommunikationswissenschaftlern zu legitimieren versucht, derzufolge alle Menschen etwa 200 Mal am Tag lügen. Doch auch
wenn Menschen 2000 Mal am Tag lügen würden – wird das
Lügen deswegen ethisch besser? Klarerweise nein: Der Aufklä-
rungsphilosoph David Hume war es, der als Erster die logische
Unmöglichkeit aufwies, aus einer deskriptiven Tatsachenaussage eine normative Sollensforderung abzuleiten (vgl. Hume, 211).
Man nennt diesen Fehlschluss daher „Humesches Gesetz" oder

Sein-Sollen-Fehlschluss
(Humesches Gesetz)

auch „Sein-Sollen-Fehlschluss". In der Alltagssprache fungiert
dafür der Ausdruck „naturalistischer Fehlschluss", der sich verwirrenderweise in der Philosophie als Übersetzung von Moores
„naturalistic fallacy" für ein anderes ethisches Phänomen eingebürgert hat (vgl. S. 95). Auch wenn die angeführten deskriptiven
Behauptungen also korrekt wären, würden sie in keinem der Bei-
spielfälle etwas über die ethische Richtigkeit oder Falschheit der
Handlungen aussagen. Entgegen der These der ethischen Naturalisten gibt es keinen legitimen Übergang von einem faktischen
Sein zu einem normativen Sollen. Die mittlere kinetische Energie einer Gruppe von Atomen oder das beobachtbare Verhalten
von Bienen oder Menschen enthalten keine präskriptiven Eigenschaften und schreiben uns keine bestimmte Handlungsweise vor.

Definition

> **Humesches Gesetz oder Sein-Sollen-Fehlschluss:**
> Schluss von deskriptiven Tatsachenaussagen auf normative Sollensforderungen
> *kurz*: Schluss vom Sein aufs Sollen

z. B.: Alle Menschen hinterziehen Steuern → Steuerhinterziehung ist ethisch legitim

Immer mehr Menschen wollen fliegen → es müssen neue Flughäfen gebaut werden

Im Zug-Beispiel b) scheint nicht nur das Handeln von Y ethisch vorbildlich zu sein, sondern auch seine Begründung. Y hat der Frau angeblich beim Aussteigen geholfen, weil sie alt und gebrechlich war und ihre schweren Koffer nicht selbst tragen konnte. Aber reicht die empirisch feststellbare objektive Eigenschaft des Gebrechlichseins und der Hilflosigkeit wirklich aus, um die Hilfeleistung ethisch zu rechtfertigen? Gemäß dem Toulminschen Argumentationsschema müsste Y für eine vollständige Argumentation noch die Schlussregel angeben (vgl. Kapitel 1.2). Y hätte ein Prinzip oder eine Schlussregel (SR) zu benennen, die zeigen, wieso der Schluss von den Fakten oder Daten (D) auf die ethische Sollensforderung oder Konklusion (K) richtig ist. Die von Y ausgesparte Schlussregel lautete zweifellos: „Alten und gebrechlichen Leuten, die eine schwierige Situation nicht selbst bewältigen können, muss man helfen." Da wir normalerweise diese moralische Norm als selbstverständlich erachten, braucht Y sie weder zu begründen bzw. stützen (S) noch überhaupt zu erwähnen. Anders verhält es sich mit einem Händler, der einen Kunden nicht bedient, weil er Jude ist. Das von ihm angeführte Faktum, dass der von ihm nicht bediente Kunde ein Jude sei, kann nicht mit einem vergleichbaren Konsens rechnen. Denn weder gibt es eine Einigung darüber, Juden hätten schlechteres Blut und seien minderwertig, noch eine allgemein akzeptierte Norm, Juden sollen benachteiligt werden. Vielmehr würden die meisten Menschen eine solche Begründung durch das Faktum der Religionszugehörigkeit als bloßen Ausdruck eines Vorurteils und als unzulässige Diskriminierung ablehnen. Wer also in einer ethischen Diskussion nur Fakten anführt ohne eine adäquate Interpretation der Fakten und eine ethisch rechtmäßige Norm als Schlussregel, hat streng genommen kein gültiges Argument vorgebracht. Ein solches verkürztes Argumentationsverfahren mit

Enthymem

einer fehlenden Prämisse nennt man in der Rhetorik ein „Enthymem". Es handelt sich bei Fall b) also nur scheinbar um ein naturalistisches Argument.

Enthymem
(verkürzter Schluss)

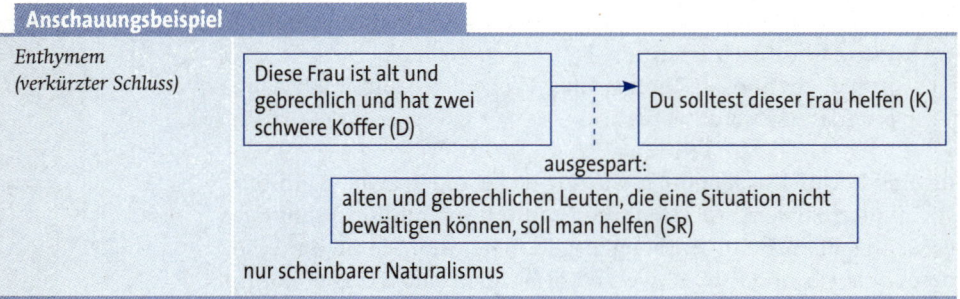

Diese Frau ist alt und gebrechlich und hat zwei schwere Koffer (D) ⟶ Du solltest dieser Frau helfen (K)

ausgespart:

alten und gebrechlichen Leuten, die eine Situation nicht bewältigen können, soll man helfen (SR)

nur scheinbarer Naturalismus

Naturwidrigkeits-
argument

Eindeutig naturalistisch sind demgegenüber wieder all jene Argumente, die wie dasjenige von Z in Beispiel c) mit den Ausdrücken „natürlich", „naturgemäß" oder „naturwidrig" operieren. Doch was meinen Moralprediger oder Moraltheologen, wenn sie etwa Empfängnisverhütung, Masturbation oder Homosexualität verurteilen, weil sie „wider die Natur" seien? Die nahe liegendste Erklärung wäre wohl die, dass man als „natürlich" alles bezeichnet, was ohne Zutun des Menschen im Rahmen der geltenden Naturgesetze geschieht. Eine „natürliche" Befriedigung des sexuellen Triebbedürfnisses wäre dementsprechend eine Sexualität im Dienst der Selbsterhaltung und der Fortpflanzung. Gezielte Empfängnisverhütung durch menschliche Hand müsste demgegenüber als „widernatürlich" diskreditiert werden. Theologen und viele Naturphilosophen nehmen zusätzlich noch an, dass alles „Natürliche" auf einen sinnvollen, in ihm angelegten objektiven oder göttlichen Zweck ausgerichtet ist. Der natürliche Zweck der Sexualität wäre entsprechend die Zeugung menschlichen Lebens. Empfängnisverhütung, Masturbation oder Homosexualität jedoch erscheinen als Sünden gegen die Natur des Sexualaktes bzw. die Zeugungsfähigkeit oder gar gegen den Schöpfergott (vgl.

absurde Konsequenzen

Ginters, 38ff.). Beide Versionen lassen sich leicht ad absurdum führen: Die Verfechter der normativen Lehre von den natürlichen Zwecken müssten streng genommen auch auf ein allgemeines Rasierverbot pochen, weil man mit dem Rasieren den natürlichen Bartwuchs durchkreuzt. Wenn man das Rasieren jedoch billigt, zieht man eine willkürliche Grenze zwischen natürlichen Zweckbestimmungen, die man entweder beachten oder nicht beachten soll. Sieht man von dieser umstrittenen Zwecklehre ab, entpuppt sich bei näherer Prüfung unserer allgemeinen Definition von „natürlich", dass die meisten menschlichen Tätigkeiten „widernatürlich" wären. Selbst in die elementarsten unwillkürlichen Verhaltensweisen wie Verdauen, Atmen oder Schlafen greifen wir mit unserem planenden Geist durch gezielte Nahrungsaufnahme, Atemtechniken oder Schlaftabletten ein. Auch das Stillen primärer Triebbedürfnisse nach Nahrung oder Sex ist immer schon kulturell überformt und damit nicht mehr „natürlich". Man müsste konsequenterweise nicht nur auf das Rasieren, sondern etwa auch auf die medizinische Behandlung von natürlichen Krankheits- oder Sterbensprozessen, ja überhaupt auf sämtliche bewussten kulturellen und wissenschaftlichen Tätigkeiten verzichten. Ein solcher Rückgang vor jede Entstehung einer menschlichen Kultur ist aber deswegen in sich widersprüchlich und absurd, weil der Mensch sich von einem reinen Naturwesen gerade durch seinen Geist und seine Freiheit unterscheidet.

Neben diesem vordergründigen Dilemma zwischen inkonsequenter Argumentation und absurden Konsequenzen liegt noch ein zweites tiefer greifendes Problem. Es handelt sich um das bereits angesprochene Grundproblem des ethischen Naturalismus. Deutlicher tritt es hervor, wenn man sich das Argumentationsschema nach Toulmin vergegenwärtigt. Die Schlussregel (SR) lautete hier nämlich: „Man soll nichts Naturwidriges tun" oder positiv formuliert „Man soll naturgemäß leben". Als Stützung (S) ließe sich ergänzen: „Alles in der Natur oder alles Natürliche ist gut". Offenkundig nimmt „Natur" einmal eine empirisch-deskriptive, einmal eine normative Bedeutung an: Zum einen rekurriert der Naturalist auf die „Natur" in einem deskriptiven Sinn als Gesamtheit der Tatsachen und Vorgänge, die ohne menschliches Zutun existieren und mit objektiven naturwissenschaftlichen Messmethoden erhoben werden können. Zum anderen soll die „Natur" einen verbindlichen normativen Maßstab menschlichen Handelns bilden. Während sich die antiken Kosmos- und mittelalterlichen Schöpfungsvorstellungen dazu anboten, die Kluft zwischen Fakten und Normen zu überbrücken, eignet sich der entmystifizierte neuzeitliche Naturbegriff dafür schwerlich. Mit Galilei und Kepler hat sich ein rein quantitativ-deskriptiver

Natur: deskriptive vs. normative Bedeutung

Begriff der Natur als Gesamtheit messbarer und gesetzmäßig verlaufender Teilchenverbände durchgesetzt. Von dieser empirisch-deskriptiven „Natur" gibt es aber streng genommen keinen logischen Übergang mehr zu einer „Natur" als Norm. Schließt man vom Faktum der objektivierbaren Natur auf ethische Normen, begeht man den bereits monierten Sein-Sollen-Fehlschluss: Auch wenn es wahr ist, dass sich die Sexualität ohne kulturelle Evolution ausschließlich im engen Rahmen der geschlechtlichen Fortpflanzung vollzieht, kann man daraus nicht ableiten, dass dies so sein soll. Es wäre zusätzlich zu begründen, wieso Fortpflanzung oder alles „Natürliche" in jedem Fall gut ist. Eine Begründung normativer Richtigkeit ist etwas grundlegend Anderes als eine empirische Überprüfbarkeit anhand von Tatsachen.

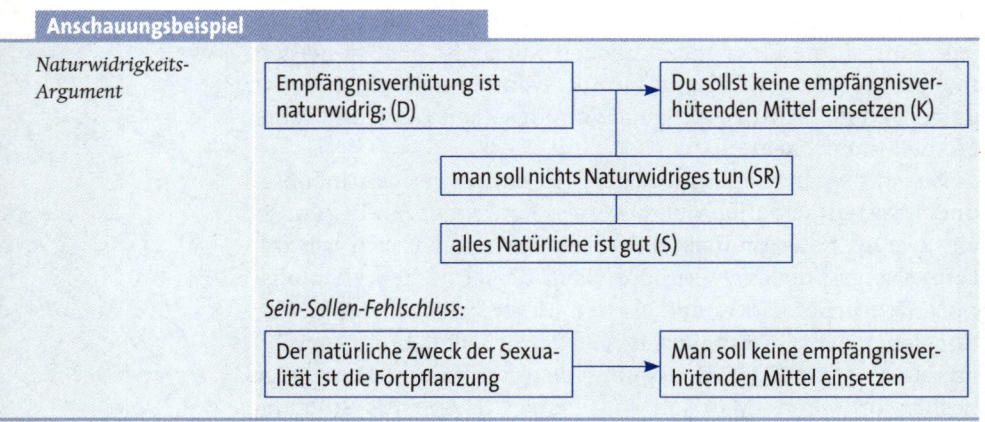

Anschauungsbeispiel

Naturwidrigkeits-Argument

Empfängnisverhütung ist naturwidrig; (D) → Du sollst keine empfängnisverhütenden Mittel einsetzen (K)

man soll nichts Naturwidriges tun (SR)

alles Natürliche ist gut (S)

Sein-Sollen-Fehlschluss:

Der natürliche Zweck der Sexualität ist die Fortpflanzung → Man soll keine empfängnisverhütenden Mittel einsetzen

Die bedeutendsten philosophischen Positionen des ethischen Naturalismus sind die *evolutionäre Ethik* (a) und der *Hedonismus* (b).

a) Evolutionäre Ethik

Evolutionismus

Die Vertreter der Evolutionstheorie in den Fußstapfen von Charles Darwin und Herbert Spencer stützen sich hauptsächlich auf das wichtigste biologische Gesetz der natürlichen Selektion. Dieses kommt sowohl auf der Ebene der Einzelindividuen als auch auf der Ebene der genetischen Ausstattung einer Art zur Anwendung. Die Individuen sind aufgrund ihrer physiologischen Ausstattung und ihrer Verhaltensmuster mehr oder weniger gut gerüstet für den Kampf ums Dasein. Da infolgedessen immer nur die Tüchtigsten oder Bestangepassten („fittest") überleben, verbessert sich automatisch das genetische Material der einzelnen Arten. Die evolutionären Ethiker behaupten nun, auch die moralischen Werte und Normen seien nichts anderes als das Resultat solcher evolutionärer Selektionsprozesse. Sie hätten sich also in der Evolutionsgeschichte des Menschen nur deswegen herausgebildet, weil sie zur bestmöglichen Genausstattung und -verbreitung beitragen. Zwar scheint die Moral vom Standpunkt des Einzelindividuums aus auf den ersten Blick dessen Chancen im Überlebenskampf zu verringern, indem sie ihn zu einer gleichen Berücksichtigung der Interessen seiner Konkurrenten aufruft. Sofern man sich jedoch altruistisch innerhalb der eigenen Art, insbesondere gegenüber den genetisch Verwandten verhält, trägt man zu einer Vermehrung und Verbesserung des Genoms bei (vgl. Dawkins, 37f.). Auch allgemein haben die evolutionären Ethiker auf empirischer Basis nachzuweisen versucht, dass ein reziproker (gegenseitiger) Altruismus in stabilen Kooperationsbeziehungen eine günstige evolutionäre Strategie sei (vgl. Quante, 117f.). Denn es werden dabei lediglich kurzfristige Nachteile zugunsten langfristiger Vorteile in Kauf genommen.

evolutionäre Ethik

Sofern die evolutionären Ethiker die Genese moralischer Werte und Normen auf diese Weise lediglich beschreiben und konstatieren, betreiben sie *deskriptive Ethik* unter einer evolutionären Perspektive. Gegen diese lässt sich einwenden, dass man für eine Erklärung der Genese der menschlichen Moral neben der natürlich-biologischen Evolution noch die kulturelle Evolution zu berücksichtigen hätte. Dieser von Menschen selbstverantwortlich gesteuerte geistig-kulturelle Prozess kann sogar eine Manipulation der natürlichen evolutionären Gesetze beinhalten. Mitunter wähnen Evolutionisten wie Franz Wuketits oder Christian Vogel aber, mit ihren genetischen Erklärungsmodellen im Zeichen der *normativen Ethik* darüber hinaus auch Aussagen über den Geltungsanspruch von Normen machen zu können (vgl. Pieper 1998, 252f. und 259f.). So treten etwa Sozialdarwinisten oder Soziobiologen offen ein für das Recht des Stärkeren und den Überlebenskampf als Selektionsprinzip. Gemäß Beispiel d) nach Christian Vogel sollen die Männer vom Gebot ehelicher Treue entlastet werden, weil sie genetisch programmiert seien, möglichst viele Frauen zu begatten und damit den Fortpflanzungserfolg zu steigern (vgl. ebd., 252). Ganz im Gegensatz dazu wären

deskriptive Ethik

normative Ethik

Sozialdarwinismus, Soziobiologie

Kritik

Frauen zur Treue verpflichtet, um bestmögliche Aufzuchtbedingungen für den Nachwuchs zu schaffen. Genau genommen stehen die normativen Evolutionsethiker damit vor folgendem Dilemma: Einerseits behaupten sie, dass die Menschen von ihren Genen vollständig determiniert werden, wodurch sich jede Ethik und Moral erübrigen würden. Die Entwicklungspsychologie geht jedoch heute davon aus, dass die Gene niemals direkt das menschliche Verhalten bestimmen, sondern nur eine gewisse „Reaktionsnorm" oder Spannbreite möglicher Verhaltensweisen vorgeben (vgl. Trautner, 69ff.). Gesteht man andererseits den Individuen Freiheit und Verantwortung zu, läge klarerweise wiederum ein Sein-Sollen-Fehlschluss vor. Weder lässt sich die von evolutionistischen Ethikern verteidigte Doppelmoral rational begründen, noch können uns evolutionäre Studienresultate generell Aufschluss geben über die Richtigkeit oder Falschheit moralischer Normen. Der wissenschaftlich noch so fundierte Blick in die Natur kann somit niemals Antworten auf die normative Frage liefern, wie man handeln soll.

Definition

Evolutionäre Ethik:
deskriptiv: Die Moral lässt sich ableiten aus den evolutionären Gesetzen der natürlichen Selektion.
normativ: Normative Aussagen sind wahr, wenn sie mit den evolutionären Gesetzen der bestmöglichen Anpassung (an soziale Gegebenheiten) bzw. der bestmöglichen Genausstattung oder -verbreitung übereinstimmen.

Anschauungsbeispiel

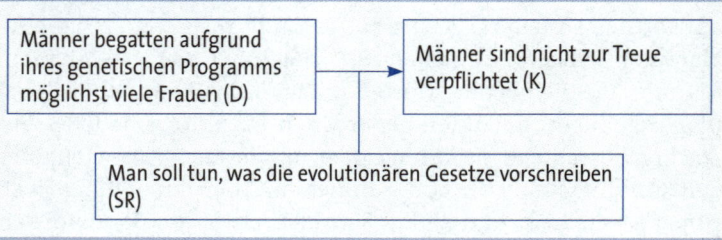

Kritik

- genetischer Determinismus
- Sein-Sollen-Fehlschluss

b) Hedonistische Ethik

Die zweiten philosophischen Hauptvertreter des ethischen Naturalismus proklamieren eine einfache und unmissverständliche Maxime: Den *Hedonisten* zufolge ist diejenige Handlung die beste, die am meisten Lust (griechisch „hedone") verspricht. Gemeint sein kann dabei entweder nur die Lust des Handelnden selbst wie bei der *egoistischen* Variante des ethischen Hedonismus (Hauptvertreter: Aristipp, Epikur) oder aber die Lust aller von der Handlung Betroffener wie bei der *universalistischen* Version (vgl. den klassischen Utilitarismus, Kapitel 5.2). Die Hedonisten meinen also, das wertende ethische Prädikat „gut" mit dem empirisch-deskriptiven Prädikat „lustvoll" identifizieren zu können. George Moore hat diese logisch unzulässige Identifikation einer normativ-wertenden mit einer empirisch-deskriptiven Eigenschaft als „naturalistic fallacy" attackiert (vgl. Moore, 40f.). Obwohl es sich genau genommen um einen schlichten Irrtum, nicht um einen Schluss handelt, ist die deutsche Übersetzung „naturalistischer Fehlschluss" inzwischen zum Terminus technicus der normativen Ethik avanciert. Genauso wie die hedonistische Definition von „gut" = „lustvoll" stellt natürlich auch diejenige der Evolutionisten „gut" = „evolutionär nützlich" einen naturalistischen (Identifikations-)Fehlschluss dar. Häufig wird der *ethische Hedonismus* auch mit dem Hinweis auf den *psychologischen Hedonismus* begründet, d. h. auf die psychologisch-anthropologische These, alles menschliche Tun ziele auf die Erfahrung von Lust ab (vgl. Fenner 2007, 32 – 39).

> **Hedonismus:**
> *Psychologischer (deskriptiver) Hedonismus:* Alle Menschen streben nach größtmöglicher Lust.
> *Ethischer (normativer) Hedonismus:* Alle Menschen sollen nach größtmöglicher Lust streben.

Zum einen kann man nun die *deskriptive anthropologische These* in Frage stellen, indem man etwa auf moralisches Handeln aufmerksam macht, bei dem man nicht primär auf Lust abzielt. Vielen oder sogar den meisten alltäglichen beruflichen, sozialen und freizeitlichen Tätigkeiten widmen wir uns nicht primär deswegen, weil wir bestimmte innerliche Lustempfindungen erfahren wollen. Vielmehr betreibt man wissenschaftliche For-

Marginalien:
- Hedonismus
- egoistischer vs. universalistischer Hedonismus
- Identifikationsfehler/ naturalistischer Fehlschluss
- psychologischer vs. ethischer
- Definition
- Kritik

schung, trifft sich mit Freunden und musiziert am Feierabend, weil man die Forschung, seine Freunde oder die Musik als in sich wertvoll einschätzt. Dies bedeutet natürlich nicht, dass man bei der Beschäftigung mit diesen als wertvoll eingestuften Personen oder Sachen nicht von positiven Gefühlen der Freude oder Lust erfüllt wird, wie dies vielmehr größtenteils der Fall ist. Allein der Schluss von dieser Tatsache, dass solche Tätigkeiten uns Vergnügen bereiten, darauf, dass wir es nur auf die Lust abgesehen hätten, wäre ein „hedonistischer Fehlschluss" (vgl. Fenner 2007, 51 – 58). Darüber hinaus besagt das in der Psychologie erforschte „hedonistische Grundparadox", dass ein Lustgefühl umso schwächer ausfällt, je direkter man es anvisiert. Es stellt sich also gerade nicht ein, wenn man sich ganz auf sein inneres subjektives Empfinden fixiert, sondern nur, wenn man sich völlig der Forschung, den Freunden oder der Musik hingibt und sich selbst bei diesen Tätigkeiten vergisst. Die sich dabei einstellende Lust oder Freude wäre nur ein willkommener Nebeneffekt, nicht Ziel der Handlung. Aber auch wenn man der empirisch-deskriptiven These zustimmen würde, lässt sich daraus kein *normativer Hedonismus* ableiten. Denn es läge dann erneut ein Verstoß gegen das Humesche Gesetz, d. h. ein unzulässiger Schluss vom Sein aufs Sollen vor. Gegen die Erhebung des Lustprinzips zur Norm lässt sich zudem mit Kant einwenden, der Mensch verlöre durch eine radikal hedonistische Orientierung seine Autonomie und mache sich zum Sklaven seiner Neigungen (vgl. Kapitel 4.2.3a). Statt eigenständig ethische Normen zu begründen, stünde die Vernunft im Dienst der Lustoptimierung und hätte somit nur noch eine rein instrumentelle Funktion. Schließlich hat schon Aristoteles festgehalten, dass man nicht jede Lust gutheißen kann (vgl. Aristoteles, 1176a, 23). Auszuschließen wäre zweifellos jede Lust, die zur Schädigung fremder Personen führt wie beispielsweise die Lust aus sexuellem Missbrauch.

hedonistischer Fehlschluss

hedonistisches Grundparadox

Definition

> **Naturalistischer Fehlschluss (Identifikationsfehler):**
> Identifikation von normativ-wertenden mit empirisch-deskriptiven Eigenschaften

z. B.: Hedonismus: gut = lustvoll
      Evolutionäre Ethik: gut = evolutionär nützlich

Intuitionismus

Nicht anders als der Naturalismus geht der *Intuitionismus* davon aus, normative Aussagen seien dann wahr, wenn sie mit der von unseren subjektiven Meinungen und Wünschen unabhängigen objektiven Wirklichkeit übereinstimmen. Die dabei relevante Wirklichkeit ist aber nicht die mit naturwissenschaftlichen Methoden empirisch erkenn- und messbare Welt der Tatsachen. Vielmehr handelt es sich um eine eigene ideelle, geistige Welt der Werte und moralischen Prinzipien. Zu diesen nicht natürlichen Tatsachen sollen wir ebenfalls einen direkten epistemischen Zugang haben, aber nicht über die sinnliche Wahrnehmung, sondern über eine Art geistige Wahrnehmung. Da man ein unmittelbares und vollständiges Erfassen eines komplexen Zusammenhangs oder des Wesens eines Dinges als „Intuition" bezeichnet, nennt man diese Position „Intuitionismus". Die grundlegenden ethischen Werte oder Prinzipien können den Intuitionisten zufolge nicht bewiesen werden, sondern sind allein durch sich selbst evident, d. h. intuitiv als wahr erfassbar wie die Axiome in der Mathematik. „Gut" stellt nach Moore einen einfachen, genauso wenig definierbaren Begriff wie „gelb" dar (vgl. Moore, 6 und 40). Dennoch erkennen wir intuitiv, welche Gegenstände „gelb" oder welche Handlungen oder Personen „gut" sind. Zwar sind die Bezeichnungen „gelb" und „gut" kontingent und von Sprachkonventionen abhängig, aber nicht die Farb- oder Wertqualitäten, die von der Struktur der Gegenstände oder Ereignisse vorgegeben werden.

Max Scheler postuliert im Rahmen seiner materialen Wertethik eine objektive Ordnung an sich seiender Werte, die durch ein kognitiv strukturiertes „Wertfühlen" erfasst werden kann. Die sinnlichen Werte des Angenehmen/Unangenehmen, die seelischen Werte des Edlen/Gemeinen, die geistigen Werte des Wahren/Falschen, Gerechten/Ungerechten oder Schönen/Hässlichen und zuoberst die religiösen Werte des Heiligen/Unheiligen stehen dabei in einer unumstößlichen Hierarchie (vgl. Scheler, 125 – 130). Die Besonderheit moralischer Werte besteht nach Scheler darin, dass wir zugleich fühlen, dass wir die positiven Werte realisieren, die negativen meiden sollen. Wer etwa die Gerechtigkeit als einen positiven moralischen Wert eingesehen hat, dem erschließt sich zugleich ein damit verbundenes „ideales Sollen", das ihn zur Realisierung der Gerechtigkeit an-

Intuitionismus

Intuition

treibt. Wird er nun in der realen Welt Zeuge einer ungerechten Verteilung, erfasst er intuitiv den negativen Wert der Ungerechtigkeit sowie die Notwendigkeit, gegen das Unrecht anzukämpfen und Gerechtigkeit wieder herzustellen (vgl. Scheler, 227).

Definition

Intuitionismus:
Normative Aussagen sind wahr und begründet, wenn sie mit unmittelbar geistig erfassbaren moralischen Tatsachen (Werten oder Prinzipien) übereinstimmen.

Kritik

Der klassische Intuitionismus, wie ihn Moore und Scheler vertreten, ist mit zahlreichen Schwierigkeiten behaftet, welche neuere Ansätze von John McDowell oder Jonathan Dancy teilweise auszumerzen suchen (vgl. Schmidt 2002, 56f.). Höchst problematisch ist sicherlich die ontologische Annahme einer subjektunabhängigen ideellen Wirklichkeit moralischer Tatsachen. Bereits die antiken Sophisten haben gegen Platons Ideenlehre auf die Subjektabhängigkeit und den Entwurfscharakter moralischer Werte und Normen aufmerksam gemacht (vgl. Kapitel 4.3). Seit Kant, spätestens aber seit Nietzsche, gilt der Glaube an an-sichseiende moralische Orientierungsstandards wie die Ordnung der Natur, eine Ideenwelt oder der Wille Gottes in der Philosophie als verpönt. Man verlangt vielmehr, dass die Menschen ihre Wertsetzungen allein mittels ihrer praktischen Vernunft begründen und rechtfertigen können (vgl. Kapitel 4.2.3a). Damit ist bereits ein zweiter Kritikpunkt angesprochen: Die Intuitionisten sind nicht imstande, ihre Position gegenüber Skeptikern mit Argumenten zu verteidigen. Im Falle von Meinungsunterschieden in Sachen Moral kann sich im Grunde jeder nur auf seine eigenen Intuitionen berufen. Er wird geneigt sein, diese absolut zu setzen und dem Andersdenkenden mangelnde moralische Sensibilität oder defizitäre intuitive Fähigkeiten zum Vorwurf zu machen. Dann aber droht der kognitivistische Objektivismus in einen nonkognitivistischen Subjektivismus umzukippen. Solange eine intuitionsunabhängige Bestimmung moralischer Werte oder Normen fehlt, entziehen sich die Intuitionisten dem rationalen Diskurs über das moralisch Richtige. Damit disqualifiziert sich diese Position selbst.

Konstruktivismus

Anders als realistische Positionen eines Naturalismus oder Intuitionismus kommen *konstruktivistische Ansätze* ohne starke ontologische Prämissen aus. Sie unterstellen also nicht wie die „Realisten", dass unabhängig vom menschlichen Urteilen und Handeln „reale" moralische Tatsachen existieren. Sie optieren vielmehr für eine *konstruktivistische* oder *reflexiv-rekonstruktive Moralbegründung*: Man fragt in einem ersten Schritt nach den kognitiven, pragmatischen, sozialen oder sprachlichen Bedingungen moralischen Urteilens oder Handelns: Welche Voraussetzungen müssen Menschen, wenn sie moralisch urteilen oder handeln, immer schon in Anspruch nehmen? Unterschiedliche Vertreter haben die universelle Struktur der menschlichen Vernunft (Kant), allgemeine Argumentationsregeln (Apel/Habermas) oder die Grundlagen menschlicher Handlungsfähigkeit (Gewirth) geltend gemacht. In einem zweiten Schritt leitet man aus diesen notwendigen Bedingungen menschlicher Moralität die Kriterien richtiger moralischer Urteile oder Handlungen ab. Das können formale Verfahren der Universalisierung (Kant/Diskursethik) oder bestimmte Güter wie Freiheit oder Wohlergehen (Gewirth) sein. Diese reflexiven Begründungsverfahren der Konstruktivisten verdienen deswegen besondere Aufmerksamkeit, weil man den unlösbaren Schwierigkeiten einer induktiven und deduktiven Moralbegründung aus dem Weg geht (vgl. Kapitel 1.1): Während man auf *induktivem* Weg generell nur wahrscheinliches Wissen erreicht, weil nie alle (auch zukünftig auftretenden) Einzelfälle untersucht werden können, kann man speziell in der Ethik nicht ohne Zirkelschluss („petitio principii") ausgewählte, „kompetente" Einzelurteile zur Ausgangsbasis machen. Auf der anderen Seite steht man bei der *Deduktion* vor dem von Hans Albert so genannten Münchhausen-Trilemma (vgl. Albert, 15): Jeder Versuch einer Letztbegründung münde notwendig in einem infiniten Regress, einem logischen Zirkel oder einem dogmatischen Abbruch des Verfahrens. Ich werde die bedeutendsten drei Typen eines konstruktivistischen Objektivismus nacheinander kurz erörtern.

Konstruktivismus

konstruktivistische (reflexive) Moralbegründung

Moralphilosophische Begründungen

induktive Methode: Problem:	• keine Gewissheit
	• Zirkelschluss

deduktive Methode: Problem: Münchhausen-Trilemma:	• infiniter Regress
	• logischer Zirkel
	• dogmatischer Abbruch

Definition

reflexive Methode des Konstruktivismus:
Die Gültigkeit moralischer Normen lässt sich aus den kognitiven, pragmatischen oder sozialen Bedingungen moralischen Urteilens oder Handelns ableiten.

Beurteilungskriterien oder Prinzipien für richtiges moralisches Urteilen oder Handeln:

a) *Vernunftethik* (Kant)	Vernunft und Freiheit	➞ logisches Universalisierungsprinzip
sprachanalytische Ethik (Hare)	sprachliche Semantik	➞ semantisches Universalisierungsprinzip
b) *Diskursethik* (Apel/Habermas)	Argumentationsregeln	➞ diskursethisches Universalisierungsprinzip
c) *handlungstheoretischer Ansatz* (Gewirth)	Freiheit und Wohlergehen	➞ Prinzip konstitutiver Konvergenz

a) Logische und semantische Universalisierung

Kants Verfahren logischer Universalisierung

Die Bedingungen für moralische Entscheidungen und Handlungen erblickt Kant im spezifisch menschlichen Vermögen der Vernunft. Durch alltägliche Erfahrungen kann jeder sich der Tatsache vergewissern, dass Menschen zumeist nicht unmittelbar und sklavisch den stärksten ihrer Triebe folgen. Vielmehr tritt zumeist die Vernunft, genauer die „praktische Vernunft" oder der „Wille", zwischen die sinnlichen Antriebe und die Handlungen. Dank der praktischen Vernunft können wir Bedürfnisse aufschieben, längerfristige Interessen entwickeln oder aus rationalen Überlegungen und Gründen handeln. Dabei wird die Vernunft entweder als eine empirisch bedingte oder aber als reine praktische Vernunft aktiv: Solange die Vernunft *empirisch bedingt* ist, steht sie im Dienst von beliebigen technischen Zwecken wie etwa einer akademischen Karriere oder dem pragmatischen Endziel der Glückseligkeit. Ihre Forderungen sind immer nur eingeschränkt gültig hinsichtlich der vom Handlungssubjekt gefassten Ziele, weshalb Kant von *hypothetischen Imperativen* spricht. Beispiele wären „Wenn Du eine akademische Karriere

praktische Vernunft (Wille)

empirische bedingte Vernunft

hypothetische Imperative

planst, publiziere so viel wie möglich!" oder „Wenn Du glücklich sein willst, sorge für eine gute Gesundheit!" Offenkundig steht die Vernunft dann im Zeichen der individualethischen Klugheit und ist fremdbestimmt oder *heteronom*. Moralisch gute Entscheidungen und Handlungen erfordern demgegenüber eine *reine praktische Vernunft*, die sich, losgelöst sowohl von allen sinnlichen Neigungen als auch den Zwängen der äußeren natürlichen und sozialen Welt, ihr eigenes Gesetz gibt. Nur solche Forderungen sind unbedingte oder *kategorische Imperative*, und die Vernunft unter einem solchen selbstgegebenen Gesetz wäre im vollen Sinne frei oder *autonom*. Moralisch kann für Kant nur ein Wille sein, der nicht bloß relativ gut hinsichtlich beliebiger Ziele ist, sondern der ohne Einschränkungen streng objektiv, d. h. schlechthin und für alle Menschen gut ist (vgl, GMS, A/B1). Doch wie soll die reine praktische Vernunft zu solchen kategorischen Imperativen gelangen, nachdem sie sich von allen konkreten subjektiven Vorgaben gelöst hat?

heteronom
reine praktische Vernunft
kategorische Imperative
autonom

Nach der Reinigung von allen subjektiven vorausgesetzten Zwecken (*Inhalten*) bleibt als einzige Orientierungshilfe für die Selbstgesetzgebung nach Kant nur die *Form* eines Gesetzes übrig: Moralisch wertvoll können nur Handlungsforderungen sein, die für alle Menschen unabhängig von ihren subjektiven Lebensbedingungen und Zielen unbedingte Gültigkeit haben (vgl. GMS, A/B, 16f.). Kant formuliert infolgedessen ein höchstes Moralprinzip, das er verwirrenderweise *den* kategorischen Imperativ nennt: „Handle nur nach derjenigen Maxime, durch die du zugleich wollen kannst, dass sie ein allgemeines Gesetz werde." (vgl. KpV, A/B52) Der „kategorische Imperativ" kann also sowohl dieses Verfahren zur Prüfung von Handlungsregeln oder Maximen bezeichnen als auch sämtliche Handlungsforderungen, die den Test bestehen. Das Verallgemeinerungsprinzip wird bei Kant nämlich niemals auf einzelne konkrete Handlungsabsichten oder irgendwelche Handlungsregeln angewandt, sondern auf „Maximen": Maximen sind sehr generelle Lebensgrundsätze, die einen ganzen Lebensbereich zu regeln vermögen. Sie fordern uns letztlich zu einer bestimmten Lebenshaltung auf wie etwa die Maxime „Gib möglichst wenig Geld aus!" zum Charaktermerkmal der Sparsamkeit oder die Maxime „Hilf allen Menschen in Not!" zu einer hilfsbereiten Grundeinstellung. *Moralische* Maximen sind nur diejenigen, die sich als allgemeines Gesetz der Menschheit

der kategorische Imperativ
Maximen

und damit als vernünftige Regelungen des menschlichen Lebens oder Zusammenlebens vorstellen lassen. Während die Maxime, möglichst wenig Geld auszugeben, nicht für alle Menschen sinnvoll ist, sondern nur für diejenigen mit bestimmten persönlichen Sparzielen, kann die Aufforderung zur Hilfe in Not als ein allgemeines Gebot oder als kategorischer Imperativ formuliert werden. Kant spricht allerdings negativ von einem Verbot der Gleichgültigkeit gegen fremde Not, mit der lediglich eine unvollkommene Pflicht verbunden ist (vgl. unten). Moralisches Handeln verlangt nach Kant, dass ausschließlich die Form der Allgemeinheit den Grund des Handelns nach einer bestimmten Handlungsregel darstellt.

praktische Vernunft

empirisch bedingte praktische Vernunft	reine praktische Vernunft
Orienterung an subjektiven Zwecken	Orientierung am formalen Verallgemeinerungsprinzip
Unfreiheit oder Heteronomie	Freiheit oder Autonomie
Hypothetische Imperative z. B.: „Wenn Du gesund sein willst, achte auf gesunde Ernährung!"	*Kategorische Imperative* z. B.: „Du sollst nicht lügen!"

Definition

Kategorischer Imperativ als *höchstes Moralprinzip (logisches Universalisierungsprinzip):*
Handle so, dass die Maxime deines Handelns ein allgemeines Gesetz sein könnte.

Universalisierungstest:
logischer Widerspruch
im Denken/Wollen

vollkommene Pflichten

Wie aber das vom kategorischen Imperativ vorgeschriebene Verfahren der Verallgemeinerung im Einzelnen genau durchzuführen sei, darüber streiten sich bis heute die Kantspezialisten. Kant unterscheidet beim Universalisierungsverfahren nochmals zwischen einem „allgemeinen Denken-Können" und einem „allgemeinen Wollen-Können" (vgl. KpV, A/B 53 – 57). Auf beiden Stufen wird der Universalisierungstest *aus dem Gegenteil* heraus geführt; d.h. Kant zeigt, dass eine bestimmte Maxime sich *nicht* allgemein denken bzw. wollen lässt. Nur der logische Widerspruch im Denken führt dabei zu *vollkommenen Pflichten*, die keinerlei Spielraum für das Handeln lassen. Kants diesbezügliche Beispiele sind das Verbot des falschen Versprechens und das Selbstmordverbot (vgl. Anschauungsbeispiel 1/2 unten). Die Anwendung der *unvollkommenen Pflichten* hingegen, wie etwa das Verbot der Gleichgültigkeit gegen fremde Not, lassen den Handelnden einen gewissen Spielraum. So kann jeder nach Maßgabe der ihm konkret zur Verfügung stehenden individuellen Möglichkeiten Hilfe leisten. Versucht man, diese Maxime zu verallgemeinern, lässt sich zwar durchaus eine Welt denken, in der die hilfsbedürftigen Menschen einander niemals zu Hilfe kommen. Im Wissen darüber, dass man selbst jederzeit in eine Notsituation gelangen kann, wird aber keiner eine solche Welt wollen. Bezüglich des strengeren logischen Nicht-Denken-Könnens ist in der Kantinterpretation umstritten, welche Rolle empirische Überlegungen genau spielen. Sicherlich sind utilitaristische Nutzenerwägungen hinsichtlich der Handlungsfolgen ausgeschlossen (vgl. Kapitel 5.2). Kant nimmt aber bei seinen Beispielen durchaus den Ausgangspunkt bei Erfahrungen, etwa um die lebensweltliche Bedeutung der Institution des „Versprechens" oder des Phänomens „Lebensüberdruss" zu klären. Höffe spricht von einem „semantischen Vorargument", das die zentralen Begriffe der Maximen erläutert (vgl. Höffe 1989, 226–232). Der zweite rein rationale Hauptschritt der Verallgemeinerung soll dann aber ohne empirisch-pragmatische Überlegungen zu allfälligen Handlungsfolgen auskommen.

unvollkommene Pflichten

Anschauungsbeispiel 1

Maxime: Wenn ich in Not bin, leihe ich mir Geld aus, obwohl ich weiß, dass ich es nicht zurückzahlen werde.

a) **Semantisches Vorargument:**
   Das Versprechen als eine soziale Institution setzt Glaubwürdigkeit und Ehrlichkeit des Versprechenden voraus. Wenn ich etwas verspreche, muss ich also die Absicht haben, es auszuführen.

b) **Rationaler Hauptschritt (Verallgemeinerung):**
   Wir stellen uns eine Welt vor, in der alle Menschen, die Geld leihen wollen, es unehrlich meinen. Sie haben also nicht die geringste Absicht, das geliehene Geld zurückzuzahlen. Dann aber wäre die Institution des Geldleihens unterminiert: Das bewusst falsche Versprechen als Naturgesetz zu denken führt hier zu einem logischen Widerspruch, weil es in einer solchen Welt gar kein Versprechen mehr geben kann. Denn selbst für den risikobereiten Gläubiger wäre das Eingehen auf einen unehrlichen Akt des Versprechens keine rationale Option (vgl. Höffe 2007, 291). Es wird sich kein Gläubiger mehr finden, weil jeder die Sicherheit hat, dass der in Not Geratene niemals zurückzahlen wird.

Aber: **keine pragmatischen Folgenüberlegungen:**
Kant verzichtet auf weitere empirisch-pragmatische Erwägungen über den Verlust der Möglichkeit pfandlosen Geldleihens. Eine Welt, in der niemand mehr einem Versprechen traut, wäre genauso gut denkbar wie eine, in der mangels gegenseitigen Vertrauens keine (ökonomisch vorteilhafte) menschliche Kooperation mehr möglich ist. Solche Überlegungen führen nicht zu einem logischen Widerspruch.

Allgemeines Gebot (kategorischer Imperativ):
Verbot des falschen Versprechens: „Du sollst kein falsches Versprechen ablegen."

Anschauungsbeispiel 2

Maxime: Ich nehme mir das Leben, wenn die Übel in meinem Leben die Annehmlichkeiten derart überwiegen, dass ich einen großen Überdruss am Leben empfinde.
a) **Semantisches Vorargument:**
   Unlustempfindungen haben nach Kant die biologische Funktion, einen Mangel anzuzeigen und zur Überwindung des Mangels anzutreiben. So soll beispielsweise der Hunger als Zeichen eines Nahrungsmangels zur baldigen Nahrungsaufnahme animieren. Entsprechend soll auch der Lebensüberdruss den leidenden Menschen dazu antreiben, die Missstände in seinem Leben zu beseitigen.
b) **Rationaler Hauptschritt (Verallgemeinerung):**
   Wieder stelle man sich eine Welt vor, in der nicht nur jemand und gelegentlich gegen die natürliche Antriebskraft zur Wiederherstellung des Wohlbefindens verstößt. Vielmehr sei es ein allgemeines Gesetz, auf die Signale leiblich-seelischer Mangelerscheinungen mit Suizid zu reagieren. Es lässt sich aber ohne logischen Widerspruch keine Welt vorstellen, in der die Unlustempfindung sowohl eine Antriebskraft zur Beförderung des Lebens als auch zur Beendigung des Lebens sein soll.

Aber: **keine empirisch-pragmatischen Folgenüberlegungen:**
Kant hat keineswegs die erschreckende Prognose vor Augen, dass die Suizidrate aufgrund eines solchen Gesetzes in schwindelerregende Höhe steigen und die Menschheit sogar aussterben könnte. Denn bei diesem Szenario läge kein Widerspruch vor, sondern lediglich ein desolater Zustand.

Allgemeines Gebot (kategorischer Imperativ):
Suizidverbot: „Du sollst dir nicht das Leben nehmen."

Kritik

Maximen situations-
unspezifisch

Gerade im Anschluss an das zweite Beispiel des Suizidverbots könnte man gegen Kant geltend machen, die Maxime des Suizidenten sei lediglich zu wenig präzise formuliert. Kant selbst beschreibt die Situation des Suizidenten genau besehen als eine, in der „eine Reihe von Übeln (...) bis zur Hoffnungslosigkeit angewachsen ist" (GMS, A/B 53). Nimmt man diese Einschränkung der Maxime ernst, verschwindet aber der soeben aufgedeckte logische

Widerspruch. Man würde nämlich nur dann an Suizid denken, wenn keine berechtigte Hoffnung mehr bestünde, dass man die misslichen Lebensumstände (wie etwa chronische Krankheiten oder dauerhafte Arbeitslosigkeit) langfristig gesehen beseitigen kann (vgl. Fenner 2005, 47f.). Wird eine Maxime auf diese Weise situationsspezifisch präzisiert, lässt sie sich widerspruchsfrei als allgemeines Gesetz denken. Kant würde dagegen allerdings kontern, das Wesen der Maxime liege eben gerade darin, sehr generell und unabhängig von situationsspezifischen Gegebenheiten zu sein. Auch wenn die Argumentation systemimmanent schlüssig ist, dürfte in dieser Konzeption einer Maximenethik in Verbindung mit der kategorischen Gültigkeit eine andere, berechtigte Kantkritik begründet sein: der Rigorismusvorwurf. Da einerseits die Maximen situationsunspezifisch formuliert werden müssen, andererseits aber die kategorischen Imperative keine Ausnahmen in der Praxis zulassen, scheint dem Handelnden kein flexibles und kontextsensibles Reagieren auf konkrete Situationen möglich zu sein. So darf man nach Kant beispielsweise auch dann nicht lügen, wenn man dadurch einen unschuldigen Menschen in den Tod schickt (vgl. Kapitel 5.1).

Rigorismus: kategorische Geltung

Kants Ausschluss pragmatischer Folgenüberlegungen und sein berühmtes Diktum, das einzig Gute in der Welt sei der gute Wille des Handelnden (vgl. GMS, A/B 1), haben viele Kritiker mobilisiert: Man hat ihm immer wieder vorgeworfen, er reduziere die moralische Dimension auf die reine Subjektivität der guten Gesinnung (vgl. Höffes Resümee dieser Kritik, 1992b, 179f.). Im Zeichen einer radikalen „Gesinnungsethik" würde der Einzelne unplausiblerweise von jeder Verantwortung für die konkreten Folgen seines Tuns freigesprochen. Gemäß einer grundlegenden moralischen Intuition müssen wir aber zumindest die voraussehbaren Folgen unserer Handlungen vor den Betroffenen verantworten (vgl. Kapitel 5.1). Für die Betroffenen sind weniger die Absichten bzw. der „gute Wille" der Handelnden als die tatsächlichen Auswirkungen von Bedeutung. Mit Kants im Kopf des Handlungssubjekts durchzuspielendem rein logischen Universalisierungsprinzip droht aber ein solches grundlegendes Verständnis für die Perspektive der Betroffenen zu verblassen. Kritiker haben sogar moniert, Kant vernachlässige das tatsächliche Wohlergehen der Menschen völlig (vgl. dazu Höffe 1992a, 100f.). Wenngleich man bei der Begründung und Beurteilung von Maximen die Auswirkungen bei

keine Folgenüberlegungen

ihrer Befolgung auszublenden hat, sind empirisch-pragmatische Überlegungen wenigstens bei der *Anwendung* moralischer Maximen in konkreten Handlungssituationen bedingt zulässig. Dies gilt aber wie gezeigt nur für die unvollkommenen Pflichten, bei denen der Handlungsspielraum größer ist. Will man beispielsweise nach dem Grundgesetz „Hilf anderen Menschen in Not!" (GMS, A/B 56) handeln, muss man die Hilfsbedürftigkeit konkreter Menschen erkennen und die eigenen zur Verfügung stehenden Möglichkeiten zur Hilfestellung abschätzen. Sicherlich zu Recht wurde immer wieder vermerkt, Kant hätte diese Anwendungsproblematik eindeutig vernachlässigt und allzu rigoros auf die unbedingte Einhaltung moralischer Maximen gepocht.

Anwendungsproblem vernachlässigt

Kritik

- Rigorismus durch kategorische Verbindlichkeit der situationsunspezifisch formulierten moralischen Maximen
- Verständnis für Perspektive der Betroffenen und Anwendungsprobleme vernachlässigt

Hares Verfahren semantischer Universalisierung

Während Kant bei der Begründung des logischen Universalisierungsprinzips von der menschlichen Vernunft und Freiheit ausgeht, nimmt Richard M. Hare die menschliche *Sprache* ins Visier. Ihn interessiert weniger die Fähigkeit zur Selbstgesetzgebung der praktischen Vernunft als Bedingung moralischen Urteilens und Handelns, sondern vielmehr die Sprache als Voraussetzung moralischen Urteilens überhaupt. Er entwickelt seine ethische Position mit sprachanalytischen Mitteln im Rahmen der *analytischen Philosophie*. Es handelt sich dabei um eine bedeutende philosophische Richtung, die sich insbesondere im angelsächsischen Kulturkreis des 20. Jahrhunderts die Vormachtstellung eroberte. Gemeinsame Grundüberzeugung der analytischen Philosophen ist es, dass sich die Probleme der traditionellen Philosophie nur dank Sprachuntersuchungen lösen lassen. Denn die Sprache erschließt uns die Welt und in der Sprache kommt unser Verhältnis zur Welt zum Ausdruck. Eine Analyse und Kritik unserer Sprache stellt daher immer zugleich auch Sachanalyse und Kritik unseres Weltverhältnisses dar. Sprachanalytische Ethik wird meist als „Metaethik"

analytische Philosophie

betrieben, d.h. als Analyse der Moralsprache. Die in Kapitel 3 erläuterten semantischen Analysen der Nonkognitivisten sind allesamt der (sprach)analytischen Ethik zuzurechnen: also neben Hares Präskriptivismus (Kapitel 3.2) und Dezisionismus (Kapitel 3.3) auch Ayers und Stevensons emotivistische Ansätze (Kapitel 3.1).

Hare beginnt seine Sprachanalyse mit der Feststellung, dass moralische Urteile mit deskriptiven Urteilen darin übereinstimmen, dass auch sie eine deskriptive Komponente enthalten (vgl. Hare 1983, Kapitel 2). Deskriptive Bedeutung käme beiden Urteilsformen zu, weil sie einem Gegenstand oder einer Handlung bestimmte empirisch beschreibbare Eigenschaften prädizieren. Hares eigenes Beispiel für ein simples deskriptives Urteil lautet: „Dies ist rot". Indem wir beispielsweise einer Rose das Attribut „rot" zusprechen, legen wir uns damit auf einen bestimmten Sprachgebrauch fest. Um der Verständigung willen sind wir gezwungen, alle anderen Gegenstände, welche dieselben relevanten deskriptiven Eigenschaften besitzen wie die Rose, d.h. die Farbe „rot", ebenfalls „rot" zu nennen, also etwa eine Erdbeere. Genauso verhalte es sich bei moralischen Urteilen, in denen eine Handlung als „gut" oder „ungerecht" deklariert wird. Wenn A dem B Geld schuldet und nicht zurückzahlen will (vgl. ebd., 109ff.), könnte das moralische Urteil lauten: „Dieses Handeln ist schlecht und man sollte A ins Gefängnis stecken." Jedes vergleichbare Handeln mit denselben relevanten deskriptiven Eigenschaften, d.h. hier das Nichtzurückzahlen der Schulden, müsste dann als „schlecht" bezeichnet werden; also auch wenn B dem C Geld schuldet. Die Logik unserer Sprache fordert somit, dass wir moralische Zuschreibungen von „gut" oder „ungerecht" auf alle Handlungen mit denselben deskriptiven Eigenschaften anwenden. Aufgrund ihrer deskriptiven Bedeutungskomponente sind moralische Aussagen universalisierbar.

deskriptive Bedeutungskomponente

semantische Universalisierung

Universalisierung aufgrund der deskriptiven Bedeutungskomponente:

semantische Universalisierung

Deskriptives Urteil: | „Diese Rose ist rot." | → | Alle roten Gegenstände müssen als „rot" bezeichnet werden.

Moralisches Urteil: | „Das Nichtbegleichen der Schulden ist unfair." | → | Jedes Nichtzurückzahlen von Schulden muss „unfair" genannt werden.

Problem: kein
inhaltliches Kriterium

Das formale Gebot semantischer Universalisierbarkeit liefert uns allerdings noch kein Kriterium dafür, *welche* deskriptiven Eigenschaften einer Handlung nun als „gerecht" oder „unfair" bezeichnet werden sollen. Es ist inhaltlich völlig neutral und scheidet keine Anwendungsmöglichkeiten von vornherein aus. Wir wissen zunächst nur, dass wir die Attribute immer gleich verwenden müssen. Wenn wir gegen das Universalisierungsprinzip verstoßen und uns einen inkonsistenten Sprachgebrauch zuschulde kommen lassen, handelt es sich aber nicht um einen moralischen, sondern lediglich um einen logischen Verstoß (vgl. Hare 1983, 47). Wer sich andererseits an die Universalisierbarkeitsregel der (Moral-)Sprache hält, handelt und urteilt noch nicht zwangsläufig moralisch. Fällt jemand beispielsweise das Urteil: „Foltern ist fair", könnte man ihm nichts vorwerfen, solange er jeden Folterungsakt gleich bewertete. Denn universalisierbare moralische Urteile müssten für jedermann gleichermaßen gelten, ob er Ausführender der Handlung ist oder selbst Betroffener. Als anwendungsbezogenes Kriterium für moralische Beurteilung fungiert bei Hare daher der Rollentausch bzw. die Selbstanwendbarkeit: Wer Foltern billigt, müsste prüfen, ob er auch die Folterung am eigenen Leib begrüßen könnte. Oder mit Hares eigenem Beispiel, in welchem A dem B und B dem C Geld schuldet: Wenn B es verurteilt, dass A ihm das Geld nicht zurückgibt und er ihn deswegen ins Gefängnis stecken will, müsste B sich fragen; Kann ich es gut finden, wenn C ebenso von mir denkt und mir mit Gefängnisstrafe droht? Verweigert er die Zustimmung, müsste er sein Urteil revidieren.

Definition

> **Hares Universalisierbarkeitsprinzip:**
> Universalisierbar ist jedes moralische Urteil oder jeder moralische Grundsatz, wenn der Urteilende bereit wäre, die Folgen ihrer Anwendung auch als selbst Betroffener zu akzeptieren.

Anschauungsbeispiel

Urteil: Man soll jemanden ins Gefängnis werfen, wenn er seine Schulden nicht begleicht.
Gretchenfrage: Wenn ich mich in der Situation des Schuldners befände, wäre ich dann damit einverstanden, dass ich ins Gefängnis gehen müsste?
Wenn ja: Der Universalisierungstest ist gelungen!

Ausschlaggebend bei diesem Universalisierungstest scheinen für Hare in erster Linie die Neigungen der urteilenden Person selbst zu sein. Daher sieht man sich dann mit dem Problem konfrontiert, dass ein Rassist, der die Vergasung aller Juden propagiert, unter Umständen nicht in die Schranken gewiesen werden kann: Gegen den antijüdischen Fanatiker kann nämlich nicht mehr moralisch argumentiert werden, sofern er sich bereit erklärte, selbst in die Gaskammern zu gehen, wenn er ein Jude wäre (vgl. Hare 1983, 129). Auch die Selbstanwendung scheint infolgedessen noch kein hinreichendes Moralkriterium zu sein. Über die zusätzlich noch erforderliche Fähigkeit, sich auch in die Bedürfnisse und Interessen anderer Personen hineinzuversetzen, hat Hare im Kontext des Utilitarismus und des Prinzips der „Goldenen Regel" räsonniert. Spätestens dann aber verlässt Hare den Bereich der metaethischen Sprachanalyse. Denn es geht nicht mehr um ein rein semantisches Universalisierungsverfahren, sondern um ein rationales Entscheidungsverfahren, mittels dessen die Richtigkeit substantieller moralischer Urteile ausgewiesen werden kann (vgl. Misselhorn, 415). Ich werde auf diese weiterführenden Gedankengänge daher erst im Konsequentialismus-Kapitel 5.3 zurückkommen.

Kritik

- kein (inhaltliches) Kriterium für moralisch gute Handlungen im Rahmen der (formalen) semantischen Universalisierung

b) Diskursethische Universalisierung

Zwar wählen die Diskursethiker in gleicher Weise wie Hare die Sprache als Ausgangsbasis für ihr konstruktivistisch-rekonstruktives Begründungsverfahren eines universellen Moralprinzips. Genauer betrachtet interessieren sie sich aber nicht wie der Sprachanalytiker Hare für die semantische Ebene der Sprache, sondern vielmehr für die pragmatische: Es geht um *Sprechhandlungen*, um das kommunikative Handeln im Diskurs. Im Unterschied zum *strategischen Handeln*, bei dem man versucht, extern mit Mitteln der Gewalt, Suggestion oder Verhandlungstaktiken das Handeln der anderen so zu beeinflussen, dass die eigenen Ziele erreicht werden, bemüht man sich beim *kommunikativen Handeln* um gegenseitige Verständigung. Ziel ist es, einen ratio-

Sprachpragmatik: kommunikatives Handeln

nalen Konsens herzustellen und die unterschiedlichen Handlungen zu koordinieren. Dieses kommunikative Handeln ist unmittelbar eingebettet in pragmatische Alltagssituationen, in denen die Wahrheit von Wirklichkeitsaussagen und die Gültigkeit bestimmter Normen fraglos vorausgesetzt wird. Dies ist der Unterschied zu einem *Diskurs*, in dem auf einer Metaebene solche unausdrücklich erhobenen Geltungsansprüche problematisiert werden. So sollen im *praktischen Diskurs*, der für die Ethik relevant ist, bislang im Gespräch unhinterfragt vorausgesetzte Handlungsnormen auf ihre normative Richtigkeit hin geprüft werden. Dies geschieht, indem die Kontrahenten Gründe und Argumente für ihre Position ins Feld führen. Man bezeichnet ein solches begriffliches und auf Begründung abzielendes argumentatives Denken als „diskursiv". Ausgeschlossen aus dem praktischen Diskurs sind also Vorwürfe, Anschuldigungen oder emotionale Kundgaben. „Diskurs" meint in einem weiten Sinn jeden Dialog auf der Grundlage von Argumenten. Unter „Diskurs" in einem engen Sinn verstehen Diskursethiker allerdings nur den metakommunikativen Dialog, in dem die in lebensweltlichen Verständigungsprozessen problematisch gewordenen Ansprüche thematisiert werden.

Diskurs

praktischer Diskurs

Definition

Diskurs (weit):
Dialog auf der Grundlage von Argumenten

Diskurs (eng):
Dialog zur metakommunikativen Prüfung von Geltungsansprüchen, die beim kommunikativen Handeln in lebensweltlichen Kontexten erhoben werden
* *praktischer Diskurs:* Anspruch auf normative Richtigkeit von Handlungsregeln
* *theoretischer Diskurs:* Anspruch auf Wahrheit von Wirklichkeitsaussagen

Anschauungsbeispiel

Kommunikatives Handeln:
Zwei ältere Damen empören sich über die verkommenen Sitten einer Gruppe von Jugendlichen mit vergammelten Klamotten und knatternden Mopeds. Für sie steht außer Frage, dass „man" in diesem Alter „ordentlich" auszusehen hat.

Praktischer Diskurs:
Die beiden Damen behaupten, das ungepflegte Äußere und der durch die Gruppe veranstaltete Radau ließen auf einen schlechten Charakter schließen. Dem entgegnen die Jugendlichen, hinter einer Fassade bürgerlicher Ordnung, deren Scheinhaftigkeit sie mit ihrem ungezwungenen Verhalten dekuvrieren wollten, verberge sich oft eine unehrliche Doppelmoral. (nach Pieper 2007, 213)

Wenn wir moralische Urteile fällen oder anfechten, für bestimmte moralische Regeln oder Grundsätze plädieren oder sie bekämpfen, beteiligen wir uns an einem praktischen Diskurs. Wir problematisieren dann die Ansprüche auf normative Richtigkeit oder Falschheit konkreter Urteile oder Handlungsregeln. Die Diskursethiker versuchen nun zu zeigen, dass wir durch diese Teilnahme an einem praktischen Diskurs immer schon bestimmte Regeln des Diskurses akzeptiert haben. So müssen wir alle Gesprächsteilnehmer als gleichberechtigte Partner anerkennen, kommunikativ und argumentativ statt strategisch handeln, auf einen rationalen Konsens abzielen, alle Ansprüche begründen und nur den Zwang des besseren Arguments gelten lassen (vgl. Habermas 1996, 96ff.). Diese Diskursregeln bilden die notwendige Voraussetzung eines praktischen Diskurses, d. h. des Problematisierens von moralischen Geltungsansprüchen. Sie müssen vom Argumentierenden immer schon kontrafaktisch unterstellt werden, obgleich sie in realen gesellschaftlichen Diskursen oft nur annähernd erfüllt sein mögen. Wer moralische Urteile fällt oder Normen bestreitet, sich aber nicht an die Diskursregeln hält, begehe einen „performativen Selbstwiderspruch". Denn es läge ein Widerspruch vor zwischen seinem Denken, d. h. der Ablehnung der Diskursregeln, und seinem Handeln, d. i. seiner Praxis des Argumentierens. Weil sich die Richtigkeit oder Vernünftigkeit einer Handlungsweise im Grunde nur in einem praktischen Diskurs herausstellen kann, stehen alle, die sich die ethische Grundfrage „Wie soll ich handeln?" stellen, in gewisser Weise immer schon in einem Diskurs. Jeder aber, der die Diskursbedingungen akzeptiere, erkenne implizit das diskursethische Moralprinzip an. Er erkenne nämlich an, dass ein normativer Geltungsanspruch sich diskursiv einlösen lassen muss; d. h. dass eine strittige Norm unter den Teilnehmern eines realen praktischen Diskurses Zustimmung finden können muss. Es dürfen folglich nur diejenigen normativen Regeln als moralisch legitim gelten, gegen die niemand mehr, insbesondere auch keiner von den direkt Betroffenen, berechtigte Gegenargumente vorzubringen hat.

Marginalien:

Diskursregeln

performativer Selbstwiderspruch

diskursethisches Moralprinzip

Diskursregeln

- Jedes sprach- und handlungsfähige Wesen darf am Diskurs teilnehmen und seine Bedürfnisse, Wünsche und Interessen äußern.
- Alle Gesprächsteilnehmer werden als zurechnungsfähige, wahrhaftige und vernünftige Gesprächspartner anerkannt.
- Es wird kommunikativ statt strategisch gehandelt: Alle Ansprüche müssen argumentativ gerechtfertigt werden und Ziel des Diskurses ist der Konsens.
- Jede Verzerrung der Sprechsituation durch innere oder äußere Zwänge ist ausgeschlossen. Es herrscht allein der Zwang des besseren Arguments.

Definitionen

Diskursethisches Moralprinzip (D):
Nur diejenige Norm ist ethisch legitim, die bei allen Betroffenen als Teilnehmern eines praktischen Diskurses Zustimmung findet (oder finden könnte).

Universalisierungsgrundsatz (U) als eine Erweiterung von (D):
Eine Norm ist nur dann ethisch legitim, wenn die Folgen und Nebenwirkungen, die sich bei ihrer allgemeinen Befolgung voraussichtlich ergeben, bei den Betroffenen als Teilnehmern eines praktischen Diskurses Zustimmung finden (könnten). (vgl. Habermas 1996, 103)

Die Diskursregeln begünstigen nicht nur die Konsensfindung, sondern können als Regeln der Unparteilichkeit betrachtet werden. Denn mittels dieser Regeln soll die Einnahme des unparteiischen Standpunktes der Moral gesichert werden: Alle Teilnehmer erfahren dieselbe reziproke Anerkennung und alle ihre Standpunkte und Interessen werden gleich berücksichtigt. Über den genauen Status und die Funktion des Universalisierungsgrundsatzes U herrscht zwar innerhalb der Diskursethik keine Einigkeit (vgl. Ott, 165). In meinen Augen steht im Zentrum der Diskursethik aber der Diskursgrundsatz D, der durch Reflexion der Diskurspraxis aufgewiesen werden kann. Mit ihrer diskursreflexiven Moralbegründung meinen die Diskursethiker das kantsche Universalisierungsmodell weit hinter sich gelassen zu haben (vgl. Apel, 220): Zum einen wird das kantsche Subjekt, das im monologischen Käfig seines Denkens die Verallgemeinerungsfähigkeit von Maximen testen soll, substituiert durch die reale Diskursgemeinschaft. Jetzt müssen alle Vernunftsubjekte, insbesondere aber die direkt von der Maximenbefolgung betroffenen, der Handlungsmaxime im Laufe eines realen praktischen Diskurses zustimmen können. An die Stelle des einsamen Subjekts tritt also die Intersubjektivität eines diskursiv-argumentativen Verständigungsprozesses. Zum anderen können konkrete Bedürfnisse, Wünsche und Interessen der Diskursteilnehmer zur Sprache gebracht werden. Darüber hinaus werden die Folgen der Handlungen bzw. der Befolgung einer Handlungsnorm zur Diskussion gestellt. Es wird geprüft, welche Konsequenzen in Bezug auf die Interessen der Einzelnen erwartet werden müssen. Die intersubjektivistische, auch Konsequenzenüberlegungen mit einbeziehende diskursethische Universalisierung weist somit gegenüber Kants streng gesinnungsethischer Universalisierung einige Vorzüge auf (vgl. Kapitel 5.1).

Trotz der hohen Plausibilität des diskursethischen Modells hat auch dieser Ansatz immer wieder Kritik provoziert. Zwar stimmen die meisten gegenwärtigen Moralphilosophen darin überein, dass sich allgemein gültige Normen heute nur noch auf dem Weg gemeinsamer Argumentation finden lassen. Die Forderung, sich diskursiv um einen rationalen Diskurs zu bemühen, erscheint aber vielen Interpreten als allzu dürftig (vgl. Anzenbacher, 252). Angesichts divergierender Interessen und Ansprüche der Handelnden kann selbst die allseitige Bereitschaft zum kommunikativen Handeln nicht immer oder doch nicht binnen nützlicher Frist zu einer konsensuellen Einigung führen. Sicherlich werden alle egoistischen oder diskursgefährdenden Regeln wie diejenige, immer zu lügen, wenn es dem eigenen Vorteil dient, eindeutig ausgeschieden. Für die positive allgemeine diskursive Zustimmung zu einer Regel scheint man hingegen gemeinsame, übergreifende „höhere Interessen" oder „Bedürfnisse allgemein menschlicher Natur" mobilisieren können zu müssen (vgl. Ricken, 168). Aber sind wirklich nur diejenigen Bedürfnisse „universalisierbar", die bei allen Menschen identisch vorliegen? Zwar sind nach Apel grundsätzlich alle interpersonal kommunizierbaren Bedürfnisse ethisch relevant. Sie verdienen aber nur dann allgemeine Anerkennung, wenn sie durch Argumente interpersonal gerechtfertigt werden können. Dazu scheint es sich nicht notwendig um allen Menschen gemeinsame Grundbedürfnisse handeln zu müssen. Vielmehr reicht es aus, wenn sie sich „auf dem Wege der Argumentation mit den Bedürfnissen aller übrigen in Einklang bringen lassen" (Apel, 425). In unserem Beispiel stehen sich offenkundig das Bedürfnis nach Ruhe und Gepflegtheit älterer Menschen und das Bedürfnis der Jugendlichen

Kritik

Konsens
unwahrscheinlich

nach freiem Austoben gegenüber. Beide Grundbedürfnisse lassen sich in den Grenzen spezifischer Altersgruppen universalisieren. Man müsste sie im praktischen Diskurs so miteinander versöhnen, dass jede Interessengruppe im Lebensraum der anderen auf vermeidbare Bedürfnisfrustrationen verzichtet.

Als problematisch wird zu Recht moniert, dass Habermas die individualethische Perspektive des individuellen guten Lebens vollständig entkoppelt von der moralischen Perspektive der Gerechtigkeit (vgl. Habermas 1999, 42f.). Nur moralische Fragen nach gerechten Normen könnten im praktischen Diskurs rational erörtert werden, wohingegen evaluative Fragen lebensweltlich verankerter Werte und Vorstellungen vom guten Leben nicht diskursfähig seien. Obwohl Habermas solche Fragen des guten Lebens auch nicht explizit aus dem Bereich diskursiver Auseinandersetzungen ausgeschlossen haben will (vgl. 1992, 101), konzentrieren sich die Diskursethiker ausschließlich auf die Koordination einander widerstreitender Bedürfnisse und Interessen. Hinsichtlich der Abtreibungsproblematik bezweifelt Habermas beispielsweise, dass es hier eine einzige moralisch richtige Norm gäbe. Dann aber fiele das Problem nicht in den Bereich der Moralphilosophie, sondern der Strebensethik, weil es von individuellen Lebensformen und Lebensidealen abhängig wäre. Da es sich um eines der seltenen Beispiele handelt, die zur Veranschaulichung des diskursethischen Verfahrens verwendet werden, sei es hier in extenso zitiert:

> Sofern es sich tatsächlich um eine im strengen Sinne moralische Frage handelt, müssen wir davon ausgehen, dass sie, in the long run, mit guten Gründen so oder anders entschieden werden könnte. Allerdings ist a fortiori nicht auszuschließen, dass es sich bei der Abtreibung um ein Problem handelt, welches unter dem moralischen Gesichtspunkt überhaupt nicht gelöst werden kann. Unter diesem Gesichtspunkt suchen wir ja nach einer Regelung unseres Zusammenlebens, die gleichermaßen gut ist für alle. Es könnte sich aber herausstellen, dass Beschreibungen des Problems der Abtreibung stets mit einzelnen Selbstbeschreibungen von Personen und Gruppen, also mit deren Identitäten und Lebensentwürfen bzw. Lebensformen unauflöslich verwoben sind. (…) Und dann würde es je nach Kontext, Überlieferungshorizont und Lebensideal verschiedene gültige Antworten geben können. (Habermas 1992, 165f.)

Trennung gutes Leben/ Gerechtigkeit

Ob sich moralische Konflikte rein formal ohne eine rudimentäre Theorie des guten Lebens oder den Rekurs auf übergreifende Interessen überhaupt entscheiden lassen, ist fraglich.

Eng mit dieser Kritik an der Trennung vom guten Leben und dem gerechten Zusammenleben verknüpft ist der Vorwurf fehlender Kriterien für die Rationalität oder moralische Richtigkeit eines Konsenses. Reicht es wirklich aus, dass alle vernünftigen Menschen oder doch alle Betroffenen einem Anspruch oder einer Norm zustimmen können oder könnten? Faktisch scheint niemand je wissen zu können, worauf sich alle Vernunftwesen, auch die in der Zukunft potentiell Betroffenen, in einem unbegrenzten argumentativen Diskurs einigen würden (vgl. Werner, 144). Denn in einer realen Kommunikationssituation sind ja niemals alle Bedingungen eines idealen praktischen Diskurses erfüllt. Als verantwortungsethische Ergänzungsprinzipien fungieren infolge dieses Missstandes bei Apel die beiden Forderungen, a) das Überleben der Menschheit als realer Kommunikationsgemeinschaft zu schützen und b) die Institutionalisierung idealer Gesprächsbedingungen in die Wege zu leiten (vgl. Apel, 429). Aber auch im noch so idealen realen Diskurs ist unklar, wie die unterschiedlichen Bedürfnisse und Ansprüche mit Blick auf eine fragliche Handlungsnorm geprüft, bewertet und angemessen berücksichtigt werden sollen. Gibt es artikulierbare Kriterien für die Rechtfertigbarkeit von solchen Ansprüchen und für die Angemessenheit ihrer Berücksichtigung? Habermas bestreitet, dass es irgendwelche Evidenzen oder Bewertungskriterien gebe, die der gemeinsamen diskursiven Auseinandersetzung *voraus*liegen (vgl. 1992, 165). Gute Gründe und Argumente seien schlicht alle diejenigen, die aus der Perspektive aller Beteiligten nachvollziehbar seien. Es können Argumente sein, die auf moralische Intuitionen (Intuitionismus) oder auf den gesellschaftlichen Gesamtnutzen (Utilitarismus) verweisen. Man muss daher die Diskursethik wohl als eine sehr „offene Konzeption normativer Ethik" begreifen: als eine Art „Rahmenethik" für die Diskussion unterschiedlicher Begründungsformen und normativer Überzeugungen (vgl. Werner, 145). Dennoch halte ich sowohl die diskursethische Moralbegründung über die Reflexion der Voraussetzungen des argumentativen Diskurses als auch das Gebot des diskursethischen Moralprinzips, sich an der Praxis des argumentativen Diskurses zu orientieren, in der

Randbemerkungen:

keine Kriterien für Richtigkeit des Konsenses

verantwortungsethische Ergänzungsprinzipien

offenes Konzept: Rahmenethik

gegenwärtigen moralphilosophischen Landschaft für wegweisend.

- lediglich „Rahmenethik": fehlende Kriterien für Bewertung der subjektiven Ansprüche (Bedürfnisse, Interessen)
- Abtrennung der Frage nach einem gerechten Zusammenleben von der Frage nach einem guten Leben
- ideale Diskursbedingungen faktisch unerreichbar

c) Handlungsreflexiver Ansatz

Zu den „beachtlichsten Begründungsversuchen der Gegenwartsethik" (Ott, 139) zählt auch die von Alan Gewirth vorgelegte und von Klaus Steigleder fortgeführte handlungsreflexive Konzeption. Während Kant nach den Bedingungen der Möglichkeit der Vernunft und Freiheit des moralischen Subjekts fragt (a) und die Diskursethiker die bei jeder Handlungsbegründung immer schon akzeptierten Argumentationsregeln aufdecken (b), fahndet Gewirth nach den für die Handlungsfähigkeit eines Subjekts unabdingbaren Gütern. Anders als die beiden anderen dargestellten konstruktivistischen Ansätze gelangt er auf diese Weise nicht zu einem formalen Verfahren der Normenbegründung, sondern zu materialen Gehalten einer verbindlichen Moral. Den Ausgangspunkt ihres Begründungsganges nehmen Gewirth und Steigleder beim moralischen Subjekt. Dieses wirft aus seiner subjektiven Perspektive einer handlungsfähigen Person die Frage nach den notwendigen Voraussetzungen seines Handelnkönnens auf. Es geht aber nicht um Mittel, die für die Erreichung irgendwelcher spezifischer Handlungsziele wie das Schießen eines Fußballtors oder das Gründen einer Familie unabdingbar sind, sondern lediglich um diejenigen, ohne die ein Handeln gar nicht mehr möglich wäre. Auf welche Bedingungen oder *konstitutiven Güter* ist der Mensch angewiesen, um überhaupt moralische (oder auch unmoralische oder amoralische) Handlungen auszuführen?

Die zwei für Handlungsfähigkeit konstitutiven Güter („generic goods") sind nach Gewirth „Freiheit" („freedom") und „Wohlergehen" („wellbeing") (vgl. Gewirth, 31–37). Mit dem ominösen,

notwendige (konstitutive) Güter für Handlungsfähigkeit

erst in Kapitel 6.2 erörterten Begriff *Freiheit* ist negativ die Freiheit von Gewalt, Zwang und Täuschung seitens des sozialen Umfeldes gemeint, positiv die Fähigkeit zur Selbstkontrolle und Selbstbestimmung (vgl. Gewirth, 252 und 52). Bei der *negativen* Freiheit scheint mir allerdings eine Grenzziehung schwierig bezüglich der Handlungsoptionen, die vorhanden sein müssen, damit ein Subjekt gerade noch handlungsfähig ist. Würde es zur Wahrung der Handlungsfähigkeit ausreichen, wenn ein Gefangener wenigstens noch die Wahl hätte, in Gefangenschaft weiterzuleben oder sich selbst das Leben zu nehmen? Hinsichtlich der *positiven* Willensfreiheit oder Selbstbestimmung könnte das von Juristen für die Gerichtspraxis festgelegte Maß an „Urteilsfähigkeit" eines mündigen Menschen als Grenzwert fungieren. *Wohlergehen* ist demgegenüber viel stärker von subjektiven Voraussetzungen abhängig und damit weniger gut objektivierbar. Gewirth subsumiert darunter sämtliche biologischen, psychischen und sozialen Bedingungen der Verfolgung von Handlungszielen. Er unterscheidet die „Elementargüter" von den „Gütern zweiter Ordnung", welche sich nochmals in „Güter der Nichtverminderung" („non-substractive") und in „Zuwachsgüter" („additive goods") dividieren lassen (vgl. ebd., 210f.). Unumstritten dürften allein die basalsten *Elementargüter* („basic goods") wie physische und psychische Integrität, Nahrung, Kleidung und Obdach zur Stillung der physischen Grundbedürfnisse sein. Unter *Nichtverminderungsgüter* versteht er die Güter, über die ein Handelnder bereits verfügt und die er weiterhin benötigt, wohingegen neue *Zuwachsgüter* der Entwicklung und Erweiterung seiner Handlungsfähigkeit dienlich wären. Auch hier fehlt in meinen Augen ein praktikables Kritierium, um die notwendigen Zuwachsgüter wie Erziehung, Bildung und Selbstachtung (vgl. Steigleder, 161f.) von den nicht notwendigen abzusondern.

Für den weiteren Gang der Argumentation ist die evidente Tatsache entscheidend, dass die Freiheit und das Wohlergehen einer Person insbesondere von anderen handelnden Personen eingeschränkt werden können. Zur Aufrechterhaltung seiner Handlungsfähigkeit muss der Einzelne daher notwendigerweise an seine Mitmenschen den Anspruch richten, diese beiden Güter nicht zu beeinträchtigen. Genauso, wie er annimmt, er verfüge über ein Recht („prudential right") auf diese notwendigen Güter, hält er die anderen für verpflichtet, seinen Rechtsanspruch zu

negative Freiheit

positive Freiheit

Wohlergehen

Elementargüter

Nichtverminderungs-
güter

Zuwachsgüter

respektieren. Da es sich dabei nicht bloß um unbegründete subjektive Annahmen, sondern um notwendige Urteile einer jeden handlungsfähigen Person handelt, ist der Rechtsanspruch hinlänglich begründet (vgl. Steigleder, 116): Würde er den Anspruch nicht erheben, widerspräche er sich selbst als einem Akteur, der handelnd Ziele verfolgt. Gleichwohl stellen diese „prudential rights" keine moralischen Rechte dar, weil die Perspektive des Selbstinteresses noch nicht zugunsten des moralischen Standpunktes gleicher Interessenberücksichtigung überschritten wurde. Zu beachten gilt daher in einem weiteren Schritt, dass auch alle anderen handlungsfähigen Personen über dasselbe Recht verfügen. Das einzelne Handlungssubjekt sieht sich also gezwungen, seinen Mitmenschen dieselben notwendigen Güter als Rechte zuzuerkennen wie sich selbst. Infolge dieser Universalisierung des Rechts auf konstitutive Güter gelangen die Handlungstheoretiker zu folgendem obersten Moralprinzip, dem „principle of generic consistency" (PGC):

Universalisierung des Rechts auf konstitutive Güter

Definition

> **„Prinzip konstitutiver Konvergenz"** (PKK):
> „Jeder Handelnde sollte stets in Übereinstimmung mit den konstitutiven Rechten der Empfänger seiner Handlungen wie auch seiner selbst handeln." (Steigleder, 123)
> Dabei hat jeder handlungsfähige Mensch konstitutive Rechte auf folgende notwendige Güter:
>
> **konstitutive Güter:**
> 1. *Freiheit* (von Zwang, Selbstbestimmung)
> 2. *Wohlergehen*: a) *elementare Güter* (Nahrung, Kleidung, Obdach)
>   b) Güter zweiter Ordnung:
>   • *Nichtverminderungsgüter* (bisherige)
>   • *Zuwachsgüter* (Erziehung, Bildung, Selbstachtung)

Kritik

Wie ich bei der Einführung der notwendigen Güter bereits anmerkte, sind diese nicht trennscharf von den nicht notwendigen abgrenzbar und teilweise subjekt- und kontextabhängig. Ihre genaue Bedeutung erfordert daher eine argumentative Interpretation in unterschiedlichen situativen, sozialen und kulturellen Kontexten. Die Anwendung des PKK-Moralprinzips scheint also auf eine situationsbezogene Diskussion und Abwägung der notwendigen Güter angewiesen zu sein. Dies mag für die elementaren Güter zur Stillung der Grundbedürfnisse und für die Freiheitsrechte am wenigsten gelten. Diese ließen sich denn auch als

Grundlage für Menschenrechtskataloge oder entwicklungspolitische Programme in Dienst nehmen. Es betrifft aber umso mehr die weniger dringlichen Zuwachsgüter zweiter Ordnung, die auf die Entwicklung und Erweiterung der Handlungsfähigkeit der Menschen abzielen (vgl. Düwell, 160). Nicht nur scheint man sich in einer kulturellen Gemeinschaft auf die Präzisierung der notwendigen Güter wie beispielsweise der Bildung, auf bestimmte Schulsysteme oder kulturelle Betätigungsmöglichkeiten einigen zu müssen. Vielmehr hat die Gemeinschaft die entsprechenden konkreten Institutionen zur Förderung der gewünschten handlungserweiternden Kompetenzen wie Schulen oder Theater auch tatsächlich zu schaffen und allen Handlungsfähigen gleichen Zugang dazu zu sichern. Um solche institutionell gebundenen Güter zweiter Ordnung hinlänglich als notwendig zu begründen, werden auch von den Vertretern des handlungsreflexiven Ansatzes moralische Diskurse bzw. demokratische Gesetzgebungsverfahren eingefordert (vgl. Steigleder, 172 oder Gewirth, 306). Somit verweist die Anwendung des handlungsreflexiv begründeten Moralprinzips zurück auf das im vorangegangenen Abschnitt erläuterte diskursethische Verfahren zur Normenprüfung.

> *Angewiesenheit auf Diskurse*

Kritik

- fehlende eindeutige Kriterien für Trennung notwendiger — nicht notwendiger Güter
- argumentative Interpretation der Güter in verschiedenen situativen/soziokulturellen Kontexten notwendig

Traditionsrelativismus | 4.3

Anschauungsbeispiele: deskriptiver Relativismus

Bei den Eskimos soll es Brauch gewesen sein, alte und schwache Menschen zu töten. Man wollte damit unter der Bedingung extremer Lebensmittelknappheit den restlichen Stammesmitgliedern das Überleben sichern.
In ländlichen Gebieten Indiens ist Frauen während der Menstruation der Zutritt zur Küche und zu ihrem Arbeitsplatz verwehrt. Denn man fürchtet die Verunreinigung durch ihr Blut.

Der ethische Relativismus ist so alt wie die Ethik selbst. Von den Sophisten des fünften vorchristlichen Jahrhunderts wurde der berühmte „homo mensura"-Satz als Wahlspruch aller Relativisten geprägt: „Der Mensch ist das Maß aller Dinge" (Protagoras). Er bezieht sich zunächst auf das menschliche Erkennen und besagt dann, dass die Menschen die Dinge nicht so wahrnehmen, wie sie wirklich sind. Vielmehr steht das, was ihnen erscheint, in Abhängigkeit von der Verfassung und Lage des Betrachters. Der subjektivistische Relativismus der Sophisten erstreckte sich aber auch auf Moral und Recht. Die Sophisten entlarvten nämlich die moralischen Normen als von Menschen gemacht und vereinbart, nicht als universell und apriorisch. Es handelt sich hier um die metaethische Version des ethischen Relativismus, der neben der metaethischen zwei normative Thesen umfasst. Im Unterschied zum *metaethischen Universalismus*, der allgemeine, für alle Menschen verbindliche Werte und Normen postuliert, pocht der *metaethische Relativismus* darauf, Normen oder Werte seien nicht an sich richtig oder falsch, sondern immer nur für eine bestimmte Person, Gesellschaft oder Epoche.

Zumeist stützt sich der metaethische Relativismus auf einen *deskriptiven Relativismus*, der eine ethnologische oder soziologische Position darstellt: Wie in unseren Anschauungsbeispielen stellt man die faktische Verschiedenheit der ethischen Überzeugungen von Individuen, sozialen Gruppen oder Kulturen fest, ohne sie zu bewerten. Diese Verschiedenheit wird auf Kontextbedingungen wie Klima, geographische Lage, Wirtschaftsordnung, Klassen- oder Religionszugehörigkeit zurückgeführt. Zudem wird postuliert, dass sich eine solche Verschiedenheit nicht reduzieren lasse, indem man die faktisch geltenden normativen Überzeugungen auf tiefer liegende einheitliche Basisnormen oder Prinzipien zurückführt. Gegen diesen deskriptiven Relativismus könnte man geltend machen, dass neben der unleugbaren Verschiedenheit von bestehenden Normen auch zahlreiche Gemeinsamkeiten zu entdecken seien: etwa das Lüge- und Betrugverbot, die Sorge für die Kinder und der Respekt vor Älteren, sowie die Rechte auf Leben und Eigentum (vgl. Höffe 2007, 30). Aber selbst wenn eine durchgängige, nicht reduzierbare faktische Vielfalt als empirisch erwiesen gelten dürfte, wäre der deskriptive Relativismus nicht zwangsläufig richtig. Denn ein kognitivistischer Objektivist könnte immer noch dagegen einwenden, nur eine

Randspalte:

metaethischer Universalismus vs. Relativismus

deskriptiver Relativismus

Kritik

einzige ethische Überzeugung sei richtig und alle anderen befänden sich in einem Irrtum.

Der ethische Relativismus in einem engeren Sinn ist normativ und damit eine Position der normativen Ethik. Im Zeichen des *normativen Relativismus* ist dasjenige Handeln gut, das in der jeweiligen Tradition des Handelnden als richtig gilt (1). Man nennt ihn deswegen auch Traditions- oder Kulturrelativismus. Mit der Forderung, gemäß den traditionseigenen normativen Standards zu urteilen und zu handeln, verknüpft der normative Relativist das Gebot der Nichteinmischung in andere Traditionen (2). Da die Angehörigen einer anderen Kultur dasselbe Recht haben, ihr Handeln mit den ethischen Maßstäben der eigenen Gemeinschaft zu bewerten, wäre es moralisch falsch, es nach traditionsfremden Prinzipien zu verurteilen. Man hätte also nicht das Recht, vor dem westlichen kulturellen Hintergrund das Töten alter Menschen bei den Eskimos als entwürdigend oder den Ausschluss der menstruierenden Frauen in Indien als diskriminierend zu verdammen. Die Relativisten haben sich daher Toleranz auf ihre Fahnen geschrieben und damit viele Sympathisanten gewonnen. Kritiker hingegen haben eingewendet, diese Toleranzforderung sei genau besehen inkonsistent. Denn man erhebe damit einen universellen Geltungsanspruch, den es im Zeichen eines ethischen Relativismus gar nicht geben könne (vgl. Rippe, 482). Wenn nämlich Mitglieder einer anderen Kultur den normativen Relativismus ablehnen und ihre Normen anderen Gruppen mit Gewalt aufoktroyieren, müsste ein Relativist konsequenterweise auch diese Übergriffe tolerieren. Zudem kann die relativistische Toleranzforderung missbraucht werden von Volksgruppen oder einzelnen Menschen, die gegen einen weithin etablierten ethischen Konsens verstoßen. Konsequenterweise hätte der Relativist auch auf einen Katalog von grundlegenden Menschenrechten zu verzichten. Verlören damit aber nicht die internationalen Menschenrechtsorganisationen, die etwa für die Chancengleichheit der Frauen kämpfen, jede Legitimationsbasis? Unterbindet der Kulturrelativismus nicht den für internationalen Frieden und globale Gerechtigkeit notwendigen interkulturellen Diskurs? Sind wir hier nicht wieder bei einem nonkognitivistischen Subjektivismus gelandet (vgl. Kapitel 3)?

normativer Relativismus

Nichteinmischungsgebot

Toleranzforderung

Kritik

Definitionen

Relativismus:
deskriptiver:
Es existiert empirisch eine Vielzahl verschiedener ethischer Überzeugungen, die sich nicht reduzieren lässt.

metaethischer:
Es gibt keine universellen Normen oder Werte. Sie sind lediglich relativ, nur gültig für eine bestimmte Person, Gesellschaft oder Epoche.

normativer (Traditionsrelativismus):
Jeder soll nach den Normen und Werten urteilen und handeln, die in seiner Tradition als richtig gelten (1). Damit verbindet sich ein Nichteinmischungs-gebot und eine Aufforderung zur Toleranz gegenüber fremden Kulturen (2).

Obwohl der ethische Relativsmus häufig dem Nonkognitivismus zugeschlagen wird, verleugnet ein metaethischer und normativer Relativist nicht zwangsläufig die Möglichkeit der Begründbarkeit und Richtigkeit moralischer Normen. Er akzeptiert allerdings keine universellen, traditionsunabhängigen Rationalitätsmaß-stäbe oder Begründungsverfahren. Gemeint ist aber keineswegs, dass jeder Mensch sich eine Privatmoral wählen kann, wodurch dann alle geltenden sozialen Normensysteme zusammenbrechen würden (vgl. dazu Rippe, 485). Der Anspruch rationaler Begrün-dung von Normen wird lediglich eingeschränkt auf eine bestimm-te Tradition. Diese dürfen daher nur innerhalb der Grenzen der jeweiligen Kultur Geltung und Richtigkeit beanspruchen. Die Grundidee des Kognitivismus, dass normative Äußerungen ratio-nal begründbar und richtig oder falsch sein können, gilt somit in eingeschränkter Weise auch für den ethischen Relativismus. In der Philosophie haben insbesondere die „Kommunitarier" in Opposition zum neuzeitlich-aufgeklärten „Liberalismus" die Be-deutung traditionell geeinter Gemeinschaften („Kommunen") für die Moral betont. Nur die in einer Gemeinschaft gelebten, d. h. in entsprechender kollektiver Praxis befolgten und kontrollierten Normen dürfen als begründet gelten und können den Mitgliedern Orientierungshilfe leisten (vgl. MacIntyre, Kapitel 15 und Taylor 1996, 15—64). Hingegen zersetzten sowohl die abstrakten uni-versalistischen Formen der Moralbegründung (vgl. Kapitel 4.2.3) wie auch der emotivistische Subjektivismus (vgl. Kapitel 3.1) den tradierten moralischen Rahmen. Ein beliebter Vorwurf an die Adresse der Kommunitarier lautet, sie verträten einen repressiven ethischen Konventionalismus, der die faktisch tradierten Normen für die richtigen erklärt und von allen Mitgliedern blinde Un-

eingeschränkter
Begründbarkeits-
anspruch

Kommunitarismus

terwerfung fordert. Selbst dem konservativsten unter den Kommunitariern, Alasdair MacIntyre, schwebt aber eine „lebendige Tradition" vor, in der ein kontinuierlicher und konfliktuöser Diskurs über das Gute und Gerechte geführt werden soll (vgl. Fenner 2003, 561ff.). Viele Kommunitarier wie MacIntyre, Charles Taylor oder Martha Nussbaum plädieren im Rahmen eines sozialdemokratischen Kommunitarismus für ein diskursiv-rekonstruktives Begründungsverfahren der sozialen Orientierungsstandards.

Wenn nicht einfach die in einer Kultur faktisch tradierten Normen für die richtigen und gültigen erklärt werden, sondern diese in einem diskursiven prozessualen Verfahren begründet werden müssen (vgl. Kapitel 4.2.3b), entfielen auch die beiden anderen Bedenken. Hat man erst einmal den Glauben an apriorische universelle Normen aufgegeben und betont mit den Kommunitariern die Kontext- und Praxisabhängigkeit solcher Normen, führt dies nämlich nicht notwendig zu einem radikalen Subjektivismus. Es bleibt vielmehr die Möglichkeit des Austausches von Gründen und Argumenten sowie von Erfahrungen bezüglich menschlicher Lebensformen, Krisen und Konflikte (vgl. Nussbaum, 206f.). Damit wäre zugleich der Weg geebnet für einen interkulturellen Dialog. Im Gegensatz zu ethnologischen oder sprachphilosophischen Relativisten würde sich auch kaum ein Kommunitarier für das Arbeitsverbot der menstruierenden indischen Frauen als eine erhaltenswerte lokale Tradition einsetzen. Am weitesten entfernt sich Nussbaum von einem solchen extremen Kulturrelativismus. Bei ihrem entwicklungspolitischen Engagement plädiert sie vielmehr dafür, insbesondere benachteiligte und schlechter ausgebildete Minderheiten oder Volksgruppen erst einmal „aufzuklären" und mit den fehlenden Grundgütern zu versorgen (vgl. ebd., 198ff.). Bezüglich unserer Anschauungsbeispiele wäre es also ethisch geboten, die Eskimos mit ausreichenden Nahrungsmitteln zu versorgen, so dass sich das Töten der Alten erübrigte. Den indischen Frauen müssten sichere hygienische Binden zur Verfügung gestellt, ihr Selbstbewusstsein als Frau gestärkt und ihre Kenntnisse über den Menstruationszyklus verbessert werden. Da man ihnen aber nicht im Zeichen eines überheblichen Eurozentrismus eine fremde Kultur überstülpen darf, bliebe es den betroffenen Gruppen freigestellt, sich weiterhin an die tradierten Normen zu halten, sie zu verwerfen oder zu modifizieren.

Kritik

absurde
Konsequenzen

Ein radikaler Kulturrelativismus, wie er nicht von Kommunitariern, sondern eher von Sprachphilosophen und Ethnologen vertreten wird, entpuppt sich letztlich als unhaltbar. Man wäre dann wie gezeigt gezwungen, Verstöße gegen die eigenen kulturellen Normen durch Angehörige fremder Kulturen zu tolerieren. Im Fall des iranischen Schriftstellers Salman Rushdie, den Khomeini wegen Blasphemie zum Tode verurteilte, tritt die Unangemessenheit solch blinder Toleranz zutage (vgl. Pieper 2007, 51f.): Während im Iran der Islam die höchsten Werte und Normen festlegt und jede Infragestellung der Religion als Frevel verfolgt wird, schätzen wir in den westlichen Ländern Europas den Schutz menschlichen Lebens, die Meinungs- und Religionsfreiheit höher als eine orthodoxe Religiosität. Wenn Khomeini alle Völker dieser Welt dazu aufruft, den flüchtigen Rushdie aufzuspüren und zu töten, stellt dies nach unseren westlichen Standards einen schweren Verstoß gegen das ethische und juridische Recht auf Leben dar (vgl. Kapitel 6.1). Einer Ausdehnung islamischer Gebote und Werte auf unseren Kulturkreis müssen wir daher kritisch gegenüberstehen. Aber auch da, wo wir als Unbeteiligte beobachten, wie Minderheiten oder ganze Völker unterdrückt werden, darf ein Schweige- und Nichteinmischungsgebot nicht

notwendig:
kritische Intoleranz

interkultureller Diskurs

oberstes ethisches Prinzip sein. Pieper appelliert vielmehr zu Recht an unsere „kritische Intoleranz", welche die fremden Kulturen zum Gespräch herausfordern soll. Wo der interkulturelle Diskurs verweigert wird und alle unsere Argumente auf dogmatische Verabsolutierung der kulturellen oder religiösen Überzeugungen stoßen, sind Protest und gegebenenfalls Sanktionen legitim. Oftmals ist es dabei wirkungsvoller, das kritische Bewusstsein der Mitglieder der betreffenden Kultur selbst zu stärken oder wie oben dargelegt deren Lebensbedingungen zu verbessern. Ethisch erforderlich ist also weniger unkritische Toleranz als vielmehr allseitige Offenheit für einen interkulturellen Diskurs über das, was für alle Menschen an Grundgütern und Rechten unverzichtbar ist. Denn nur durch den Austausch von Gründen und Argumenten, die durchaus in einem kulturspezifischen lebensweltlichen Erfahrungshorizont entwickelt werden können, lassen sich Normen für ein friedliches Zusammenleben von Individuen oder Volksgruppen finden. Die Begründung ethischer Normen und Prinzipien ist dabei etwas prinzipiell anderes als ihre faktische Geltung in einem kulturellen oder interkulturellen Kontext.

- überzogene Toleranzforderung mit absurden Konsequenzen: alle Verstöße gegen moralische Normen durch Angehörige fremder Kulturen müssten toleriert werden
- keine universellen Menschenrechte und kein interkultureller Diskurs

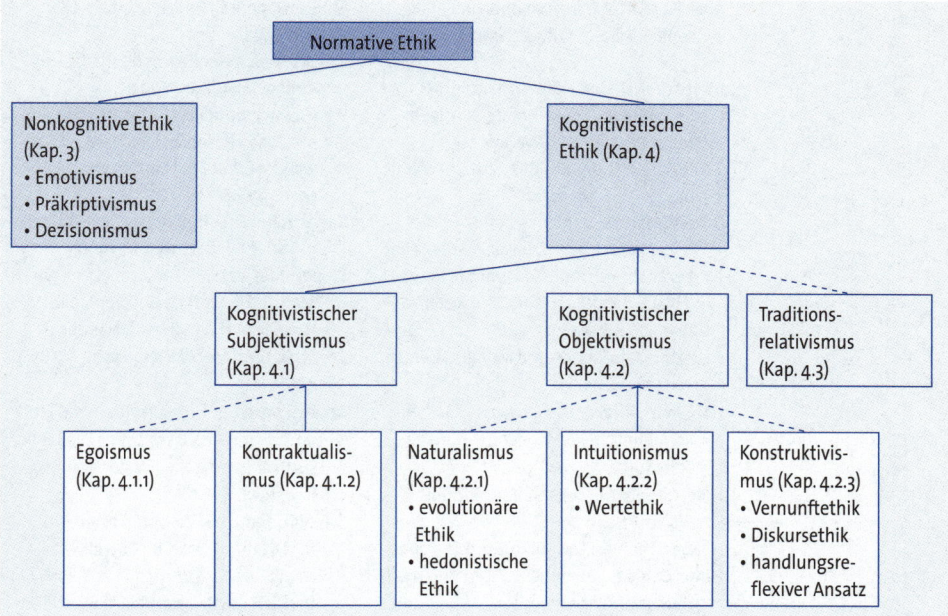

1. Wie lässt sich der Kontraktualismus innerhalb des ethischen Kognitivismus verorten und wo liegen die Schwächen der kontraktualistischen Argumentation?
2. Martha sieht, wie ihr Mann Max auf dem Spesenformular seiner Firma die Fahrzeiten erheblich zu seinen Gunsten aufrundet. Max begründet sein Verhalten so: „Das tun doch meine Kollegen in der Firma auch!" Wie ist dieses Verhalten aus ethischer Perspektive zu bewerten?

3. Wie gehen konstruktivistische Ethiker bei der Begründung vor? Welche Positionen sind denkbar und wie lauten die entsprechenden Moralprinzipien?
4. Worin unterscheiden sich der metaethische, deskriptive und normative Relativismus? Inwiefern sind die Forderungen des normativen Relativismus problematisch?

Literatur

Apel, Karl-Otto: Transformation der Philosophie, Bd. 2, 4. Auflage, Frankfurt a. M. 1988.

Birnbacher, Dieter: Utilitarismus/Ethischer Egoismus, in: Düwell, Marcus, Hübenthal, Christoph und Werner, Micha H. (Hrsg.): Handbuch Ethik, Stuttgart/Weimar 2002, S. 95–107.

Düwell, Marcus: Handlungsreflexive Moralbegründung, in: Düwell, Marcus, Hübenthal, Christoph und Werner, Micha H. (Hrsg.): Handbuch Ethik, Stuttgart/Weimar 2002, S. 152–162.

Gewirth, Alan: Reason and Morality, Chicago 1978.

Habermas, Jürgen: Moralbewusstsein und kommunikatives Handeln, 6. Auflage, Frankfurt a. M. 1996.

Hare, Richard M.: Freiheit und Vernunft, Frankfurt a. M. 1983.

Hobbes, Thomas: Leviathan, Stuttgart 1992.

Höffe, Otfried: Immanuel Kant, 3., durchges. Auflage, München 1992.

Kant, Immanuel: Grundlegung zur Metaphysik der Sitten. Kritik der praktischen Vernunft, Werkausgabe Bd. VII, hrsg. von Weischedel, Wilhelm, 12. Auflage, Frankfurt a. M. 1993, zitiert als **GMS** bzw. **KpV** und nach den Ausgaben A/B.

Kersting, Wolfgang: Kontraktualismus, in: Düwell, Marcus, Hübenthal, Christoph und Werner, Micha H. (Hrsg.): Handbuch Ethik, Stuttgart/Weimar 2002, S. 163–178.

Moore, George E.: Principia Ethica, Stuttgart 1996.

Ott, Konrad: Moralbegründungen, 2., erg. Auflage, Hamburg 2005.

Pieper, Annemarie: Evolutionäre Ethik, in: dies. und Thurnherr, Urs (Hrsg.): Angewandte Ethik. Eine Einführung, München 1998, S. 244–263.

Rawls, John: Eine Theorie der Gerechtigkeit, 9. Auflage, Frankfurt a. M. 1996.

Rippe, Klaus-Peter: Relativismus, in: Düwell, Marcus, Hübenthal, Christoph und Werner, Micha H. (Hrsg.): Handbuch Ethik, Stuttgart/Weimar 2002, S. 481–486.

Scheler, Max: Der Formalismus in der Ethik und die materiale Wertethik. Neuer Versuch eines ethischen Personalismus, Bern 1954.

Schmidt, Thomas: Realismus/Intuitionismus/Naturalismus, in: Düwell, Marcus, Hübenthal, Christoph und Werner, Micha H. (Hrsg.): Handbuch Ethik, Stuttgart/Weimar 2002, S. 49–60.

Steigleder, Klaus: Grundlegung der normativen Ethik. Der Ansatz von Alan Gewirth, Freiburg/München 1999.

Werner, Micha H.: Diskursethik, in: Düwell, Marcus, Hübenthal, Christoph und Werner, Micha H. (Hrsg.): Handbuch Ethik, Stuttgart/Weimar 2002, S. 140–151.

Wolf, Jean-Claude: Ethischer Egoismus, in: EWE, 15/2004, Heft 4, S. 513–519.

Handlungsfolgen 5

Zusammenfassung

Unzweifelhaft sind die Handlungsfolgen für die ethische Beurteilung einer Handlung relevant. Die Menschen brauchen überhaupt nur deswegen moralische Normen, weil von den Folgen ihres Handelns immer auch das Wohl anderer Menschen betroffen ist. Aber nicht in allen ethischen Theorien spielen die Handlungsfolgen dieselbe Rolle (Kapitel 5.1): Während eine *konsequentialistische Ethik* den ethischen Wert einer Handlung ausschließlich an den Handlungsfolgen bemisst, zählt für *Gesinnungsethiker* allein die gute Absicht. Eng verwandt mit diesem Gegensatzpaar ist dasjenige von *teleologischer* und *deontologischer Ethik*. Es zeigte sich bei der Abwägung der Vor- und Nachteile dieser Theorietypen, dass eine gemäßigte Mittelposition angestrebt werden muss. Besonders deutlich werden die Schwierigkeiten, mit denen eine rein konsequentialistisch-teleologische Ethik zu kämpfen hat, beim prototypischen *Utilitarismus* (Kapitel 5.2): Der Zweck der Nutzenmaximierung scheint alle Mittel zu heiligen, die einzelnen Menschen zu instrumentalisieren und keine gerechte Verteilung zu gewährleisten. Ebenfalls inspiriert von der konsequentialistischen Grundintuition sind die *Goldene Regel* (Kapitel 5.3) und das *Verallgemeinerungsprinzip* (Kapitel 5.4). In ihrer

Beschränkung der reinen Folgenorientierung durch personenrelative moralische Kriterien der Gleichbehandlung und Universalisierbarkeit entgehen sie vielen dieser Probleme.

5.1 | Konsequentialistische Ethik und Gesinnungsethik, teleologische Ethik und deontologische Ethik

Im Rahmen der Handlungstheorie des zweiten Kapitels versuchten wir ganz grundsätzlich zu klären, wie weit ein Handlungssubjekt überhaupt für die Folgen seines Handelns verantwortlich gemacht werden kann (vgl. Kapitel 2.3). Auch bei der kritischen Diskussion von Kants Gesinnungsethik und ihrer Transformation durch die Diskursethiker stießen wir auf die grundsätzliche Frage, inwieweit Handlungsfolgen in moralische Überlegungen miteinbezogen werden sollen (vgl. Kapitel 4.2.3a/b). Man kann nun in der philosophischen Ethik verschiedene Theorietypen unterscheiden, je nachdem, welche Bedeutung sie den Handlungsfolgen beimessen: Moralphilosophische Positionen, die den ethischen Wert einer Handlung ausschließlich am Wert der Handlungs*folgen* bemessen, nennt man *konsequentialistisch*. Hier zählen also allein die Folgen oder eben „Konsequenzen" des Handelns. Dabei können nicht nur die zeitlich später eintreffenden, sondern auch die zeitgleich eintretenden Wirkungen gemeint sein. Moralisch geboten wäre dann dasjenige Handeln, das positive Folgen hat bzw. als Fernziel den bestmöglichen erreichbaren Weltzustand bewirkt. Welche Werte bei der Beurteilung dieses Weltzustandes bzw. der Handlungsfolgen ausschlaggebend sind, ist dabei noch völlig offen. Es können sowohl außermoralische Werte sein wie Lust oder Glück als auch moralische wie Wahrhaftigkeit oder Gerechtigkeit. Als Gegensatzkonzept zum Konsequentialismus fungiert die bereits erwähnte *Gesinnungsethik*: Denn diese bemisst den moralischen Wert einer Handlung ausschließlich an der guten Absicht oder eben „Gesinnung" des Handlungssubjekts, ungeachtet der voraussehbaren oder konkreten Handlungsfolgen. Allerdings wird seit Max Weber die „Gesinnungsethik" gerne auch mit der „Verantwortungs-" oder „Erfolgsethik" kontrastiert (vgl. Weber, 79ff.). Wie sich noch

konsequentialistische Ethik

Gesinnungsethik

zeigen wird, stellen diese Kontrastprogramme aber Untergat-
tungen der konsequentialistischen Ethik dar.

Definitionen

> **Konsequentialistische Ethik:**
> Wert einer Handlung bemisst sich ausschließlich an den Folgen („Konse-
> quenzen") der Handlung
> - schreibt vor, welches positive Folgen sind bzw. was der bestmögliche erreich-
>   bare objektive Zustand der Welt sei
> *Vertreter:* Bentham; Utilitarismus (vgl. Kap. 5.3)
>
> **Gesinnungsethik:**
> Wert einer Handlung bemisst sich ausschließlich an der Absicht („Gesinnung")
> des Handlungssubjekts
> - schreibt Pflichten vor bzw. die Art und Weise, wie der Einzelne seinen
>   subjektiven Willen bestimmen soll
> *Vertreter:* Kant; Vernunftethik (vgl. Kap. 4.2.3a)

Anschauungsbeispiel

Ein Mann steht bei einem heraufziehenden Gewitter am Meeresufer und sieht
ein Kind schreiend ertrinken. Er stürzt sich in die Fluten und versucht das Kind zu
retten. Es gelingt ihm nicht, und beide ertrinken im tobenden Meer.

Konsequentialistische Ethik: Der Mann hat ethisch falsch gehandelt, weil die Konsequenzen suboptimal sind. Dass zwei Menschen (Mann und Kind) statt nur einer
(Kind) tot sind, ist ein klarer Misserfolg und ein objektiv schlechterer Zustand.

Gesinnungsethik: Der Mann hat ethisch richtig gehandelt, denn seine Absicht war
eindeutig gut: Er wollte das Leben des um Hilfe schreienden Kindes retten, wurde
aber bei der Ausführung seines Plans vom stürmischen Meer übermannt.

In der philosophischen Ethik fungiert ein zweites prominentes
Gegensatzpaar, das auf den ersten Blick fast kongruent zu
sein scheint mit dem ersten: *teleologische Ethik* und *deontologische
Ethik*. Für diese Unterscheidung lässt sich leider in der philosophischen Literatur eine Fülle verschiedenster Definitionsvor-
schläge finden. Als begriffliches Kuriosum gilt, dass ausgerech-
net Jeremy Bentham, dessen Utilitarismus heute allgemein als
Kronzeuge für eine konsequentialistische teleologische Position
kursiert (vgl. Kapitel 5.2), den Begriff „Deontologie" als erster für
sich verwendete. Viel zitiert wird gegenwärtig der Unterschei-
dungsvorschlag von William Frankena (vgl. Frankena, 32 – 37):
Teleologisch sei jede Ethik, die das moralisch Richtige als Funk-

teleologische vs.
deontologische Ethik

tion des vormoralisch Guten bestimmt. Eine Handlung wäre also moralisch richtig, wenn sie zur Maximierung eines vormoralisch Guten beiträgt. „Vormoralisch" oder „außermoralisch" ist ein Gut, das wie „Lust" unabhängig von moralischen Kriterien definiert werden kann. Zu Recht hat man gegen diesen Definitionsvorschlag eingewendet, er sei zu eng und schließe etwa die klassischen tugendethischen Modelle der Antike aus, bei denen es sich „ganz zweifellos um teleologische Ethiken" handle (vgl. Hübenthal, 63). Nach antikem onto-teleologischem Verständnis ist nämlich das vom Menschen zu erstrebende Gute durch die kosmische ontologische Ordnung vorgegeben und damit nicht völlig abgetrennt vom moralisch Richtigen. Ich plädiere daher für einen weiten Begriff des Teleologischen, der auf den griechischen Ausdruck „telos" = „Ziel" zurückgeht. Teleologisch wäre dann jede Ethik, die zur Verwirklichung eines als gut bestimmten Ziels auffordert, wobei die Kriterien des Guten sowohl moralische als auch außermoralische sein können. Gemeint sind aber zumeist umfassende, höchste Ziele, die sich auf das Leben als Ganzes beziehen. So bestimmt Aristoteles in seiner paradigmatischen teleologischen Ethik das „telos" als „eudaimonia" („Glück"/„gutes Leben"), wobei das gelungene Leben die optimale Entwicklung („Tugendhaftigkeit") aller Seelenteile voraussetzt (vgl. Aristoteles, Kapitel 2 und 6). Während bei *monistischen Theorien* nur ein einziges Gut ausgezeichnet wird, etwa Glück bei Aristoteles oder Lust im hedonistischen Utilitarismus, figurieren in *pluralistischen Konzeptionen* verschiedene Güter wie beispielsweise persönliche Zuneigung, ästhetischer Genuss und Erkenntnis bei Moore (vgl. Moore, 261 und 270). Teleologische Moralprinzipien fordern die Handlungssubjekte entsprechend dazu auf, diese guten Zwecke zu maximieren bzw. zu optimieren.

teleologische Ethik

Den Deontologiebegriff andererseits definiert Frankena lediglich als Negation teleologischer Ethiken: Alle Ethiken, die nicht teleologisch sind, wären demnach deontologisch. Genauso, wie ich seinen Teleologiebegriff als allzu eng ablehne, erscheint mir dieser Definitionsvorschlag als zu vage. Positiv ausgedrückt wäre damit lediglich gesagt, dass die moralische Qualität des Handelns sich nicht aus dem Wert der Handlungsfolgen ergibt. Geht man aber auch hier zu den griechischen Wurzeln zurück, trifft man auf „to deon" = „das Notwendige", „das Gesollte". In einem engeren Sinn gehen deontologische Theorien davon aus, dass es Handlungstypen gibt, die unabhängig von allen Umständen und Folgen *an sich* moralisch richtig oder falsch sind. Die entsprechenden Handlungen sind dann ungeachtet der Konsequenzen geboten oder verboten. Die Moralsubjekte sollen sich zu einer Handlung um genuin moralischer Kriterien wie Menschenwürde, gegenseitige Achtung, Gleichbehandlung oder Unparteilichkeit willen verpflichten statt mit Blick auf positive Folgen. Sollensforderungen in Form konkreter Gebote, Verbote und Pflichten geben diesem Ethiktypus seine besondere Prägung. Zu denken wäre etwa an die Pflicht zur Hilfeleistung oder das Lügeverbot. Deontologische Ethiker legen großen Wert auf eine von empirisch-pragmatischen Folgenüberlegungen unabhängige Begründung moralischer Prinzipien. Typisch deontologische Moralprinzipien sind Testverfahren zur Ermittlung der Richtigkeit oder Falschheit von Handlungen, wie ich sie in Kapitel 4.2.3 zum Konstruktivismus vorstellte: Kants logisches, Hares semantisches und das diskursethische Universalisierungsprinzip sowie das Prinzip konstitutiver Konvergenz von Gewirth. Diese Theorien sind *monistisch*, weil ein einziges Prinzip für die moralische Beurteilung einer Handlung ausreicht. Daneben gibt es auch *pluralistische* deontologische Theorien, die verschiedene Pflichten anführen, etwa die Pflicht zur Dankbarkeit und zur Hilfeleistung bei William Ross (vgl. Ross, 29). Die Zuordnung kontraktualistischer Ansätze zu den deontologischen Theorien ist demgegenüber umstritten, weil sich die vertragliche Einigung auf moralische Regeln vor dem Hintergrund individueller Nutzenmaximierungen vollzieht (vgl. Kap. 4.1.2).

deontologische Ethik

Definition

Teleologische Ethik:
Wert des Handelns bemisst sich ausschließlich am Ziel („telos") der Handlung, das entweder ein außermoralisches oder moralisches Gut sein kann
- ethische Prinzipien sind Faustregeln ohne eigenen moralischen Wert; sie fordern dazu auf, bestimmte Güter zu maximieren

z.B.: • Aristoteles' *Tugendethik* (vgl. Kapitel 7.2): höchstes zu optimierendes Gut = Glück
• Benthams *Utilitarismus*: höchstes zu maximierendes Gut = Lust
• Nietzsches *Egoismus*: höchstes zu optimierendes Gut = Selbstvervollkommnung

Definition

> **Deontologische Ethik:**
> Wert der Handlung bemisst sich an Sollensforderungen („to deon") wie
> konkreten Geboten, Verboten oder allgemeinen Prinzipien, zu denen sich das
> Handlungssubjekt verpflichtet, weil sie ethisch richtiges Handeln garantieren
> * ethische Prinzipien werden unabhängig von Folgenüberlegungen begründet
>   und haben eine eigenständige moralische Bedeutung
> z. B. • Kants *Vernunftethik*: Kategorischer Imperativ
>   • *Diskursethik*: diskursethisches Prinzip
>   • *handlungsreflexiver Ansatz*: Prinzip konstitutiver Konvergenz

Anschauungsbeispiel

Georg, Chemiker und Vater von drei kleinen Kindern, findet nach der Promotion
keine Arbeit. Ein Kollege könnte ihm nun eine gut bezahlte Stelle in einem Labor
vermitteln, das Forschung auf dem Gebiet der chemischen und biologischen
Waffen betreibt. Trotz der großen Sorge um seine Familie schreckt Georg vor
der Annahme der Stelle zurück, weil er aus Überzeugung gegen biologische und
chemische Waffen ist.

Teleologische Argumentation: Georg ist moralisch verpflichtet, die Stelle anzunehmen, weil dies für das Wohl seiner Familie das Beste ist.
* Ziel („telos") = Maximierung des Glücks der Familie

Deontologische Argumentation: Georg darf die Stelle nicht annehmen, weil er
überzeugt ist, dass keine chemischen und biologischen Waffen hergestellt werden
dürfen.
* Sollensforderung („to deon") = Tötungsverbot und Verbot der Waffenherstellung
  (vgl. Ricken, 285, nach Bernhard Williams)

konsequentialistische/
teleologische Ethik

Nach diesem eigenen Definitionsvorschlag kann ein vorsichtiger
Vergleich zwischen Konsequentialismus und Teleologie bzw.
Gesinnungsethik und Deontologie versucht werden. Nehmen
wir uns zuerst den *konsequentialistischen* und den *teleologischen*
Ethiktypus vor, welche beide die Handlungsfolgen ins Zentrum
rücken: Das Ziel („telos") einer Handlung kann natürlich in gewisser Weise als die vom Handlungssubjekt beabsichtigten Folgen („Konsequenzen") seines Tuns verstanden werden. Infolge
meines Plädoyers für einen weiten „Teleologie"-Begriff können
die Ziele oder eben Folgen einer Handlung dabei sowohl unter
amoralischen als auch moralischen Gesichtspunkten bewertet
werden. In beiden Fällen läge zugleich eine konsequentialistische und teleologische Urteilsweise vor, so dass sich die überaus
verwirrende Rede von *konsequentialistisch-teleologischen* versus *kon-*

sequentialistisch-deontologischen Theorien erübrigte (vgl. exemplarisch Ricken, 284 oder Werner, 124). Auch wenn der wünschens-
werte objektive Weltzustand beispielsweise als eine Zunahme
an Gerechtigkeit bestimmt wird, würde der Konsequentialismus
dadurch nicht deontologisch „überhöht", sondern bliebe eine teleologische Ethik mit moralischen Beurteilungskriterien. Einen
Unterschied zwischen einer konsequentialistischen und einer
teleologischen Position könnte man aber darin erblicken, dass
„teleologische Ethik" als der engere Begriff lediglich die vom
Handlungssubjekt *beabsichtigten* Folgen, nicht alle *faktischen* Folgen berücksichtigt. „Konsequentialistische Ethik" als Komple- konsequentialistische
mentärkonzept zur „Gesinnungsethik" umfasst aber sowohl die Ethik:
Erfolgsethik, bei der man sich an den tatsächlich eingetroffenen Erfolgsethik und
faktischen Handlungsfolgen orientiert, als auch eine *Verantwor-* Verantwortungsethik
tungsethik, die sich auf die voraussehbaren, wahrscheinlichen Folgen beschränkt. „Konsequentialistische Ethik" wäre also insofern
der weitere Begriff, da die teleologische Ethik eine radikale Er- teleologische Ethik:
folgsethik ausschließt. Darüber hinaus beziehen sich die Hand- beabsichtigte, umfas-
lungsziele der teleologischen Ethik zumeist auf das gesamte Le- sende Ziele
ben eines Individuums und regeln einen ganzen Lebensbereich.
Bei konsequentialistischen Überlegungen müssen die bewerteten
Folgen hingegen nicht zwangsläufig solche umfassenden höchste Lebensziele darstellen.

Daraufhin gilt es als Zweites zu klären, ob *deontologische Ethik*
mit *Gesinnungsethik* gleichgesetzt werden kann. Beiden Ethik- deontologische Ethik/
typen gemeinsam ist offenkundig, dass den Handlungsfolgen Gesinnungsethik
nicht dieselbe Bedeutung beim moralischen Urteilen zukommt
wie in den konsequentialistischen und teleologischen Modellen. Die „Gesinnungsethik" übertrifft zumindest in der Cha-
rakterisierung durch den renommierten Kritiker Max Weber
die „deontologische Ethik" an Radikalität bei der Ausblendung
der Handlungsfolgen: Die Sorge des Gesinnungsethikers soll al- Gesinnungsethik:
lein der „Flamme der reinen Gesinnung" gelten, und wenn „die Extremposition
Folgen einer aus reiner Gesinnung fließenden Handlung üble
sind, so gilt ihm nicht der Handelnde, sondern die Welt als dafür verantwortlich" (Weber, 80). „Gesinnungsethik" wäre somit
der engere Begriff, weil zwar jede Gesinnungsethik eine deontologische Ethik darstellt, nicht aber umgekehrt. Man muss dann
allerdings prüfen, ob eine solche Extremposition reiner Innerlichkeit und Subjektivität überhaupt je vertreten wurde oder ob

es sich um ein bloßes negatives Zerrbild handelt. Weber erwähnt zwar Kant, hat aber vorrangig die „Ethik der Bergpredigt" im Visier. Dies bestärkt den Verdacht, dass eine säkulare Begründung einer solchen Gesinnungsethik schwierig sein dürfte. Tatsächlich will Kant aber beim Verallgemeinerungstest subjektiver Maximen jegliche empirisch-pragmatischen Folgenüberlegungen ausgeschlossen haben (vgl. Kapitel 4.2.3a). Ungeachtet aller zu erwartenden Handlungsfolgen soll das Handlungssubjekt in seinem Kopf prüfen, ob sich seine Maxime ohne logischen Widerspruch als allgemeines Gesetz denken lässt. Mitunter hat Kant sogar emphatisch den in sich guten, wenn auch völlig wirkungslosen Willen verherrlicht:

> Wenn gleich durch eine besondere Ungunst des Schicksals, oder durch kärgliche Ausstattung einer stiefmütterlichen Natur, es diesem Willen gänzlich an Vermögen fehlte, seine Absicht durchzusetzen; wenn bei seiner größten Bestrebung dennoch nichts von ihm ausgerichtet würde, und nur der gute Wille (freilich nicht etwa ein bloßer Wunsch, sondern die Aufbietung aller Mittel, so weit sie in unserer Gewalt sind) übrig bliebe: so würde er wie ein Juwel doch für sich selbst glänzen, als etwas, das seinen vollen Wert in sich selbst hat. Die Nützlichkeit oder Fruchtlosigkeit kann diesem Werte weder etwas zusetzen, noch abnehmen. (GMS, A/B 4)

Selbst Kant, der die Verantwortung des Handelnden ausdrücklich auf die intelligible Welt des subjektiven Wollens einschränkt, kommt beim Verallgemeinerungstest der Maximen allerdings nicht ohne wenigstens rudimentäre Folgenüberlegungen aus. Die das Testverfahren positiv durchlaufenden Sollensforderungen wie etwa die Pflicht zur Hilfeleistung beanspruchen darüber hinaus bei ihrer Anwendung auf konkrete Handlungssituationen empirisch-pragmatische Folgenüberlegungen. Während Kants deontologische Ethik des kategorischen Imperativs aber durchaus der Gesinnungsethik zugerechnet werden kann, findet man die Handlungsfolgen bei allen anderen deontologischen Konzepten stärker berücksichtigt. Deutlich trat zum Beispiel beim diskursethischen Moralprinzip zutage, dass die Konsequenzen des Handelns für alle Betroffenen explizit in Erwägung gezogen werden müssen (vgl. Kapitel 4.2.3b). Auch der handlungsreflexive Ansatz kümmert sich von Anfang an um die Konsequenzen einer Handlung hinsichtlich der Handlungsfähig-

gemäßigte deontologische Konzepte: Folgen berücksichtigt

keit der vom Handeln Betroffenen (vgl. Kapitel 4.2.3c). Bei solchen gemäßigteren deontologischen Positionen kommt es zwar ebenso primär auf die gute Absicht an. Im Unterschied zu einer reinen Gesinnungsethik fließen aber Reflexionen über die Handlungsfolgen ein. Ausschlaggebender *Grund* für die moralische Richtigkeit einer Handlung sind für alle deontologischen Ethiker freilich nicht diese (positiven) Handlungsfolgen, sondern der rationale Konsens (Diskursethik) oder das Prinzip konstitutiver Konvergenz (Gewirth). Anders als bei konsequentialistischen Betrachtungsweisen verpflichtet man sich zu bestimmten Handlungsweisen nie allein um der wie auch immer definierten positiven Handlungsfolgen willen, sondern mit Blick auf bestimmte Werte oder Prinzipien von genuin moralischer Bedeutung.

Die Gretchenfrage, ob in der Ethik gesinnungsethische/deontologische oder konsequentialistische/teleologische Ansätze den Vorzug verdienen, ist schwer zu beantworten. Dies liegt zweifellos auch daran, dass es sich dabei um grobe Typisierungen handelt, die der hohen Eigenkomplexität vieler ethischer Positionen nicht gerecht werden. Auszugehen wäre vielleicht besser von einer breiten Skala mit zahlreichen Abstufungen von einer vernachlässigbaren über eine große bis hin zu einer ausschließlichen Bedeutung der Handlungsfolgen für moralisches Urteilen (vgl. Tabelle S. 139). Je mehr man aber derart differenziert, desto stärker verwischen sich die auf den ersten Blick klaren Grenzen zwischen Gesinnungs- und deontologischer Ethik einerseits und konsequentialistischer und teleologischer Ethik andererseits. Gerade bei einem weiten Begriff von „konsequentialistisch"/„teleologisch" kann es durchaus sein, dass abgeschwächte konsequentialistische Handlungsprinzipien wie die Goldene Regel oder das Verallgemeinerungsprinzip (vgl. Kapitel 5.3 und 5.4) starke deontologische Momente aufweisen. Umgekehrt wächst der Anteil an konsequentialistisch-teleologischen Komponenten bei deontologischen Modellen in dem Maß, wie die Bedeutung der Handlungsfolgen zunimmt. Es ist daher wenig sinnvoll, die verschiedenen Ethiktypen gegeneinander ins Rennen zu schicken und dem einen gleichsam den Zuschlag zu geben. Ich möchte demgegenüber versuchen, auf einige grundlegende Vor- und Nachteile aufmerksam zu machen.

Als wesentlicher Vorzug einer Gesinnungsethik und streng deontologischen Ethik wird immer wieder die Einfachheit und leichte Handhabbarkeit vorgebracht. Im Kontrast zu komplexen

Vorzüge der
Gesinnungsethik

Folgenabschätzungen und schwierigen Interessenabwägungen sollen deontologische Sollensforderungen überschaubare Vorschriften liefern. Einen Kanon von klaren Ge- und Verboten wie die biblischen „zehn Gebote" dürften aber nur gesinnungsethische, letztlich religiös fundierte Lehren zur Verfügung stellen. Auch wenn praktikable Regeln für die menschliche Praxis unerlässlich sind, kann die Einfachheit natürlich kein Kriterium für moralische Richtigkeit oder Legitimität sein. Ein weiterer Grund, der für gesinnungsethische und deontologische Ansätze gern ins Feld geführt wird, ist die Einschränkung des Verantwortungsbereichs: Das Handlungssubjekt dürfe immer nur für das verantwortlich gemacht werden, worauf es hinreichenden Einfluss habe. Dies sei aber lediglich der Wille des Subjekts, nicht die Handlung oder gar deren Folgen. Daher dürfe in Höffes Worten „das nackte Resultat, der objektiv beobachtbare Erfolg, kein Gradmesser der Moralität sein." (Höffe 1992b, 180) Zugegebenermaßen lehrt die Erfahrung, dass die „Welt", das „Schicksal" oder andere Menschen unsere Pläne durchkreuzen oder etwas völlig anderes daraus machen können. Gleichwohl ist die Absicht sicherlich nicht das Einzige, worauf wir Einfluss nehmen können.

Kritik an Gesinnungs-
ethik

Vielmehr steht auch in unserer Macht, was und wie viel wir über uns selbst und die Welt wissen und wie gut wir die Folgen unseres Handelns voraussehen und manipulieren können. Statt sich also auf den gesinnungsethischen Slogan zurückzuziehen: „Auf die Absicht kommt es an!" müssten auch nicht beabsichtigte, aber beeinflussbare Folgen dem persönlichen Verantwortungsbereich zugeschlagen werden. Wo absehbare negative Konsequenzen nicht vermieden werden können, wäre die Handlung zu unterlassen. Eine radikale Gesinnungsethik der reinen Innerlichkeit kann sich also nicht auf das Argument berufen, wir hätten einzig und allein auf unseren eigenen Willen Einfluss.

Da man das Handlungssubjekt nicht von der Verantwortung für die Folgen seines Handelns befreien kann, hat man sich sicherlich von Extrempositionen wie der rigoristischen deontologischen Gesinnungsethik mit kategorischem Anspruch zu distanzieren. Schließlich trifft man am Ursprung der Moral auf den einfachen Umstand, dass Menschen von den Handlungsfolgen anderer in ihrem Wohl und Wehe betroffen sind. Eine wesentliche Funktion moralischer Werte und Normen besteht darin, die Menschen gegenseitig vor den schädlichen Folgen rücksichts-

Vorzüge der konse-
quentialistischen/
teleologischen Ethik

loser Handlungen zu schützen und die bestmögliche Form des menschlichen Zusammenlebens zu garantieren (vgl. Kapitel 1.1). Aufgrund dessen wäre es tatsächlich „mindestens merkwürdig, wenn nicht auch die moralische *Beurteilung* unserer Handlungen mit den Folgen unserer Handlungen für andere zu tun hätte." (Köhl, 37). Obgleich aus der Perspektive der Betroffenen natürlich die *faktischen* Folgen für die eigene Interessenlage relevant sind, behält der gesinnungsethische Vorbehalt seine Berechtigung: Zum einen können (negative) Folgen eintreten, die niemand hätte voraussehen können und für die man nicht verantwortlich gemacht werden darf. Zum anderen würden moralische Stellungnahmen immer nur retrospektiv in Kraft treten können; nämlich erst dann, wenn die Kausalketten (womöglich nach Jahrzehnten) zum Stillstand gekommen sind und der Wert der Handlungsfolgen feststünde. Um aber für das Handeln der Menschen eine Orientierungshilfe darzustellen, wäre eine moralische Beurteilung *vor* dem tatsächlichen Handeln erforderlich. Diese müsste sich weder an den faktischen, tatsächlich eintreffenden noch an den vom Subjekt intendierten, sondern an den *wahrscheinlichen* und mit den Erkenntnismitteln der jeweiligen Zeit *voraussehbaren* Folgen bemessen (vgl. Kapitel 2.3). Damit scheidet auch die Erfolgsethik mit ihrer Berücksichtigung der faktischen Folgen als extremes Pendant zur Gesinnungsethik aus.

Kritik an der Erfolgsethik

nur voraussehbare Folgen

Auch wenn die Orientierung an den voraussehbaren Folgen des Handelns ein großer Vorzug des konsequentialistischen, teleologischen Ethiktyps zu sein scheint, erweist sich bei einer genaueren Betrachtung eine *ausschließliche* Folgenorientierung als höchst problematisch. Macht man nämlich die Maximierung bestimmter Güter zum alleinigen Maßstab ethischen Handelns, werden die Menschen zu Mitteln einer solchen Gütermaximierung degradiert. Es zählen dann einzig die erreichten Verbesserungen oder Verschlechterungen des objektiven Weltzustandes, nicht aber die einzelnen Persönlichkeiten. Die Würde und die Rechte der Menschen drohen ihren Wert zu verlieren oder sind gegeneinander aufrechenbar. Eine gleiche oder gerechte Güterverteilung ist durch die Maximierung der Güter in keiner Weise garantiert. Wie bei Nietzsches Egoismus bereits zutage trat (vgl. Kapitel 3.1.1) und beim Utilitarismus nochmals deutlich werden wird (Kapitel 5.2), kann insbesondere die Maximierung außermoralischer Güter zu moralischen Katastrophen wie dem Töten schwacher, kranker Menschen zugunsten starker führen.

Probleme ausschließlicher Folgenorientierung

Angesichts dieser Probleme einer ausschließlichen Folgenorientierung ist man geneigt, die deontologische Kernthese zu bekräftigen, dass es in sich verbotene Handlungen gibt; nämlich beispielsweise das Töten unschuldiger Menschen. Auch wenn man aber gewisse Sollensforderungen gelten lässt, müsste man auf den Anspruch absoluter Verbindlichkeit solcher Ver- und Gebote verzichten. Denn dies führte zum kontraintuitiven Rigorismus, den man Kant zu Recht zum Vorwurf machte. So soll beispielsweise das Lügeverbot nach Kant uneingeschränkt gelten, auch wo man durch eine (Not-)Lüge das Leben eines Freundes retten könnte (vgl. Kant 1997): Selbst wenn ein Mörder mich nach dem Verbleib des in meinem Haus versteckten, völlig unschuldig verfolgten Freundes fragte, müsste ich nach Kant die Wahrheit sagen und den Freund verraten. Es ist aber evident, dass hier das Lügeverbot kollidiert mit der unwünschbaren Konsequenz der Tötung eines unschuldigen Menschen (bzw. der Pflicht zum Schutz unschuldigen Lebens). Eine situationssensible Güterabwägung würde sicherlich zur zeitweiligen Aufhebung des Verbots veranlassen. Um einen moralischen Rigorismus der Gesinnung zu vermeiden, wäre von einer *relativen Ausnahmslosigkeit bestimmter Handlungstypen* auszugehen.

Abschließend lässt sich festhalten: Ein idealer Ethiktyp müsste sich wohl im gemäßigten Mittelfeld zwischen der Skylla kompromissloser deontologischer Sollensforderungen und der Charybdis ausschließlicher konsequentialistischer Folgenorientierung bewegen. Einerseits wäre von deontologischen Handlungsforderungen oder Moralprinzipien zu erwarten, dass konsequentialistische Überlegungen in das Moralprinzip selbst einbezogen werden und bei der Umsetzung der Forderungen ausreichend Raum erhalten. Im konkreten Einzelfall wie beim kantschen Beispiel der Anwendung des Lügeverbots wäre der Wert des Handlungstyps gegen den Wert der Handlungsfolgen in die Waagschale zu legen. Vorbildliche deontologische Prinzipien sind die bereits erwähnten, reflexiv-rekonstruktiv begründeten Verfahren der Diskursethik und des handlungsreflexiven Ansatzes (vgl. Kapitel 4.2.3). Nimmt man andererseits wie im vorliegenden Kapitel zu den Handlungsfolgen den Ausgangspunkt bei konsequentialistischen Modellen, müssten diese abgeschwächt werden, indem personenrelative, genuin moralische Bewertungskriterien wie Menschenwürde, Gleichbehandlung oder Gerechtigkeit zugelas-

Probleme kategorischer Sollensforderungen

relative Ausnahmslosigkeit von Handlungstypen

Die Bedeutung der Handlungsfolgen in unterschiedlichen Ethiktypen:

ausschließliche Bedeutung | wichtige Bedeutung | keine Bedeutung →

konsequentialistische Ethik

Erfolgsethik
faktische Folgen ausschlaggebend

Verantwortungsethik
voraussehbare Folgen ausschlaggebend

teleologische Ethik
– beabsichtigte Ziele des Handelns ausschlaggebend
– Moralprinzipien lediglich Faustregeln zur Gütermaximierung
z.B. – Eudaimonismus (Aristoteles)
– Utilitarismus (Kap. 5.2)

abgeschwächte konsequentialistische/teleologische Ethik
– beabsichtigte Folgen/Ziele des Handelns ausschlaggebend
– moralische Zusatzkriterien (z.B. Reziprozität/Universalität/Gerechtigkeit)
z.B. – Goldene Regel
– Verallgemeinerungsprinzip

gemäßigte deontologische Ethik
– Verpflichtung des Handlungssubjekts zu Sollensforderungen (Ge-/Verbote/allgemeine Prinzipien) von genuin moralischem Wert
– konsequentialistische Überlegungen fließen in Moralprinzipien ein
z.B. – Diskursethik (Habermas/Apel)
– handlungsreflexiver Ansatz (Gewirth)

Gesinnungsethik
Absicht des Handlungssubjekts ausschlaggebend
z.B. – Ethik der Bergpredigt
– Vernunftethik (Kant)

deontologische Ethik

sen bzw. moralische Güter als Ziele anvisiert werden. Als Paradigma einer radikal konsequentialistischen Ethik mit all ihren inhärenten Schwierigkeiten soll zunächst der *Utilitarismus* vorgestellt werden (Kapitel 5.2). Danach analysiere ich zwei ethische Prinzipien, bei denen die Handlungsfolgen zwar gleichfalls im Zentrum stehen. Die konsequentialistische Folgenorientierung wird aber kombiniert mit der deontologischen Idee des Sich-Verpflichtens zu gegenseitiger Anerkennung, Reziprozität und Universalität. Weder die *Goldene Regel* (Kapitel 5.3) noch das *Verallgemeinerungsprinzip* (Kapitel 5.4) werden allerdings unabhängig von empirisch-pragmatischen Folgenüberlegungen begründet wie die konstruktivistischen deontologischen Moralkriterien. Eher der moralischen Alltagspraxis als der Feder von Philosophen entstammend, behalten die onmipräsenten Formeln vielmehr den Charakter konsequentialistischer Faustregeln.

5.2 | Utilitarismus

Während ich in Kapitel 4.2.3 ausführlich einige Vertreter der deontologischen Ethik zu Wort kommen ließ, soll in diesem Kapitel die meistdiskutierte und prototypische Variante einer zugleich konsequentialistischen und teleologischen Position ins Blickfeld

Utilitarismus

rücken: der *Utilitarismus*. Begründet wurde er Ende des 18. Jahrhunderts vom Briten Jeremy Bentham und erfreute sich insbesondere im englischsprachigen Raum stets großer Beliebtheit. Im 20. Jahrhundert entfachte sich eine heftige Kritikwelle am utilitaristischen Gedankengut. Gleichzeitig gab es eine große Zahl von Versuchen, dieses zu erneuern und weiterzuentwickeln. Unter dem Begriff „Utilitarismus" wird daher ein breites Spektrum unterschiedlicher Ansätze vereint. In den folgenden Kernthesen stimmen aber alle Spielarten des Utilitarismus überein: Sie sind

konsequentialistisch

alle *konsequentialistisch*, weil der Wert einer Handlung ausschließlich an den Folgen der Handlung bemessen wird. Ausschlaggebend für die Bewertung der Folgen ist der Nutzen, lateinisch „utilitas". Am besten sei diejenige Handlung, die am meisten Nutzen verspricht. Da im Utilitarismus sinnvollerweise nur die voraussehbaren Folgen zählen, die das Handlungssubjekt beim utilitaristischen Kalkül ins Auge fasst, handelt es sich zugleich um eine

teleologisch

teleologische Position. Der Nutzen als Ziel und Konsequenz des

Handelns stellt ein außermoralisches Gut dar. Dabei geht es nicht nur um den Nutzen des Handelnden selbst, sondern um denjenigen aller von der Handlung Betroffenen. Die utilitaristische Maxime „Größtmöglicher Nutzen für die größtmögliche Zahl" ist somit nicht egoistisch, sondern *universalistisch*. Entsprechend der moralischen Grundforderung nach einem unparteiischen Standpunkt sollen alle Betroffenen in gleicher Weise ins Nutzenkalkül miteinbezogen werden, ohne Rücksicht auf persönliche Beziehungen oder Feindschaften. Sämtliche empirisch-pragmatischen Begründungsversuche des utilitaristischen Moralprinzips sind demgegenüber zum Scheitern verurteilt. Denn aus der angeblichen Tatsache, dass jeder Mensch nach größtmöglichem persönlichen Nutzen strebt und dadurch zur Vermehrung des Gesamtnutzens beiträgt, lässt sich nicht ableiten, dass alle auf die Maximierung des allgemeinen Nutzens abzielen oder abzielen sollen (vgl. Höffe1992c, 24).

> **Utilitarismus:**
> Gut ist diejenige Handlung, die den größtmöglichen Nutzen für alle von der Handlung Betroffenen verspricht.

Um ein solches Nutzenkalkül in einer konkreten Entscheidungssituation durchführen zu können, müsste man natürlich noch näher bestimmen, was man genau unter „Nutzen" zu verstehen hat. Hier scheiden sich denn auch bereits die Geister der utilitaristischen Denker. Im klassischen Utilitarismus, repräsentiert durch Bentham und seinen Nachfolger John S. Mill, nahm man eine *hedonistische* Interpretation des „Nutzens" vor: Der Nutzen wird identifiziert mit „Lust" („pleasure") oder einem hedonistisch verstandenen Glück („happiness"), und der „Unlust" („pain") oder dem „Unglück" („unhappiness") entgegengesetzt (vgl. Kapitel 4.2.1). Für den Gründervater spielte es dabei keine Rolle, aus welcher Quelle die einzelnen Betroffenen ihre Lust oder Unlust bezogen. Seine Toleranz fand ihren pointiertesten Ausdruck im berühmten Diktum „quantity of pleasure being equal, pushpin (ein anspruchsloses Kinderspiel) is as good as poetry". Während Bentham im Zeichen eines *quantitativen Hedonismus* lediglich quantitative, d. h. mengenmäßige Kriterien wie Intensität, Dauer oder Anzahl der subjektiven Lustempfindungen gelten lässt (vgl. Bentham, 79), projektiert Mill einen *qualitativen Hedonismus* mit

Randnotizen:
universalistisch

Kritik an Begründung

Definition

hedonistischer (klassischer) Utilitarismus: Nutzen = Lust/Glück

quantitativer vs. qualitativer Hedonismus

zusätzlicher Berücksichtigung der Qualität oder Beschaffenheit einer Lust: „Es ist besser, ein unzufriedener Mensch zu sein als ein zufriedenes Schwein; besser ein unzufriedener Sokrates als ein zufriedener Narr." (Mill, 18). Mill macht die Qualität einer Lust abhängig von den Quellen, denen sie entspringt, d. h. von der Art der Tätigkeit, die sie begleitet. Höher zu bewerten sei die Lust aus geistigen und sozialen Tätigkeiten, bei denen typisch menschliche Fähigkeiten zum Einsatz kommen, die nur dank sorgfältiger Erziehung und Bildung entwickelt werden können. Die „niedrige Lust" aus der Befriedigung angeborener sinnlicher Triebbedürfnisse, die der Mensch mit den Schweinen teilt, soll hingegen im utilitaristischen Kalkül weniger zu Buche schlagen.

Kritik am hedonistischen Utilitarismus

Gegen den hedonistischen Utilitarismus wären natürlich dieselben Einwände geltend zu machen wie gegen den Hedonismus allgemein, die ich in Kapitel 4.2.1 versammelte. Dem seit der Antike gängigen schwerwiegenden Vorwurf der Unterjochung unter animalische Triebe und eines ausschweifenden Sinnengenusses hoffte Mill mit seinem qualitativen Hedonismus einen Riegel vorzuschieben. Es ist aber nicht nur unklar, auf welche Weise man beispielsweise eine qualitativ höher stehende, aber in quantitativer Hinsicht mit wenig Lust verbundene Tätigkeit wie das Bücherschreiben mit einem höchst intensiven, sinnlichen Genuss etwa beim Sexualakt miteinander „verrechnen" können soll. Da das hedonistische Programm lediglich dazu anleitet, ein (quantitatives) Maximum an Lust zu erzielen, ist der qualitative Hedonismus vielmehr in sich selbst widersprüchlich. Mills Unzufriedenheit mit einer hedonistischen „Ethik für Genussmenschen" zeugt aber wohl von seiner Ahnung, dass die hedonistische Interpretation des „Nutzens" als „Lust" dem Glücksstreben des Menschen nicht gerecht wird. Denn im Unterschied vielleicht zu Schweinen dürfte kaum ein Mensch zufrieden sein mit einem Maximum an subjektivem Wohlbefinden. Das typisch menschliche Glück eines gelingenden Lebens findet er erst dank der Verwirklichung selbstgesetzter, herausfordernder Ziele, wofür spezifisch menschliche Fähigkeiten und hohe Qualifikationen erforderlich sind (vgl. Fenner 2007, 144ff.).

Präferenzutilitarismus

Mill scheint denn auch die Idee des *Präferenzutilitarismus* zu antizipieren, indem er immer wieder betont, Menschen, die höhere und niedere Quellen der Lust gleichermaßen kennen, würden die ersteren entschieden vorziehen („to prefer"). Präferenzutilitaristen definieren den „Nutzen" nämlich nicht als positive innerliche Befindlichkeit („pleasure") wie Lust, Freude oder Glück, sondern als objektive Erfüllung von Präferenzen. „Präferenzen", abgeleitet von französisch „préférence" („Vorzug", „Vorliebe"), sind das, was jeder für sich selbst wünscht oder erstrebt, also seine Wünsche und Ziele. Dabei zählen nicht nur gegenwartsbezogene Wünsche, sondern auch solche, die sich auf die nahe oder ferne Zukunft richten. Ein präferenzorientierter Utilitarismus wird von Richard Hare (*Freiheit und Vernunft*, insbesondere Kapitel 7), James Griffin (*Well-beeing*) und Peter Singer (*Praktische Ethik*, insbesondere 128f.) vertreten und basiert auf einem erheblich solideren anthropologischen Fundament. Denn für das Glück von Menschen, die anders als Schweine zu ihrem Leben wertend Stellung beziehen können, ist es zentral, dass die wichtigsten Lebensziele in Erfüllung gehen.

Nutzen = Erfüllung von Präferenzen

Klassischer Utilitarismus: Nutzen = Lust/subjektives Wohlbefinden („pleasure") *Problem:* unplausibles anthropologisches Fundament
Präferenzutilitarismus: Nutzen = Erfüllung von Präferenzen (Wünschen/Zielen)

Utilitarismus

Sowohl die klassisch-hedonistischen als auch die Präferenztheorien des Utilitarismus fordern im Grunde dazu auf, das utilitaristische Nutzenkalkül auf jede einzelne Handlung immer wieder von Neuem anzuwenden. Dies scheint aber zum einen eine im praktischen Alltag kaum zu bewältigende Aufgabe zu sein. Zum anderen ist das utilitaristische Moralprinzip reichlich abstrakt und dürfte den Einzelnen kaum ausreichend zu entsprechendem Handeln motivieren. Schließlich droht das Fehlen allgemein gültiger moralischer Normen eine Gesellschaft zu destabilisieren, weil die Entscheidungen und Handlungen der Einzelnen dann schwerer prognostizierbar und koordinierbar sind. Aus diesen Gründen hat man später den an der Einzelhandlung ausgerichteten *Handlungsutilitarismus* durch einen Regelutilitarismus ergänzt: Im *Regelutilitarismus* werden, wie der Name bereits anzeigt, nicht einzelne Handlungen mittels des utilitaristischen Moralprinzips überprüft, sondern Handlungsregeln oder Normen. Es steht also nicht der Nutzen von Einzelhandlungen in Frage, sondern derjenige von Handlungsregeln. Man testet, mit welchen moralischen Regeln sich der größtmögliche Nutzen für eine Gemeinschaft erzielen lässt. Dies kann etwa

Handlungsutilitarismus vs. Regelutilitarismus

die Norm sein, immer die Wahrheit zu sagen. Das Handlungssubjekt braucht sich dann nicht mehr am utilitaristischen Pri-
märprinzip zu orientieren, sondern lediglich die konkreten Se-
kundärprinzipien bzw. Handlungsregeln zu befolgen. Ethisch
gut wäre eine Handlung dann, wenn sie mit den festgelegten
Normen übereinstimmt. Diesen kommt eine eigenständige, unabhängig von tatsächlichen Einzelfolgen bestehende ethische
Geltung zu. Auch wenn die Befolgung einer Regel im konkreten
Einzelfall katastrophale Folgen erwarten lässt, dürfte sie Re-
gelutilitaristen zufolge nicht verletzt werden. So müsste man
etwa im kantschen Beispielfall das Versteck eines unschuldig
verfolgten Freundes gegenüber seinem Mörder verraten. Denn
man soll ja immer die Wahrheit sagen, auch wenn die Folgen
verheerend sind. Beim Regelutilitarismus handelt es sich folglich um einen „ethischen Zwitter", da die Einzelpersonen deontologisch handeln statt utilitaristisch-konsequentialistisch zu
denken. Lässt man andererseits jedoch Ausnahmen etwa für den
geschilderten Einzelfall zu, verschwimmt die Grenze zwischen
Handlungs- und Regelutilitarismus (vgl. dazu Birnbacher 2002,
99f.).

Handlungs-/
Regelutilitarismus

Handlungsutilitarismus: Wert der Handlung bemisst sich an den Folgen der
Handlung
Probleme:
- Überforderung im praktischen Alltag
- Destabilisierung der Gesellschaft

Regelutilitarismus: Wert der Handlung bemisst sich an der Einhaltung bzw.
Verletzung von Normen
Probleme:
- deontologisch-teleologischer Zwitter
- negative Folgen konkreter Handlungen möglich

Kritik

Anwendungsproblem

Gehen wir zu einer Kritik am Utilitarismus allgemein über, haben wir das erste Problem der Anwendung des utilitaristischen
Moralprinzips bereits erwähnt. Denn es spitzt sich zweifellos zu
in Mills qualitativem Hedonismus, bei dem qualitativ und quantitativ äußerst heterogene Lustarten miteinander verrechnet
werden sollen. Doch schon beim einfacheren quantitativen Hedonismus Benthams kann man sich fragen, wie man überhaupt

individuelle Lustquanten verschiedener Personen miteinander verrechnen können soll. Während wir in alltäglichen Situationen für uns selbst immer wieder mit Erfolg die Quanten an Lust gegeneinander abwägen, die etwa das Eisessen mit unseren Freunden oder das Anschauen eines spannenden Films versprechen, gestalten sich zwischenmenschliche Interessenkonflikte komplizierter. Im Unterschied zu kaum messbaren und intersubjektiv vergleichbaren inneren Zuständen subjektiven Wohlbefindens scheinen Präferenzen, die jemand in seinem Verhalten oder seinen Äußerungen manifestiert, leichter überprüfbar zu sein. Es fehlt aber in allen drei Modellen eine exakte Maßeinheit, um die Stärke einer Lust oder einer Strebenstendenz interindividuell bestimmen zu können. Wenn Max den klaren Wunsch äußert, mit mir Eis essen zu gehen, Anna mich aber dringend bittet, ihr beim Umzug zu helfen, während doch mein Freund zuhause schon lange auf mich wartet, ist ein Nutzenvergleich zwischen den betroffenen Personen nicht mehr exakt möglich. Damit das utilitaristische Moralprinzip mehr sein könnte als eine vage Faustregel oder „regulative Idee" (Höffe 2003, 42), müsste man zuallererst eine (willkürliche) Punkteskala einführen. Pieper hat dies am Beispiel des Autokaufs einer Familie mit einer Skala von 0 – 7 vordemonstriert. Zusätzlich orientiert sie sich an Benthams Kriterien zur Messung der Quantität einer Lust- bzw. Unlustempfindung. Es handelt sich um a) die Intensität, b) die Dauer der Empfindung und c) die Gewissheit oder Ungewissheit des Eintreffens der Lust/Unlust, d) Nähe oder Ferne des lustbringenden Ereignisses, e) Folgenträchtigkeit, d. h. Wahrscheinlichkeit der Nachfolge ähnlicher Lusterlebnisse, f) Reinheit der Lust, d. h. keine Gefahr von Unlusterlebnissen.

keine exakte Maßeinheit

Anschauungsbeispiel

Eine Familie braucht ein neues Auto. Der Vater träumt schon lange von einem schnellen Wagen und plädiert für einen Porsche. Doch bedeutete dieser Kauf für die Familie wirklich den größtmöglichen Nutzen?

Utilitaristisches Nutzenkalkül (nach Bentham):
Die Intensität der Freude (a) beträgt für den Vater 7 Punkte; die Dauer (b) angesichts der Lebensdauer eines Autos von durchschnittlich 5 Jahren rund 5 Punkte (einen Punkt für jedes Jahr); die Gewissheit des Eintreffens seiner Freude (c) 6 Punkte; hinsichtlich der Nähe des Eintreffens (d) ist ein Unsicherheitsfaktor zu berücksichtigen, weil das Familienbudget nur für den Kauf eines gebrauchten Mit-

telklassewagens ausreicht, also bloß 2 Punkte; aufgrund der zu erwartenden hohen Folgekosten ist auch die Folgenträchtigkeit (e) nicht höher als etwa 3 Punkte zu veranschlagen; und die Reinheit (f) seiner Lust dürfte erheblich getrübt sein durch die Vorwürfe seitens der Mutter, also kaum mehr als 2 Punkte ergeben. Die Intensität des Leids (a) für die Mutter hingegen beträgt 6 Punkte, weil sie keine schnellen Wagen liebt, aber doch Verständnis hat für die Freude ihres Mannes; die Dauer (b) gleichfalls 5 Punkte; die Gewissheit (c) 7 Punkte; die Nähe des Eintreffens (d) ergibt wie bei ihrem Man lediglich 2 Punkte; da ihr Leid beim Porschekauf sicherlich weitere Leiden mit sich bringen wird, etwa weil der Vater mehr Zeit im Auto als mit den Kindern verbringt oder der Hund nicht mehr transportiert werden kann, sind für die Folgenträchtigkeit (e) 6 Punkte zu veranschlagen; genauso auch bei der Reinheit (f) aufgrund des völligen Fehlens irgendeiner Freude seitens der Mutter nochmals 6 Punkte.

Ohne Berücksichtigung der Punktebilanz der Kinder ergäbe die Summe der Freude des Vaters 25 Punkte, des Leids der Mutter 32 Minuspunkte, so dass man einen negativen Gesamtnutzen von minus 7 Punkten errechnen kann. Die Handlung des Porschekaufs wäre also vor dem Hintergrund nutzentheoretischer Überlegungen als ethisch verwerflich zu taxieren. (nach Pieper 2001, 113f.)

---

keine Kritik der Lust/
Präferenzen

Gegen den Utilitarismus ist zum zweiten immer wieder geltend gemacht worden, dass er eine Kritik der Lust bzw. der Präferenzen vermissen lasse. Keineswegs dürfe aber jede Lust oder jede Präferenz der Betroffenen unkritisch ins utilitaristische Kalkül aufgenommen werden, sondern lediglich die „kalkulationswürdigen" (vgl. Höffe 2003, 21). Doch welche verdienen das Prädikat „kalkulationswürdig"? Zunächst müsste man wohl die Lüste bzw. Präferenzen ausschließen, die dem Handlungssubjekt selbst schaden. So hat bereits Platon auf die absurde Konsequenz aufmerksam gemacht, dass sich alle Hedonisten juckende Hautausschläge („Krätze") wünschen müssten, weil das Reiben derselben mit großem Lustgewinn verbunden sei (vgl. Platon: Phil., 46a). Etwas aktuellere Beispiele wären etwa die Lust aus einer gleichfalls gesundheitsschädigenden Spielsucht oder Internetsucht bzw. die Erfüllung der entsprechenden pathologischen Präferenzen. Zweitens müssten die Lust bzw. die Wünsche hinreichend informiert oder aufgeklärt sein; d. h. sie dürften nicht auf falschen Informationen über die Handlungssituation basieren. Zumindest diese Differenzierung stammt aus den eigenen Reihen gegenwärtiger Präferenzutilitaristen (vgl. Griffin, 16). So dürften beispielsweise Wohlgefühle aus einer Liebesbeziehung, bei der die Frau ihren ahnungslosen Mann schamlos betrügt, nicht berücksichtigt werden. Auch der Wunsch nach einem Bild von van Gogh, von dem dem Wünschenden noch nicht bekannt ist, dass es sich bloß um ein Imitat handelt, müsste als uninformiert disqualifiziert werden. Vor allen Dingen aber gälte es drittens Lustempfindungen oder Interessen auszusortieren, die an egoistische, asoziale Bestrebungen geknüpft sind. Asozial wären etwa die Lust oder die Präferenz eines Sadisten, seine Mitmenschen ohne Grund zu quälen oder diejenige eines Ausländerhassers, Asylantenheime in Brand zu stecken. Selbst wenn der gesellschaftliche Gesamtnutzen in einer ausländerfeindlichen Gesellschaft durch ein solches egoistisches Verfolgen der eigenen Interessen auf Kosten fremder optimiert würde, lässt es sich mit einer moralphilosophischen Position schwerlich vereinen (vgl. Kapitel 4.1.1). Es wäre ein Widerspruch, moralisch schlechte Handlungen zuzulassen, um ein moralisch gutes Gesamtresultat zu erzielen. Der utilitaristische Zweck heiligt nicht sämtliche Mittel.

Unseren moralischen Grundintuitionen widerspricht nicht nur die unkritische Berücksichtigung egoistischer, asozialer Lüste oder Präferenzen, sondern auch das damit eng verbundene Problem der Gerechtigkeit (vgl. Kapitel 6.3): Obgleich alle direkt oder indirekt betroffenen Personen beim utilitaristischen Nutzenkalkül gleichermaßen und unparteiisch berücksichtigt werden sollen, ist damit noch keine distributive oder verteilende Gerechtigkeit garantiert. Denn es zählt am Ende nur das quantitative Maximum an Lust bzw. Wunscherfüllungen, ungeachtet dessen, auf wen oder auf wie viele Personen es verteilt ist. Man stelle sich etwa ein Dorf vor, in dem zu wenig Raum zum Spielen im Freien für die Kinder vorhanden ist, weil jeder Quadratmeter entweder bebaut oder bepflanzt ist. Es gibt allerdings einen reichen Geschäftsmann im Dorf, der eine große Villa und einen weitläufigen, praktisch ungenutzten Garten besitzt. Ohne dessen Anhörung beschließt die Dorfgemeinschaft, auf seinem Grundstück einen Kinderspielplatz zu errichten. Da die Freude aller kinderreichen Dorffamilien das Leid des Kaufmanns bei Weitem übertreffen dürfte, müsste dieses Unterfangen utilitaristisch gebilligt werden. Vom Standpunkt der Gerechtigkeit aus wäre aber eine solche Enteignung eindeutig zu verwerfen, weil der Kaufmann nicht nur ein Interesse an seinem Garten hat, sondern ihn auch rechtmäßig erworben hat. Noch extremer ist folgende Vorstellung: Man tötet einen völlig gesunden Obdachlosen, um seine

keine Gerechtigkeit

Organe zu transplantieren. Auf diese Weise kann das Leben von fünf Notfallpatienten gerettet werden, die vergeblich auf einen freiwilligen Organspender gewartet hatten. Auch hier liegt zweifellos eine Nutzenoptimierung vor, indem die Summe der Lust bzw. Präferenzerfüllung der fünf Geretteten eine sehr viel positivere Bilanz ergibt als diejenige im entbehrungsreichen Leben des Obdachlosen. Insbesondere die Ausbeutung von Minderheiten oder Außenseitern einer Gesellschaft scheint sich anhand des utilitaristischen Nutzensummenprinzips rechtfertigen zu lassen. Macht man die Maximierung des Nutzens zum einzigen Maßstab der ethischen Beurteilung einer Handlung, droht das Recht auf Selbstbestimmung (vgl. Kapitel 6.1) einem totalitaristischen Kollektivismus zum Opfer zu fallen: Weder der enteignete Kaufmann noch der getötete Obdachlose wurden gefragt, ob sie die utilitaristische Denk- und Handlungsweise gutheißen können. Dass hierbei die Würde von Personen und grundlegende Menschenrechte verletzt werden, erscheint uns als moralische Katastrophe. Weil Würde und Menschenrechte allen Menschen gleichermaßen zukommen sollen, empfinden wir die Zuteilung des Grundstücks und die Entnahme der Organe als ungerecht.

Bentham und die Utilitaristen seiner Zeit gingen bei ihrem durchaus sozialreformerischen, demokratischen Engagement wie selbstverständlich davon aus, dass der einfachste Weg zur Nutzenmaximierung die Ausweitung des Nutzens auf möglichst viele Menschen darstelle. Er plädierte absurderweise sogar für eine Vermehrung der Menschheit durch eine Erhöhung der Geburtenrate (vgl. Birnbacher 2002, 100)! Da aber trotz der Maxime „Größtmögliches Glück für die größtmögliche Zahl" die Zahl der Betroffenen nicht als *zusätzliches* eigenständiges Kriterium neben der Nutzensteigerung fungiert, blieb das genannte Problem der Gerechtigkeit oder fairen Verteilung ungelöst. Man nennt den klassischen Utilitarismus, bei dem der Wert der Handlung ausschließlich am Kriterium der Maximierung des Nutzens ungeachtet der Verteilung dieses Nutzens auf die Individuen gemessen wird, auch *Nutzensummenutilitarismus*. Allerdings rekurrieren Nutzensummenutilitaristen mitunter auf das psychologische Gesetz des abnehmenden Grenznutzens. Mit ihm meinen sie zeigen zu können, dass eine gerechte Verteilung durchaus zu einer Maximierung des Nutzens beiträgt. Das empirisch nachweisbare und aus persönlichen Alltagserfahrungen wohl bekannte Gesetz

**Nutzensummen-
utilitarismus**

des abnehmenden Grenznutzens besagt nämlich: Bei einer Abfolge gleicher Befriedigungsarten nimmt die Lust bei jedem Befriedigungserlebnis ab. Es entscheidet sich jeweils an der Grenze zwischen den vorangegangenen und dem neuen Erlebnis, wie hoch der Nutzen tatsächlich ausfallen wird. Würde man das Millioneneinkommen des einzigen reichen Managers in einem Dorf zu 30% als Steuern einziehen und an die ärmsten Familien und Obdachlosen verteilen, würde die Nutzensumme sicherlich steigen. Denn der gut situierte Manager würde aufgrund des abnehmenden Grenznutzens von ein paar tausend Euro mehr oder weniger kaum etwas merken, wohingegen für die Ärmsten jeder Euro Gold wert ist. Dass sich eine „gerechte" Verteilung hier positiv auf die Nutzensumme auswirkt, ist aber ein eher zufälliger, empirisch-psychologisch bedingter Umstand. Weder wird Gerechtigkeit von den Utilitarisen als etwas an sich Gutes begrüßt noch theoretisch begründet. Dasselbe gilt auch für den *Durchschnittsnutzenutilitarismus*, der zwar nicht auf die maximale Steigerung des Gesamtnutzens abzielt, sondern auf die Steigerung des Nutzens pro Kopf. Die Nutzensumme müsste also noch durch die Zahl der Betroffenen dividiert werden. Eine gerechte Verteilung wird aber genauso wenig durch eine Erhöhung des durchschnittlichen individuellen Nutzens garantiert wie durch die Steigerung des Bruttosozialproduktes. Je nach Gerechtigkeitsmodell käme es zusätzlich auf die Steigerung des Nutzens für den am schlechtesten Gestellten oder das allgemeine Überschreiten einer minimalen Nutzenschwelle an.

Durchschnittsnutzen-utilitarismus

Ziehen wir ein kurzes Fazit: Der Utilitarismus geht zwar von den richtigen moralischen Grundintuitionen aus, dass erstens alle Menschen gleich und unparteiisch behandelt werden sollen und dass zweitens die Handlungsfolgen für die Bewertung einer Handlung entscheidend sind. Auf die Frage, worin der Nutzen der Handlungsfolgen für die betroffenen Personen bestehen soll, haben die Präferenzutilitaristen eine überzeugendere Antwort bereit als die klassischen Utilitaristen: Da der Mensch nicht einfach wie ein Schwein in den Tag hinein lebt, sondern sein Leben vorausschauend zu planen hat, ist für sein gelingendes Leben weniger eine unkritische Lustmaximierung als vielmehr die Erfüllung seiner wesentlichen Wünsche oder Ziele ausschlaggebend. Das Grundproblem der konsequentialistisch-teleologischen Orientierung besteht darin, dass die finale Nutzenmaxi-

Zweck heiligt nicht
Mittel

mierung sämtliche (unethischen) Mittel zu rechtfertigen scheint und die Menschen selbst instrumentalisiert werden. Im obigen Beispiel wird das Töten des unschuldigen Obdachlosen jedoch in keiner Weise ethisch rehabilitiert dank der Rettung noch so vieler Notfallpatienten mittels seiner Organe. Genauso wenig können grausame Foltermethoden dadurch legitimiert werden, dass mit ihrer Hilfe ein Terroranschlag verhindert werden kann. Wie einige Utilitaristen richtig erkannten, müsste das utilitaristische Moralprinzip daher ergänzt werden durch *deontologische Rechte oder Prinzipien* wie Selbstbestimmungs- und Lebensrechte oder Gerechtigkeits- und Gleichheitsprinzipien. Zur Begründung solcher Ergänzungsprinzipien hätte man den Boden des utilitaristischen Denkens zwangsläufig zu verlassen. Es reicht also nicht aus, das Tötungsverbot utilitaristisch mit dem Hinweis auf die faktisch normalerweise sehr stark ausgeprägten Interessen aller Menschen an ihrem Leben zu begründen. Denn jede noch so starke Präferenz kann durch Aufsummierung genügend vieler entgegenstehender Präferenzen überboten werden.

Wenn der moralisch gute Zweck eines Maximums an allgemeinem Nutzen aber keine unmoralischen Mittel „heiligt", müssten nicht nur uninformierte oder gesundheitsgefährdende, sondern auch asoziale, egoistische und unfaire Wünsche ausgeschlossen werden. Die moralischen Grundintuitionen der Gleichheit und Gerechtigkeit würden sich im utilitaristischen Modell letztlich nur widerspruchsfrei realisieren lassen, wenn diese

nur moralische
Präferenzen

moralischen Ideale bereits in die Bildung der individuellen Präferenzen einflössen. Interessanterweise fordert Mill als Rahmenbedingungen für das utilitaristische Moralprinzip tatsächlich: 1. Gesetze und gesellschaftliche Verhältnisse, welche „die Interessen jedes Einzelnen so weit wie möglich mit dem Interesse des Ganzen in Übereinstimmung bringen"; 2. eine Erziehung und öffentliche Meinung, die es vermag, „in der Seele jedes Einzelnen eine unauflösliche gedankliche Verbindung herzustellen zwischen dem eigenen Glück und dem Wohl des Ganzen" (Mill, 30f.). Diskriminierende oder ungerechte Wünsche könnten infolge einer solchen idealisierten Erziehung gar nicht mehr entstehen, weil man die berechtigten Ansprüche der anderen bei der Wahl seiner Ziele von Anfang an einbezöge. Dem im folgenden Kapitel vorzustellenden *Prinzip der Goldenen Regel* scheint es unabhängig von solchen starken Prämissen einer moralischen Erziehung besser zu gelingen, trotz konsequentialistischer Orientierung an den Handlungsfolgen unsere moralischen Grundintuitionen abzubilden.

Kritik

- hedonistische Interpretation des Nutzens problematisch
- keine exakte Anwendung des Nutzenkalküls
- keine Kritik der Bedürfnisse, Wünsche und Interessen
- Problem der Gerechtigkeit ungelöst
- Menschenwürde und Menschenrechte nicht berücksichtigt
- Instrumentalisierung der einzelnen Menschen zugunsten der Nutzenmaximierung
- Zweck der Nutzenmaximierung scheint alle Mittel zu rechtfertigen

Goldene Regel | 5.3

Die Goldene Regel verfügt nicht nur über eine mehr als 2000 Jahre alte Tradition, sondern ist in zahlreichen Kulturkreisen und Religionen überliefert: bei Konfuzius, in den ethischen Grundregeln des Buddhismus, im indischen Nationalepos Mahabharata genauso wie in der Bibel (vgl. Bellebaum, 8f.). Immer geht es um die zentrale Forderung, jedermann so zu behandeln, wie man selbst an seiner Stelle behandelt werden möchte. Zur Diskussion stehen also die geplanten Handlungen und voraussehbaren Handlungsfolgen, die man vor den anderen zu verantworten hat. Man ist dazu aufgerufen, sich in die Lage des anderen hineinzuversetzen und dann abzuschätzen, ob man die Ausführung der geplanten Handlung akzeptieren könnte. In gewisser Weise fragt man hier wie beim Utilitarismus nach dem Nutzen der beabsichtigten Ziele oder Folgen einer Handlung für die Betroffenen. Es handelt sich aus dieser Optik um einen *konsequentialistischen Ethiktyp*. Obgleich die zu vermehrenden „Güter" in der Goldenen Regel nicht näher definiert werden, liegt eine *präferenzutilitaristische* Deutung nahe: Anstelle des subjektiven Wohlbefindens wie im klassischen hedonistischen Utilitarismus stehen „Präferenzen", d.h. Wünsche und Interessen der Beteiligten im Zentrum. Ziel der Moral wäre ein Weltzustand, in dem das

konsequentialistische Ethik

präferenzutilitaristisch

Wollen der Betroffenen optimal berücksichtigt ist. Erstaunlicherweise hat die philosophische Auseinandersetzung über die richtige Interpretation und den Wert der Goldenen Regel als Moralprinzip trotz ihrer langen Tradition erst spät, nämlich im 20. Jahrhundert eingesetzt. Man hat es systematisch in Angriff genommen, Fehldeutungen zu widerlegen und die verbleibenden immanenten Schwierigkeiten zu erörtern. Prominente Philosophen wie Hare haben sich von diesem Prinzip inspirieren lassen.

Definition

Goldene Regel:
Negativ formuliert: Was Du nicht willst, das man Dir tu', das füg' auch keinem andern zu. (Volksmund)
Positiv formuliert: Behandle Deine Mitmenschen so, wie Du von ihnen behandelt werden willst. (Bibel: AT, Tobias 4.16 oder NT, Matthäus 7.12 und Lukas, 6.31)

Anschauungsbeispiele

Negativ formuliert: Wer nicht gern Objekt von Klatsch ist, sollte selbst auf Klatsch verzichten.
Positiv formuliert: Wer in Geldnot von seinen Freunden finanzielle Unterstützung erwartet, sollte seinen Freunden in Notsituationen Geld leihen.

Goldene Regel vs. kategorischer Imparativ

Die Goldene Regel wurde und wird oft in einem Atemzug mit Kants kategorischem Imperativ genannt, obgleich sich Kant selbst gegen diese Identifikation explizit verwahrte (vgl. GMS, A69). Zumindest für die strengen *vollkommenen Pflichten* gilt wie gezeigt, dass die Prüfung der Verallgemeinerbarkeit einer subjektiven Handlungsregel nach Kant ohne Berücksichtigung der Interessen der Betroffenen vollzogen werden soll. So braucht man sich etwa bei der Maxime „Wenn es mir einen Vorteil bringt, lege ich ein falsches Versprechen ab" nicht in die Lage der Person hineinzuversetzen, der man aktuell etwas unehrlich verspricht. Vielmehr geht es Kant um den rein logischen Widerspruch im Denken, der sich dadurch ergibt, dass man das falsche Versprechen in einer Gemeinschaft zum allgemeinen Gesetz erhebt: Die Institution des Versprechens wäre logisch unmöglich (vgl. Kapitel 4.2.3a). Gemäß der Goldenen Regel soll man sich jedoch gedanklich an die Stelle des angelogenen Gesprächspartners versetzen und sich fragen, ob man selbst derart unehrlich und unfair behandelt werden möchte. Bezüglich der *unvollkommenen*

Pflichten wie etwa des Verbots der Gleichgültigkeit in der Not scheint Kant hingegen tatsächlich etwas Ähnliches wie dieses Gedankenexperiment der Goldenen Regel im Auge gehabt zu haben: Die Maxime „Ignoriere fremdes Leid" kann man deswegen nicht als allgemeines Gesetz wollen, weil man selbst jederzeit in die Situation der Notleidenden geraten kann. Die Nähe zur kantschen *deontologischen Ethik* kommt dadurch zustande, dass die Goldene Regel im Unterschied zum Utilitarismus nicht bei einer ausschließlichen Orientierung an den Handlungsfolgen stehen bleibt. Anstelle einer personen-neutralen Maximierung von Gütern zählen hier vielmehr die unmittelbar beteiligten Einzelpersonen. Zudem spielen die genuin moralischen Kriterien der Reziprozität oder Gegenseitigkeit, Gleichbehandlung und Universalisierbarkeit eine bedeutende Rolle. Im Unterschied zu rein deontologischen Universalisierungsprinzipien von Kant, den Diskursethikern oder Gewirth soll die Reziprozität und Unparteilichkeit jedoch mit Blick auf die *Konsequenzen* des geplanten Handelns hergestellt werden, nicht dank der Anwendung eines reflexiv-rekonstruktiv begründeten Testverfahrens.

Nähe zur deontologischen Ethik

Wie man sich diese Reziprozität und Universalität allerdings genau zu denken hat, darüber gehen die Meinungen seit jeher weit auseinander. Interessanterweise geriet die Goldene Regel immer wieder deswegen in Misskredit, weil man sie mit einer Klugheitsregel verwechselte und damit weit vom hohen moralischen Anspruch des kantschen kategorischen Imperativs wegrückte. Trifft man doch in vielen Sprachen auf ähnlich klingende Sprichwörter: „Come farai, cosi avrai", „Wie Du mir, so ich Dir", „Do well and have well". Der Weg ist dann nicht weit zu Vergeltungsprinzipien wie „Aug' um Aug' und Zahn um Zahn" oder „Vergilt Gutes mit Gutem und Böses mit Bösem". Als strebensethische Klugheitsregel würde die Goldene Regel etwa so viel meinen wie: „Behandle den anderen so, wie er Dich behandelt". Selbst wenn die Goldene Regel historisch aus einem strebensethischen Kontext hervorgegangen sein mag, lässt sich aus dieser Genealogie aber keine inhaltliche Verwandtschaft ableiten. Vielmehr verwickelt man sich mit der pragmatischen Deutung in zahlreiche Inkonsistenzen und Widersprüche. So könnte man die große Beliebtheit der Goldenen Regel im frühen Christentum nicht erklären, das doch unermüdlich mahnt, auch seine Feinde zu lieben und ihnen nach dem Schlag auf die eine Wange noch

Einwand 1: Klugheitsregel/ Vergeltungsprinzip

die andere hinzuhalten. Hinzu kommt die systematische Crux, dass eine solche Vergeltungsnorm nur zu reaktivem Verhalten anleitet, aber keine Orientierung bietet hinsichtlich selbstinitiativen Handelns. Die große Zahl der neueren historischen und systematischen Studien zur Goldenen Regel kam zum Schluss, die Goldene Regel stelle einen Maßstab nicht für individual-ethisch kluges, sondern für sozialethisch richtiges Handeln dar (vgl. exemplarisch Hinske, 44 oder Brülisauer, 307). Zielen die zitierten Klugheitsregeln auf private Vorteile ab, gehe es bei der Goldenen Regel gerade darum, den *unparteiischen Standpunkt der Moral* zu sichern. Vom pragmatischen Denken in Kategorien der Vergeltung und des Ausgleichs zwischen Leistung und Gegenleistung habe man sich also zu verabschieden. Statt: „Wenn der andere Dich schlägt, schlage zurück" heißt es hier: „Wenn der andere Dich schlägt, schlage nicht zurück — denn Du willst ja nicht, dass der andere Dich schlägt" (Brülisauer, 307).

unparteiischer Standpunkt der Moral

Auch wenn man die Goldene Regel nicht pragmatisch miss-deutet, scheinen ihr noch viele weitere Mängel anzuhaften. So hat man nicht selten versucht, dieses Prinzip ad absurdum zu führen mit dem Hinweis auf asymmetrische menschliche Beziehungen oder Ausgangsbedingungen. Man stelle sich beispielsweise einen Blinden vor, der an einer verkehrsreichen Straße zusammen mit anderen Passanten auf die Möglichkeit einer Überquerung wartet (vgl. ebd., 308). Der Blinde mag völlig berechtigterweise wünschen, dass ihm einer der Sehenden im geeigneten Augenblick über die Straße hilft, ohne selbst je einem anderen das Geleit geben zu können. Absurd wäre zweifellos eine Universalisierungsnorm, die vom Blinden verlangte, die Sehenden selbst so zu behandeln, wie er es von ihnen erwartet. Auf der anderen Seite haben die wartenden Sehenden zwar keinerlei Interesse daran, es möge ihnen jemand über die Straße helfen. Entgegen dem Gleichbehandlungsprinzip fühlen sie sich gleichwohl moralisch verpflichtet, den Blinden hinüberzuleiten. Genauso scheint die Legitimation der Goldenen Regel durch die Intuitionen durchkreuzt zu werden, dass die Eltern ihre heranwachsenden Kinder nicht so behandeln sollen, wie die Kinder die Eltern, oder dass die Armen den Reichen nicht dasselbe schulden wie die Reichen den Armen. Solchen inadäquaten Widerlegungsversuchen der Goldenen Regel kann man vorbeugen durch eine Präzisierung der Formel hinsichtlich der Situationsbedingungen.

Einwand 2: asymmetrische Beziehungen

Denn die sehenden Passanten sollen den Blinden so behandeln, wie sie selbst behandelt werden möchten, *wenn sie selbst blind am Straßenrand stünden.* Entsprechend sollen die Eltern ihre Kinder so behandeln, wie sie selbst als Kinder hätten behandelt werden wollen oder die Reichen den Armen so viel spenden, wie sie selbst in der Situation der Armen empfangen möchten.

„Du sollst den anderen so behandeln, wie Du selbst behandelt werden möchtest, wenn Du in derselben Situation wärst."	*Präzisierte Formel*

Ein weiterer ernst zu nehmender Einwand gegen die Goldene Regel besagt, dass das moralisch Gesollte vom kontingenten, subjektiv-faktischen Wünschen und Wollen („Präferenzen") der Einzelnen abhängig sei. Es bleibe grundsätzlich an die Ich-Perspektive gebunden, aus welcher man bei der Goldenen Regel angeblich die Einstellungen und Wünsche aller anderen Personen interpretieren müsse (vgl. Ott, 75). Wenn sich beispielsweise jemand die Tapferkeit auf seine Fahnen geschrieben hat und ihm die gut gemeinte Hilfe anderer aus Prinzip missfällt, scheint ein solcher Tapferkeitsfanatiker keine Pflicht zu haben, anderen Menschen zu helfen. Ein Masochist sähe sich durch die Goldene Regel sogar dazu aufgefordert, seine Mitmenschen zu quälen. Den anderen so zu behandeln, wie man selbst in seiner Situation behandelt werden will, führt beim Tapferkeitsfanatiker oder beim Masochisten zu unmoralischen Handlungsanweisungen, weil ihre Mitmenschen *andere Wünsche* haben als sie. Vom Verfahren der Goldenen Regel selbst können aber exzentrische oder fanatische Wünschen nicht ausfiltriert werden. Man denke auch an denjenigen eines Rassisten, selbst vergast zu werden, wenn er Jude wäre (vgl. Kapitel 4.2.3a, S. 109). Die Befolgung der Goldenen Regel würde so gesehen nur dann zu moralisch richtigem Verhalten anleiten, wenn man gemäß unserer zu Beginn des Kapitels präsentierten Anschauungsbeispiele eine allgemeine Aversion gegen Klatsch über die eigene Person bzw. ein allgemeines Interesse am Geldleihen voraussetzen könnte. Auch Hares Schuldner-Beispiel funktionierte nur, weil man unterstellen kann, dass kein Schuldner ins Gefängnis gesteckt werden möchte (vgl. S. 108). Daher pochen zahlreiche Befürworter der Goldenen Regel auf die Notwendigkeit universeller

Einwand 3: kontingente Ich-Perspektive

universelle Interessen

menschlicher Grundbedürfnisse oder Interessen (vgl. Nunner-Winkler, 115f. oder Brülisauer, 323f.). Macht es also nur da Sinn, meine Erwartungen an das Verhalten der anderen zum Maßstab des Umgangs mit den Mitmenschen zu erheben, wo man mit gleichen Interessenlagen rechnen kann? Dann aber wäre die Goldene Regel nicht nur bei anomalen Wünschen, sondern bei allen Interessenkonflikten untauglich, die im Alltag dominieren dürften. Hare, der explizit auf die Goldene Regel Bezug nimmt (vgl. Hare 1983, 127), hat folgende typische Ausgangssituation eines Konflikts zwischen Nachbarn konstruiert: „A möchte auf seinem Plattenspieler gerne klassische Kammermusik anhören, während der im Zimmer nebenan lebende B sich eben überlegt, ob er auf seiner Trompete Jazz üben soll." (ebd., 132). Versagt die Goldene Regel angesichts solcher unvermeidbarer Interessenkonflikte?

Ob die Goldene Regel eine solche Schlichtung von Interessen gewährleisten kann, hängt vom Gelingen des „imaginativen Rollentausches" ab, zu dem sie letztendlich anleitet. Denn richtig verstanden fordert sie den Handelnden gar nicht dazu auf, sich in die Lage des anderen mit seinen *eigenen* Wünschen und Abneigungen hineinzuversetzen. Vielmehr soll er sich vorstellen, wie er in der Situation der betroffenen Person mit *ihren* Interessen bzw. Aversionen behandelt werden möchte. Er muss sich fragen, ob er vor dem Hintergrund *ihrer* Interessen die Folgen des geplanten Handelns akzeptieren könnte. So hat sich der Trompeter B nicht mit seiner ausgeprägten Vorliebe für Jazz und seiner tiefen Langeweile schon beim Gedanken an klassische Musik in die Lage seines Zimmernachbarn A hineinzuversetzen. Denn dann müsste er es in As Lage höchst begrüßen, dass der Zimmernachbar Jazztrompete übt und seine öde klassische Kammermusik übertönt. Auch der Masochist oder der Fanatiker dürfen ihre masochistischen oder rassistischen Wünsche nicht in die normalpsychischen Betroffenen hineinprojizieren, sondern müssen sich in deren Psyche hineinversetzen. Wie gut es jemandem gelingt, das Gedankenexperiment eines solchen „hypothetischen" oder „imaginativen Rollentausches" durchzuführen, dürfte von verschiedenen kognitiven und emotiven Fähigkeiten wie Vorstellungskraft (Phantasie), Empathie (Einfühlungsvermögen) und nicht zuletzt Lebenserfahrung abhängen (vgl. Kapitel 7.3). Es wird dabei aber von niemandem verlangt, dass er die eigene Identität aufgebe und die eigenen Interessen vollständig ausblende. Die

Einwand 4:
Interessenkonflikte
unlösbar

imaginativer Rollentausch

„Inversion" der Goldenen Regel schießt in meinen Augen weit über das Ziel hinaus: „Du sollst den anderen so behandeln, wie Du von ihm behandelt werden willst, vorausgesetzt, Du wärst der andere." (Brülisauer, 311) Es scheint mir ebenso ein Missverständnis zu sein, den Wünschen des Klassikliebhabers A im Zeichen eines absoluten Altruismus uneingeschränkt Folge zu leisten, wie sie gänzlich zu ignorieren. Sinnvoll kann es nur sein, die bloß vorgestellten Wünsche von A in gleicher Weise zu gewichten wie die eigenen, aktuellen Interessen. Ähnlich wie wir gewöhnlich intrapersonale Wunschkonflikte lösen, soll B laut Hare eine beiden Parteien gerecht werdende Zeiteinteilung von Trompetenspiel und Stillsein finden (vgl. Hare 1983, 133 und 1992, 169).

Inversion der Goldenen Regel

1. **Imaginativer Rollentausch:** Du sollst den anderen so behandeln, wie Du selbst behandelt werden möchtest, wenn Du Dich mit *seinen* Bedürfnissen und Interessen in seiner Situation befinden würdest.

2. **Lösung von Interessenkonflikten:** Suche nach einem Kompromiss zwischen Deinen aktuellen Interessen in Deiner Situation als Handelnder und den vorgestellten Interessen der anderen in ihrer Lage als Betroffene.

Weitere Präzisierungen

Seitens der Moralphilosophen hat man sicherlich berechtigte Zweifel an der Kraft der Phantasie angemeldet, die für einen solchen imaginativen Rollentausch erforderlich wäre. Spätestens dann, wenn mehr als zwei (im gleichen Haus wohnende, benachbarte) Parteien im Konflikt miteinander stehen, dürften die meisten Handlungssubjekte mit der angemessenen Repräsentation personenferner Interessen überfordert sein. Darüber hinaus bewertet man seine Wünsche gewöhnlich nicht nur hinsichtlich ihrer Intensität, d.h. quantitativ, sondern auch qualitativ in ihrer Bedeutung in einer je spezifischen Lebenssituation (vgl. Leist 2000, 99). Man hätte sich daher zwecks einer imaginativen Interessenabschätzung in die gesamte Lebensgeschichte eines anderen hineinzudenken. Hare selbst lässt zwar offen, wie eine solche qualitative oder quantitative Interessenabwägung genau vorzunehmen wäre, nähert sich aber dem utilitaristischen Kalkül an (vgl. Hare 1983, 7. Kapitel). Gleichbehandlung und Unparteilichkeit würden jedoch gemäß Präzisierung (2) nicht nur wie im Präferenzutilitarismus rein formal dadurch hergestellt, dass die Interessen der anderen gleich berücksichtigt werden wie

Einwand 5: Realisation des imaginativen Rollentausches

die eigenen. Darüber hinaus müsste man die gewählte Handlungsweise mit all ihren Konsequenzen auch *gegenüber allen Betroffenen rechtfertigen* können. Dank dieses zusätzlichen personenrelativen moralischen Kriteriums entginge man der Gefahr der Instrumentalisierung und Entwürdigung der Einzelpersonen im Namen der kollektiven Nutzenmaximierung, wie sie einer rein konsequentialistischen Ethik wie dem Utilitarismus inhärent ist. Ziel des imaginativen Rollentauschs wäre nicht die maximale Erfüllung der vorhandenen Wünsche und Interessen, sondern eine faire, von allen Parteien akzeptable Verteilung der Güter und Lasten. Mit der Hervorhebung dieser genuin moralischen Zusatzkriterien der Reziprozität und Universalisierbarkeit nimmt die Goldene Regel Züge einer *deontologischen Ethik* wie des diskursethischen oder handlungsreflexiven Ansatzes an. Allerdings bleibt dabei offen, wie genau der Jazztrompeter B gegenüber dem benachbarten Klassikliebhaber A zu einer „gerechten Zeiteinteilung" gelangen soll. Kann dies monologisch in seinem eigenen Kopf geschehen, ohne dass er sich mit A über dessen detaillierten Wochenplan unterhalten hat? Letztlich kann man dem imaginativen Rollentausch gleich wie dem diskursethischen Moralprinzip wohl „lediglich eine didaktische und in Grenzen heuristische Funktion" (Wimmer, 283) attestieren.

moralisches Kriterium der Reziprozität/ Universalisierbarkeit

Noch viel gravierender als diese Unschärfe des Verfahrensvollzugs bei Interessenkonflikten ist meines Erachtens die fehlende Kritik der Interessen bei der Goldenen Regel, wie wir sie bereits im Kontext des Utilitarismus monierten. Wenn nicht nach der Qualität der Interessen gefragt würde, sondern lediglich ihre Stärke zählte, könnten nämlich bei der Konfliktlösung asoziale und fanatische Wünsche die Oberhand gewinnen. Aber nicht nur absonderliche, gefährliche Wünsche müssten von vornherein disqualifiziert werden, sondern sämtliche unvernünftigen, d. h. uninformierten oder kurzfristigen Wünsche (vgl. Kapitel 5.2, S. 146f.). Wenn ein Gastgeber zulässt, dass sich seine Auto fahrenden Gäste betrinken, hat er sich beim Abschied zu überlegen, wie er selbst in einer solchen Situation behandelt werden möchte (vgl. Hoche, 362f.). Zwar wird er in der Lage des bezechten Wagenlenkers nichts weniger als den Wunsch verspüren, im Taxi nach Hause gefahren zu werden und am nächsten Morgen seinen Wagen irgendwo abholen zu müssen. Wenn derselbe allerdings nüchternen und klaren Kopfes seine Situation bedenken

Einwand 6: keine Kritik der Interessen

könnte, würde er aller Wahrscheinlichkeit nach wünschen, dass man ihn notfalls auch gegen seinen Willen nach Hause beförderte. Denn die Abneigung gegen Unfälle und bleibende Gesundheitsschäden dürfte tiefer und umfassender sein als der augenblickliche Wunsch, im eigenen Wagen nach Hause zu fahren. Somit dürfte man sich beim imaginären Rollentausch nur diejenigen Wünsche der Betroffenen vergegenwärtigen, die man hätte, wenn diese ihre Situation vernünftig einschätzen könnten.

> Vergegenwärtige Dir nur diejenigen Wünsche, die jemand hätte, wenn er seine eigene Situation vernünftig einschätzen könnte.

Korrekturvorschlag

Darüber hinaus kann die betroffene Person auch Wünsche hegen, die zwar nicht ihrem eigenen Wohlbefinden langfristig gesehen abträglich sind, aber dem Wohl einer Institution oder Gemeinschaft. Beispiele aus diesem Bereich sind sehr beliebt, um das Prinzip der Goldenen Regel aus den Angeln zu heben. Man nehme einen Richter, der über einen Kriminellen richten muss, welcher natürlich selbst keinerlei Interesse an einer Strafe hat (vgl. Hare 1983, 135f.). Darf der Richter ihn aufgrund der Goldenen Regel freisprechen? Desgleichen scheint ein Rezensent keine schlechte Buchkritik verfassen zu dürfen, nur weil jeder Autor negative Kritiken hasst, und kein Professor schlechte Noten verteilen, weil ihre Ablehnung seitens der Studierenden den didaktischen Eifer des Professors übersteigen dürfte. Auch wenn ich in der Straßenbahn jemanden beim Schwarzfahren oder im Kaufhaus beim Stehlen ertappe, würde die Goldene Regel mich schwerlich zu einer Anzeige verpflichten. In all diesen Fällen liegt aber genau besehen kein persönlicher Interessenkonflikt vor wie zwischen den Nachbarn A und B, sondern ein moralisch fragwürdiges bis absurdes Verhalten gegenüber einem sozialen System: sei es das Gericht, das Rezensionssystem, die Universität oder der öffentliche Verkehr. Bei solchem institutionsgebundenem Handeln wären im imaginativen Rollentausch nicht nur die Interessen der direkt Betroffenen in Erwägung zu ziehen, sondern auch diejenigen der Institution. Hare insistiert sogar darauf, dass der besagte Richter Rücksicht zu nehmen habe auf „alle Glieder der Gesellschaft, die von seiner Entscheidung berührt werden" (ebd.). Anstelle einer solchen schwer praktizierbaren Abwägung von per-

Einwand 7: institutionsgebundenes Handeln

sönlichen gegen institutionelle oder gesellschaftliche Interessen schiene mir für solche Handlungstypen ein anderes Moralprinzip geeigneter: das nun zu erläuternde *Verallgemeinerungsprinzip*.

Kritik

- Durchführung der Interessenabwägung bei unterschiedlichen Interessenlagen unklar
- keine Kritik der Bedürfnisse, Wünsche und Interessen
- Problem des institutionellen Handelns ungelöst

Vorteile gegenüber dem rein konsequentialistischen Utilitarismus:

- keine Instrumentalisierung der Betroffenen, da jeder die Folgen der Handlung akzeptieren können muss
- Konkretisierung der moralischen Grundintuitionen der Gleichbehandlung und Gerechtigkeit

5.4 | Verallgemeinerungsprinzip

Trittbrettfahrertum/
Schwarzfahrerproblem

Das soeben im Kontext der Goldenen Regel tangierte „Trittbrettfahrertum" oder „Schwarzfahrerproblem" fungiert in der Literatur als ein Hauptargument gegen jede konsequentialistische und teleologische Ethik überhaupt (vgl. Quante, 132): Wenn alle anderen Straßenbahnfahrer außer Timo ein Ticket lösen, sind die Folgen seines unbemerkt bleibenden Schwarzfahrens vernachlässigbar. Oder an einem anderen Beispiel negativ gewendet: Wenn jeder in der Stadt mit seinem Privatwagen zum Shoppen und Arbeiten fährt, hilft es der Umwelt nichts, wenn ich als Einzige die öffentlichen Verkehrsmittel benutze. Mit ausschließlichem Blick auf die Folgen des eigenen Handelns scheint es damit keinen zwingenden Grund gegen das Trittbrettfahren zu geben. Gleichwohl sträuben sich unsere moralischen Intuitionen gegen ein solches Verhalten. Im moralischen Alltagsdisput zeugt

konsequentialistisches
Verallgemeinerungs-
prinzip

das konsequenzenorientierte *Prinzip der Verallgemeinerung* von solchem Unbehagen. Wir sagen dann nämlich zueinander: „Stell Dir vor, was passieren würde, wenn alle Menschen so handeln würden wie Du!", oder: „Wo kämen wir hin, wenn jeder das täte?" Wir appellieren an das Verantwortungsbewusstsein der anderen, die nicht nur bis zur eigenen Nasenspitze schauen sollen. Der

Adressat soll sich vorstellen, welche Konsequenzen sein Handeln (langfristig gesehen) hätte, wenn alle Menschen Trittbrettfahrer wären. Wenn die imaginierten Folgen, etwa der Konkurs der öffentlichen Straßenbahn, nicht akzeptabel sind, soll er gefälligst vom geplanten egoistischen oder gegenwartsbezogenen Streben Abstand nehmen. In der Philosophie hat vornehmlich Marcus Singer das Argument der Verallgemeinerung stark gemacht.

Konsequentialistisches Verallgemeinerungsprinzip:
„Wenn jeder x tun würde, wären die Folgen verheerend (oder nicht wünschenswert); deshalb sollte niemand x tun." (Singer, 86)

Definition

Anschauungsbeispiel

Herr Meier, gut zu Fuß und zentral in der Stadt wohnend, fährt überall mit seinem Privatwagen hin. Abgase, Lärm und verstopfte Straßen tangieren ihn kaum. Hingegen schätzt er den hohen Reisekomfort, die völlige Unabhängigkeit vom Fahrplan und die Bequemlichkeit beim Transport (obgleich er meist nur eine dünne Aktenmappe mit sich führt).

Prinzip der Verallgemeinerung:
Ein Nachbar fragt Herrn Meier: „Was wäre, wenn alle so handeln würden wie Sie? Man könnte in unserer schönen Stadt nicht mehr atmen! Der Straßenverkehr würde völlig kollabieren. Spätestens für die nächste Generation würde die Lebensqualität hier unter ein zumutbares Maß gesunken sein, so dass alle aus der Stadt abwanderten. Können Sie das wollen?"

Und er schließt: „Da nicht alle so handeln sollen, dürfen auch Sie nicht so handeln!"

Die Anwendung des Prinzips der Verallgemeinerung ist grundsätzlich eingeschränkt auf Handlungsweisen mit einem *Kumulationsproblemen*. Denn wo bereits die Folgen der einzelnen Handlung negativ sind, würden sich alle zusätzlichen Überlegungen zur Verallgemeinerbarkeit der Folgen erübrigen. Man müsste nämlich bereits die Tat selbst aufgrund ihrer negativen Handlungsfolgen diskreditieren. Die Folgen des Handelns von Herrn Meier jedoch wären völlig vernachlässigbar, wenn alle anderen Stadtbewohner außer ihm auf einen Privatwagen überhaupt verzichten und nur öffentliche Verkehrsmittel benutzen würden. Schädliche oder unerwünschte Folgen ergeben sich erst durch die Kumulation solcher nicht koordinierter Handlungen. Die Folgen der kollektiven Praxis sind also anders zu bewerten als die Folgen der einzelnen Handlung, etwa des Fahrverhaltens eines Herrn Meier: Die in

Anwendung bei
Kumulationsproblemen

Frage stehende Einzelhandlung ist eine „in sich selbst betrachtet positiv oder wenigstens nicht negativ zu bewertende Tat" (Wimmer, 297). Negativ sind erst die *kumulativen Folgen*, wenn Handlungen dieser Art in einem bestimmten Raum- oder Zeitabschnitt gehäuft ausgeführt werden. Es gibt dann einen Schwellenwert der raumzeitlichen Konzentration solcher Handlungsfolgen, bei dem die bisher positive oder neutrale Gesamtbilanz gleichsam umschlägt. Im Allgemeinen ist dieser Schwellenwert nicht genau fixierbar, sondern man muss sich mit Wahrscheinlichkeitswerten begnügen. Je nach geographischen und klimatischen Bedingungen reichen möglicherweise bereits 10% an Stadtbewohnern mit ähnlichem Fahrverhalten wie Herr Meier aus, damit die Lebensqualität in der Stadt auf die Dauer „kippt".

Die Forderung des Verallgemeinerungsprinzips richtet sich gewöhnlich nicht an alle Menschen der Welt, sondern an eine spezifische Gruppe oder „Klasse" von Menschen (vgl. Singer, 93f.). Diese werden geeint durch ein gemeinsames Interesse, etwa an einer intakten Umwelt, einem leistungsfähigen Verkehrssystem oder einer funktionierenden staatlichen Verwaltung. Für alle Gruppenmitglieder ergibt sich dann ein Konflikt zwischen diesem gemeinsamen Interesse und den Privatinteressen. In unserem Anschauungsbeispiel bestünde ein Dilemma zwischen den privaten Interessen der Autoliebhaber und dem gemeinsamen Interesse an einer gesunden, ruhigen Stadt mit hoher Lebensqualität. Die meisten Beispiele für solche Interessenkonflikte lassen sich zweifellos im Bereich des Umweltverhaltens finden: Wenn ein Anlieger seine ungeklärten Abwässer aus Bequemlichkeit und Eigeninteresse direkt in einen See leitet, mag dies ohne Belang sein. Tun es alle, sind die Folgen bezüglich des gemeinsamen Interesses an einer intakten Umwelt verheerend, weil das Ökosystem des Sees auf dem Spiel steht. Mittels des Prinzips der Verallgemeinerung will man offenkundig den Einzelnen dazu verpflichten, dem gemeinsamen Interesse gegenüber dem privaten Priorität einzuräumen. Man möchte die große Gefahr des Trittbrettfahrertums bannen, welches das öffentliche Interesse zu untergraben droht. Denn einzelne Handelnde wie Herr Meier könnten versuchen, Vorteile daraus zu ziehen, dass alle anderen oder doch die meisten sich an die Gebote der kollektiven Praxis halten. Sie würden angesichts dessen unsolidarisch ihre privaten Interessen auf Kosten des gemeinsamen weiterverfolgen.

Konflikt gemeinsame vs. private Interessen

z.B.: Umweltprobleme

Bei genauerem Hinsehen kämpft das Argument der Verallgemeinerung jedoch mit folgender argumentationslogischer Schwierigkeit: Wenn *nicht alle* (kollektiv) das Recht haben, in der Stadt Auto zu fahren oder die Abwässer in den See zu leiten, beweist dies nicht, dass *keiner* dazu ein Recht hat. Der Schluss von „Nicht jeder sollte das tun" auf „Keiner sollte das tun" stellt einen *logischen Trugschluss* dar. Das Faktum, dass das entsprechende kollektive Handeln unerwünschte Konsequenzen hätte, ist für sich genommen kein hinreichender Grund für die negative Bewertung der Einzelhandlung. Zum Ersten kann die betroffene Person auf die Frage „Wo kämen wir hin, wenn alle so handeln würden?" nicht immer ganz zu Unrecht kontern: „Es handeln eben nicht alle so!", oder aber negativ gewendet: „Es handeln ja sowieso schon alle so!" (vgl. Wimmer, 86 und 312f.). Bei einem konsequentialistischen Moralprinzip darf die Realität tatsächlich nicht zugunsten einer kontrafaktischen Fiktion ausgeblendet werden. Wenn der öffentliche Verkehr floriert und Timo als Einziger dann und wann schwarzfährt, darf er entsprechende Mahnungen als Schwarzmalereien abweisen. Handelt es sich bei dem oben erwähnten Abwassersünder um den einzigen Anlieger am See überhaupt, so dass keinerlei Beeinträchtigungen des Ökosystems zu konstatieren sind, fehlt dem konsequentialistischen Verallgemeinerungsargument eine reale Basis. Wird es trotzdem gegen Timo oder den Uferbewohner verwendet, würde es nicht mehr als ein konsequentialistisches Prinzip, sondern als ein deontologisches verstanden (vgl. Wimmer, 315). Entwarnung ist aber nur für die Fälle angesagt, in denen weder bereits eine kollektive Praxis in Ansätzen besteht noch die Gefahr realistisch ist, dass sich eine solche allmählich einschleichen könnte. Anders verhält es sich natürlich beim Autofanatiker Meier, der sich gegebenenfalls herausredet mit: „Es handeln ja sowieso schon alle so!" Hier müsste man wohl entgegnen: „Umso schlimmer!" Der Einzelne hätte dann im Zeichen des allgemeinen Wohls nicht nur auf das eigene Auto zu verzichten, sondern zusätzlich seine Mitsünder auf die realen schlechten Folgen der kollektiven Praxis aufmerksam zu machen.

Zum Zweiten gibt es Handlungstypen, bei denen das Verallgemeinerungsargument in Singers Ausdrucksweise „umkehrbar" ist (vgl. Singer, 97f.): Die Folgen einer „umkehrbaren" Handlung wären zwar bei kollektiver Praxis tatsächlich katastrophal und

Marginalia:

Kritik: logischer Trugschluss

Realitätsanalyse notwendig

Umkehrbarkeit des Arguments

ihr Eintreffen kann mit großer Wahrscheinlichkeit prognosti-
ziert werden. Genauso katastrophal wäre aber die „Umkehrung"
der Handlungssituation, d. h. das allgemeine Unterlassen dieser
bestimmten Handlungsweise. So könnte ein Onkel einem Abi-
turienten, der gern Medizin studieren möchte, drohen mit dem
Argument: „Wo kämen wir hin, wenn alle Medizin studieren
wollten?" Der Abiturient könnte ihm entgegnen: „Ja willst Du
denn, dass niemand mehr Medizin studiert und wir keine Ärzte
mehr haben?" Genauso absurd wäre es, einen Freund von einem
geplanten gemeinsamen Theaterbesuch abhalten zu wollen mit
der Warnung: „Was würde passieren, wenn alle Stadtbewohner
am heutigen Abend diese Theatervorstellung besuchen wollten?" Zweifellos müsste dann ein Großteil von ihnen abgewiesen
werden und hätte unverrichteter Dinge nach Hause zu fahren.
Würde sich aber niemand einfinden aus Furcht vor ausverkauf-
ten Rängen, wären die Konsequenzen nicht erfreulicher: dann
müsste die Vorstellung ausfallen! Bei diesem Beispiel läge nicht

Iterierbarkeit des Arguments nur ein „umkehrbares", sondern auch ein „iterierbares", d. h.
„wiederholbares" Argument vor (vgl. ebd., 108f.). Singer meint
mit „Iterierbarkeit", dass man das Argument auch auf jeden
beliebigen anderen Theaterabend, ja auf sämtliche kulturellen
oder sonstigen Veranstaltungen anwenden könnte. In der Folge
dürfte man das Haus gar nicht mehr verlassen, um öffentliche
Lokalitäten aufzusuchen, weil man einem allgemeinen Gerangel
vorzubeugen hätte!

Verfolgen wir nun aber all jene Fälle weiter, bei denen vorerst
zwar nur einige wenige Verkehrs- oder Umweltsünder gegen die
allgemeinen Regeln verstoßen, sich aber durch Nachahmeverhal-
ten oder andere Trends die unerwünschte Praxis auszubreiten
droht. Das Argument ist hier nicht umkehrbar, was im Umweltbereich durchweg so gegeben ist. Es gilt dann: Wenn jemand die
Vorteile einer intakten Umwelt oder funktionierender Institutionen in Anspruch nimmt, ohne die dafür erforderlichen Kosten
mittragen zu wollen, muss er sein Verhalten vor den anderen
Mitgliedern rechtfertigen können. Soll sein Verhalten moralisch

Begründung von Ausnahmen notwendig legitim sein, müsste er begründen, warum *genau er* eine Ausnahme darstellt und vom Verdikt „Nicht alle dürfen so handeln"
dispensiert werden soll. Doch was könnte als Grund für eine solche Ausnahmeregelung akzeptiert werden? Da Herr Meier in unserem Paradebeispiel gesund ist, kann er keine Gehbehinderung

für sein Ausnahmeverhalten geltend machen. Hingegen könnte er auf eine hohe Spende für die städtische Straßenbahn verweisen, die zu einer Halbierung der Tarife führte, was nun für viele Städtebewohner einen großen Anreiz zum Umsteigen auf den öffentlichen Verkehr darstellte. Nach Singer soll dabei wiederum ausschlaggebend sein, ob der angeführte Grund „iterierbar" ist oder nicht (vgl. ebd., 110f.), d.h. ob er von jedem Mitglied der Klasse geltend gemacht werden kann oder nicht. Wenn kaum ein anderer Stadtbewohner überhaupt in der Lage wäre, die gleiche Summe zu spenden wie Herr Meier, wäre seine Begründung des Ausnahmeverhaltens nicht iterierbar und damit gerechtfertigt. Aber ist Singers Kriterium der Nichtiterierbarkeit wirklich in allen Fällen überzeugend und hinreichend?

Singer selbst illustriert die Problematik am Beispiel eines Steuerhinterziehers (vgl. ebd., 113f.): Wenn jemand behaupte, er müsse keine Steuern zahlen, weil er an einem Fuß sechs Zehen habe, sei dieser Grund iterierbar. Denn jeder Mensch hätte irgendwelche (körperlichen) Eigenschaften, die ihn von anderen unterscheiden. Auch wenn jemand vorgibt, von den Steuern befreit zu sein, weil er in einem bestimmten Haus wohne, könnten alle Menschen solche Gründe geltend machen. Verfüge jedoch einer über ein Einkommen, das unterhalb einer bestimmten Grenze liege, sei das Kriterium der Nichtiterierbarkeit erfüllt. Ricken stellt dagegen richtig, jeder könne genauso wie in den anderen beiden Beispielen auf die (relativ) geringe Höhe seines Einkommens verweisen (vgl. Ricken, 159f.). Statt die Nichtiterierbarkeit als hinreichenden Grund zu betrachten, komme es zusätzlich auf eine *relevante* Unterscheidung an. Relevant sei die Höhe des Einkommens insofern, als nur Bürger mit einem Mindestlohn tatsächlich imstande seien, Steuern zu zahlen. In gleicher Weise wäre zwar Herr Meiers allfällige Gehbehinderung ein relevanter Grund für sein exzessives Autofahren, nicht aber seine pure Lust am Autofahren. Relevant wäre jedoch auch seine Spende für die Straßenbahn, sofern sie die Anzahl der gefahrenen Autokilometer um ein Beträchtliches zu senken vermag. Hier jeweils eine klare Grenze zwischen Relevanz und Irrelevanz zu ziehen, dürfte allerdings nicht leicht sein. Vielleicht müsste am Ende wieder der rationale Konsens der betroffenen Gemeinschaft entscheiden.

relevante Gründe
notwendig

Definition

> **Finale Formel des Verallgemeinerungsprinzips:**
> „Wenn nicht jeder in einer bestimmten Weise handeln oder behandelt werden sollte, dann sollte niemand ohne eine (akzeptable/relevante) Begründung in dieser Weise handeln oder behandelt werden." (Singer, 54, Klammerbemerkung von mir)

Kritik

- Anwendung eingeschränkt auf Handlungen, die erst bei kollektiver Praxis negative Folgen zeitigen
- konkrete Bestimmung der relevanten Gründe für Ausnahmehandlungen schwierig

Vorteile gegenüber der Goldenen Regel:

- Problem des institutionellen und kollektiven Handelns (bzw. des Konflikts zwischen privaten und gemeinsamen Interessen) gelöst

Übungsaufgaben

1. Worin unterscheiden sich die „konsequentialistische" von der „Gesinnungsethik", die „teleologische" von der „deontologischen" Ethik? Und wie verhalten sich die beiden Gegensatzpaare zueinander? Erläutern Sie die Unterschiede anhand eines selbstgewählten konkreten Beispiels.
2. Welche Argumente sprechen gegen die utilitaristische Ethik?
3. Wie geht die „Goldene Regel" mit dem Problem der Verschiedenheit menschlicher Wünsche (z. B. eines Sehenden und eines Blinden) und mit Interessenkonflikten um (z. B. zwischen einem Musiker und seinem ruheliebenden Nachbarn)?
4. Wie lautet die präziseste Formel des Verallgemeinerungsprinzips und in welchen Handlungssituationen ist seine Anwendung sinnvoll?

Literatur

Bellebaum, Alfred und Niederschlag, Heribert (Hrsg.): Was Du nicht willst, dass man Dir tu'… Die Goldene Regel – ein Weg zum Glück?, Konstanz 1999.

Bentham, Jeremy: Eine Einführung in die Prinzipien der Moral und der Gesetzgebung, in: Höffe, Otfried: Einführung in die utilitaristische Ethik, 3., aktual. Auflage, Tübingen 2003, S. 55–83.

Birnbacher, Dieter: Utilitarismus/Ethischer Egoismus, in: Düwell, Marcus, Hübenthal, Christoph und Werner, Micha H. (Hrsg.): Handbuch Ethik, Stuttgart/Weimar 2002, S. 95–107.

Brülisauer, Bruno: Moral und Konvention. Darstellung und Kritik ethischer Theorien, Frankfurt a.M. 1988.

Griffin, James: Well-beeing, Oxford 1986.

Hare, Richard M.: Freiheit und Vernunft, Frankfurt a.M. 1983.

Höffe, Otfried: Einführung in die utilitaristische Ethik, 3., aktual. Auflage, Tübingen 2003.

Hübenthal, Christoph: Teleologische Ansätze, in: Düwell, Marcus, Hübenthal, Christoph und Werner, Micha H. (Hrsg.): Handbuch Ethik, Stuttgart/Weimar 2002, S. 61–68.

Mill, John Stuart: Der Utilitarismus, Stuttgart 1991.

Singer, Marcus G.: Verallgemeinerung in der Ethik. Zur Logik moralischen Argumentierens, Frankfurt a.M. 1975.

Singer, Peter: Praktische Ethik, 2., rev. und erw. Auflage, Stuttgart 1994.

Werner, Micha H.: Deontologische Ansätze, in: Düwell, Marcus, Hübenthal, Christoph und Werner, Micha H. (Hrsg.): Handbuch Ethik, Stuttgart/Weimar 2002, S. 122–127.

Wimmer, Rainer: Universalisierung in der Ethik. Analyse, Kritik und Rekonstruktion ethischer Rationalitätsansprüche, Frankfurt a.M. 1980.

Werte, Prinzipien, Rechte und Normen | 6

Zusammenfassung

Um menschliches Handeln rechtfertigen oder begründen zu
können, beziehen wir uns ständig auf irgendwelche Normen,
Rechte, Werte oder Prinzipien. Nach der Definition dieser normativen Phänomene werden die vier fundamentalsten Werte
und Prinzipien aus Alltagspraxis und Moralphilosophie diskutiert: Das Recht auf *Leben* und die Basisnorm des Tötungsverbots lassen sich damit begründen, dass das Leben ein „Elementargut" darstellt, ohne das Menschen gar nicht handeln
und nach einem guten Leben streben könnten (Kapitel 6.1). Aus
demselben Grund hat jeder Mensch auch ein Recht auf *Willensfreiheit*, wohingegen die *Handlungsfreiheit* lediglich in Form der
Überlebenssicherung und eines einigermaßen permissiven sozialen Umfelds garantiert werden muss (Kapitel 6.2). Das Prinzip
Gerechtigkeit als das grundlegendste Prinzip in zwischenmenschlichen Interaktionen bezieht sich auf soziale Gemeinschaftsformen (Institutionen/Freundschaften) und begründet in diesem
Rahmen unbedingte Rechte und Pflichten (Kapitel 6.3). Beim
zweitwichtigsten Prinzip der *Wohltätigkeit* geht es hingegen um
Notsituationen, in denen zwar der Hilfesuchende kein Recht auf
Wohltätigkeit, der Zeuge der Notlage aber eine eingeschränkte
Pflicht zu helfen hat: Sie ist bedingt durch seine Möglichkeit zu

helfen, und der Aufwand sollte in angemessenem Verhältnis zur Hilfsbedürftigkeit des Betroffenen stehen (Kapitel 6.4).

Um menschliches Handeln rechtfertigen oder bewerten zu können, sind gewisse Maßstäbe oder Kriterien unabdingbar. Wenn wir ethisch argumentieren, beziehen wir uns daher ständig auf irgendwelche Normen, Rechte, Werte oder Prinzipien. Oft schwingen sie in unseren normativen Äußerungen mit, ohne dass uns ihrer völlig bewusst sind. Wir setzen ihre Geltung dann unhinterfragt und selbstverständlich voraus. Aufgabe der philosophischen Ethik ist es, solche versteckten normativen Annahmen und Voraussetzungen an den Tag zu legen, sie zu begründen oder zu kritisieren (vgl. Kapitel 1.1). Im bisherigen

Normen Teil war vorwiegend von ethischen *Normen* die Rede. Dies sind Handlungsregeln, die in einem ethischen Kontext alle Mitglieder einer Handlungsgemeinschaft zu bestimmten Handlungsweisen auffordern. Als Beispiele für solche weithin anerkannten Normen führte ich im Einleitungskapitel das moralische Gebot „Du sollst Notleidenden helfen!" und das Verbot „Du sollst nicht töten!" an (vgl. S. 6). Außerhalb des Bereichs von Ethik und Moral kennen wir noch *juristische* und *technische* Normen. Bei den technischen Normen handelt es sich um pragmatische Anweisungen zu einem effizienten Umgang mit Gegenständen in der Außenwelt, etwa zur richtigen Bedienung einer Kaffeemaschine oder zum korrekten Umgang im Straßenverkehr. Im Unterschied zu juristischen Regeln, deren Nichtbeachtung institutionalisierte Sanktionen wie eine Buße oder Gefängnisstrafe zur Folge hat, ist ein Verstoß gegen moralische Normen lediglich mit sozialen Sanktionen wie Verachtung, Tadel oder Ausgrenzung verbunden. Die von moralischen Normen gebotenen oder verbotenen

Pflichten Handlungsweisen haben dabei Pflichtcharakter: *Pflicht* meint das Gebotensein einer Handlung mit Blick auf moralische Sollensforderungen.

Werte Die meisten moralischen Normen lassen sich bei genauerem Hinsehen auf bestimmte zugrunde liegende *Werte* zurückbuchstabieren. Werte sind bewusste oder unbewusste Orientierungsstandards, von denen sich einzelne Individuen oder Gruppen in ihrem Verhalten leiten lassen. Es sind grundlegende und tief verankerte Vorstellungen darüber, was in einer Gemeinschaft als richtig und erstrebenswert gilt. Solche kollektiven Zielsetzungen sind keineswegs immer rational und gut begründet, sondern können auch triebhaft, emotional, weltanschaulich oder religiös besetzt sein. Als allgemeine Zielorientierungen befinden sie sich auf einer anderen, höheren Ebene als die konkreten Handlungs-orientierungen in Form von Normen. So ließe sich die Norm „Du sollst Notleidenden helfen!" auf den abstrakten Wert „Hilfsbereit-schaft", „Du sollst nicht töten!" auf den sehr allgemeinen Wert „Leben" zurückführen. Normen und Werte bestärken sich in ei-ner kulturellen Gemeinschaft gegenseitig. Während den Werten aber eine begründende Funktion zukommt, haben die Normen die Aufgabe, zur konkreten Umsetzung der abstrakten Werte an-zuleiten. In der Philosophie haben Werttheoretiker immer wieder versucht, Listen oder Hierarchien von universellen Basiswerten zu erstellen. Die materiale Wertethik von Max Scheler habe ich bereits in Kapitel 4.2.2 erläutert. Eine neuere, viel zitierte Zusam-menstellung stammt vom emeritierten Pädagogikprofessor Hart-mut von Hentig: 1. Leben, 2. Freiheit, 3. Frieden, 4. Seelenruhe, 5. Gerechtigkeit, 6. Solidarität, 7. Wahrheit, 8. Bildung/Wissen, 9. Liebe, 10. Gesundheit, 11. Ehre, 12. Schönheit (Hentig, 162). Es handelt sich dabei um eine phänomenologische Beschreibung der in unsere Kultur relativ konstanten Werte.

Auf derselben Ebene wie die Werte sind die *Prinzipien* zu lo- Prinzipien
kalisieren. Ein „Prinzip" von lateinisch „principium", „Anfang, Ursprung, Grundlage" ist ein allgemeiner oberster Satz, der sich wie ein Axiom in der Mathematik für den Aufbau eines ganzen Wissensgebietes eignet. In der Ethik hat man seit ihren Anfängen nach einem obersten *Moralprinzip* als einem letzten einheitsstif- oberstes Moralprinzip
tenden Grundsatz gefahndet, aus dem man sämtliche konkreten Normen ableiten bzw. sie mit diesem Maßstab kritisieren kann. Beispiele wären Kants kategorischer Imperativ (Kapitel 4.2.3a), das egoistische Prinzip der größtmöglichen Erfüllung der Eigen-interessen (Kapitel 4.1.1) und das utilitaristische Prinzip des größtmöglichen Nutzens für die größtmögliche Zahl (Kapitel 5.2). An die Stelle eines solchen einheitlichen umfassenden Grund-satzes oder *methodischen* Prinzips können auch eines oder mehre-re *inhaltliche* Prinzipien treten, die bestimmte Werte verkörpern. So sprechen wir vom „Prinzip Freiheit", vom „Prinzip Gerech-tigkeit" oder vom „Solidaritätsprinzip" gemäß dem 2., 5. und

6. Wert in Hentigs Liste. Man setzt dann den jeweiligen Grundwert absolut und appelliert in einem ethischen Grundsatz an alle Menschen, ihr Leben in den Dienst dieses Wertes zu stellen. Der Einzelne soll es sich also zum höchsten Leitprinzip machen, den Wert „Freiheit", „Gerechtigkeit" oder „Solidarität" in der Interaktion mit anderen Menschen so oft wie möglich zu realisieren. Es soll sich eine feste Grundhaltung oder Tugend herausbilden, die dafür sorgt, dass die Verwirklichung dieser Werte stets oberstes Ziel im Leben bleibt (vgl. Kapitel 7.2). Formuliert man solche praktischen Grundsätze aus, erkennt man, dass es sich letztlich auch um Normen handelt, welche sich aber auf einem sehr allgemeinen, abstrakten Niveau befinden: Etwa „Handle so, dass Du die Freiheit Deiner Mitmenschen nicht beeinträchtigst!" („Freiheit") oder „Sei stets hilfsbereit!" („Hilfsbereitschaft"). Während solche sehr generellen, elementaren Normen uns anweisen, wie wir unser Leben als Ganzes führen sollen, sind Normen im engeren Sinn bereits situations- oder personenspezifisch konkretisiert. „Sei hilfsbereit!" könnte etwa ausdifferenziert werden zu: „Du sollst Notleidenden helfen!", „Du sollst Ertrinkende retten!" oder „Du sollst Organe spenden!"

Prinzipien vs. Normen *(Randnotiz)*

Definitionen *(Randnotiz)*

Wert	Prinzip	Recht	Norm
allgemeine Leitvorstellung darüber, was richtig/erstrebenswert ist	oberster einheitsstiftender allgemeiner Grundsatz	berechtigter allgemein anerkannter Anspruch	konkrete, situationsspezifische Handlungsregel

Anschauungsbeispiele

| Freiheit (vgl. Kapitel 6.2) | Handle so, dass Du die Freiheit Deiner Mitmenschen nicht beeinträchtigst! | Recht auf Freiheit | Zwinge niemanden mit Gewalt zu etwas! Respektiere fremde berechtigte Interessen oder Ziele! |
| Wohltätigkeit (vgl. Kapitel 6.4) | Sei stets hilfsbereit! | kein Recht auf Hilfeleistung (außer in speziellen Beziehungen) | Gib einem Hungernden zu essen! Rette einen Ertrinkenden! |

Sowohl Werte als auch Prinzipien und Normen erheben einen Anspruch auf Objektivität und allgemeine Verbindlichkeit. Mit Ausnahme der Intuitionisten und Naturalisten macht man diesen heute in der Regel nicht mehr fest an einer bestimmten Ontologie, d. h. an wirklich existierenden Eigenschaften oder Wesenheiten (vgl. Kapitel 4.2). Vielmehr geht man davon aus, dass Werte, Prinzipien und Normen nur durch und in Beziehung auf Menschen existieren; nämlich dadurch, dass sie von Menschen anerkannt werden und den Menschen im praktischen Alltag Orientierungshilfe leisten. Ihre Objektivität und allgemeine Verbindlichkeit gründet sich darauf, dass sie nicht von zufälligen faktischen Vorlieben bestimmter Individuen oder Gruppen abhängig sind, sondern prinzipiell von allen vernünftigen Lebewesen einsehbar sein sollen. Die einzige notwendige Voraussetzung dafür scheint zu sein, dass man einen objektiven unpersönlichen Standpunkt einzunehmen bereit ist, bei dem auch die Interessen der anderen ins Blickfeld treten. Die Gründe und Argumente, welche die Einsicht in die verschiedenen obersten Grundsätze erleichtern sollen, divergieren je nach kognitivistischer Position (vgl. Kapitel 4). Anhänger des Kulturrelativismus schränken allerdings den Allgemeinheitsanspruch ein auf die Grenzen der jeweiligen Kultur oder Gemeinschaft (vgl. Kapitel 4.3). Die meisten nicht relativistischen Theoretiker stimmen zwar soweit mit den Kulturrelativisten überein, dass sich Werte und Prinzipien unter verschiedenen historischen, kulturellen, geographischen und klimatischen Bedingungen auf vielfältige Weise konkretisieren oder unterschiedliche Gewichtung erfahren können. All diesen kulturell geprägten Anwendungsformen sollen aber einheitliche universelle Basisnormen oder Grundsätze zugrunde liegen (vgl. Pieper 2007, 32). So kommt vermutlich keine Moral der Welt ohne die fundamentalen Werte und Prinzipien Freiheit und Gerechtigkeit aus, auch wenn sie in den einzelnen Kulturen zu unterschiedlichen konkreten Normen ausdifferenziert und mit bestimmten Ausnahmeregelungen versehen werden.

Für das vorliegende 6. Kapitel habe ich mich für einen eher phänomenologisch-deskriptiven Zugang zur Moral entschieden: Ich wähle vier solche fundamentalen Werte oder Prinzipien aus, die sowohl im moralischen Alltagsdiskurs als auch in der Moralphilosophie omnipräsent sind. Es sind die Konzepte Leben (Kapitel 6.1), Freiheit (Kapitel 6.2), Gerechtigkeit (Kapitel 6.3) und

Objektivität/ Verbindlichkeit

universelle Prinzipien/ Werte

Wohltätigkeit (Kapitel 6.4). Bevor ich sie im Einzelnen erläutere und nach ihrer Begründbarkeit und Legitimität frage, soll noch ein Blick auf mögliche Kollisionen zwischen verschiedenen Werten, Prinzipien, Rechten oder Normen geworfen werden. Denn es ist eine unbestreitbare Tatsache, dass wir trotz untadeliger

moralisches Dilemma

ethischer Gesinnung immer wieder in Dilemmasituationen geraten können, in denen wir bei der Erfüllung des einen Grundsatzes eine Verletzung eines anderen in Kauf nehmen müssen. Obwohl man die moralische Pflicht hätte, jede der beiden Handlungen auszuführen, müssen wir uns zwischen ihnen entscheiden. Man hat das sich infolgedessen einstellende Gefühl von Ohnmacht und Bedauern als Einwand gegen eine kognitivistische Ethik geltend gemacht (vgl. dazu Ricken, 226f.). Bei näherer Betrachtung zeigt sich aber, dass die Unmöglichkeit einer kognitivistischen Ethik durch die Tatsache solcher Dilemmata in keiner Weise bewiesen ist. Sehr beliebt sind im Kontext solcher nonkognitivistischen Widerlegungsversuche folgende beiden moralischen Konflikte, benannt nach dem Autor Jean-Paul Sartre und der Kunstfigur Heinz:

Anschauungsbeispiel 1: Sartre-Dilemma

Ein Pariser Student fragt sich im Zweiten Weltkrieg, ob er nach England in den Widerstand gegen die Deutschen gehen soll. Er müsste dann aber seine verwitwete Mutter verlassen, die nur noch für ihn lebt und vollständig auf seine Hilfe angewiesen ist. Sein Weggang würde sie in Verzweiflung stürzen. Trotzdem fühlt er sich verpflichtet, sich den Kämpfenden anzuschließen und damit auch den Tod seines im Krieg gefallenen Vaters zu „rächen". Wie soll er handeln? (vgl. Sartre, 17)

Anschauungsbeispiel 2: Heinz-Dilemma

Eine Frau in Europa leidet an einer besonderen Krebsart und ist dem Tod nahe. Soeben hat man ein höchstwahrscheinlich wirksames Mittel gegen diese Krankheit entwickelt. Es kann aber nur in der Apotheke des Erfinders und Herstellers gekauft werden, der eine Unsumme für eine kleine Dosis verlangt. Heinz, der Ehemann der Kranken, sammelt verzweifelt Geld unter seinen Freunden und versucht auch, mit dem Apotheker zu verhandeln. Als alle Bemühungen ohne Erfolg bleiben, bricht er in die Apotheke ein, um das Mittel für seine Frau zu stehlen. Hat er richtig gehandelt? (vgl. Kohlberg, 65)

Ad 1: Im Sartre-Dilemma kollidieren genau besehen nicht unterschiedliche Pflichten, sondern zwei Konkretisierungsweisen ein
und derselben Pflicht zur Hilfeleistung. Rekurriert man also auf
die Prinzipienebene, löst sich das moralische Dilemma auf. Man
hat zwar noch die Qual der Wahl wie Buridans Esel zwischen
den zwei identischen Heuhaufen. Denn es gibt keine rationalen
Kriterien für die Entscheidung für eine der beiden Handlungsoptionen, auch wenn man sämtliche Gründe und Gesichtspunkte
in Erwägung zieht. Schlösse man daraus mit Sartre, die Vernunft
und jede herkömmliche Moral ließen den jungen Mann hier völlig im Stich und machten eine radikal subjektive Wahl in absoluter Freiheit erforderlich, schüttete man wohl das Kind mit
dem Bade aus. Fasst man am Ende eines sorgfältigen kognitiven
Erwägungsprozesses aller ethischen Argumente und Gegenargumente einen willkürlichen Entschluss, ist dieser ethisch richtig:
Weil beide Handlungsalternativen ethisch betrachtet gleich gut
sind, kann man im wörtlichen Sinne hier nichts falsch machen.
Dass sich im Nachhinein Bedauern oder Schuldgefühle einstel-
len, weil der junge Mann entweder die Mutter allein zurücklässt
oder die Widerstandskämpfer nicht unterstützen kann, ist dabei
ethisch ohne Belang (vgl. Ricken, 228f.). Für die Rechtfertigung
der vollzogenen Handlung vor den „Im-Stich-Gelassenen" ist der
Hinweis auf die zwei äquivalenten Hilfspflichten und die Unmöglichkeit ihrer gleichzeitigen Erfüllung ausreichend. Es gilt
nämlich das formale Prinzip zu beachten, demzufolge ein *Sollen* | Sollen vs. Können
immer ein *Können* voraussetzt. Wenn ein Mensch etwas aufgrund
physischer, psychischer oder situativer Einschränkungen nicht
tun kann, ist er automatisch vom moralischen Sollen entlastet.
Da ein Mensch zur gleichen Zeit immer nur eine Handlung aus-
führen *kann, soll* er auch von zwei ethisch gleichwertigen nur
eine vollstrecken. Irrational und ethisch verwerflich wäre lediglich das Unterlassen beider Handlungen infolge des fehlenden
eindeutigen Vorzugskriteriums.

| Sollen setzt Können voraus | *Grundsatz* |

Ad 2: Anders als im ersten Beispiel lässt sich der Konfliktfall im
Heinz-Dilemma nicht eliminieren durch einen solchen Rückgriff
auf eine einheitliche grundlegende Norm, d.h. ein Prinzip. Die
hier relevanten Normen „Stehle nicht!" und „Helfe in der Not!"

wurzeln in den beiden eigenständigen Prinzipien „Achtung fremden Eigentums" und „Wohltätigkeit". Mit seinen empirischen Untersuchungen anhand von Befragungen meint Lawrence Kohlberg allerdings nachgewiesen zu haben, dass Menschen mit einem höheren Entwicklungsstand des moralischen Urteilens mehrheitlich das Stehlen von Heinz gutheißen: Sie urteilen, Heinz habe richtig gehandelt, weil das „Recht auf Leben" universeller sei als ein gesetzlich geregeltes „Recht auf Eigentum". Kohlberg ist darüber hinaus überzeugt, auch gemäß kantschem und utilitaristischem Moralprinzip müsse man dem Stehlen eindeutig den Vorzug geben (vgl. Kohlberg, 287 und 410f.). Dies scheint mir jedoch keineswegs so eindeutig zu sein. Zunächst ist das „Recht auf Eigentum" sicherlich nicht nur ein gesetzlich-konventionelles, wie Kohlbergs Probanden offenbar wähnen, sondern auch ein

Rechte

moralisches Recht. Unter *Rechten* versteht man ganz generell berechtigte, von einer Gemeinschaft anerkannte Ansprüche von Individuen gegenüber anderen Individuen, gegenüber der Gemein-

juristische vs. moralische

schaft oder dem Staat. Im Unterschied zu *juristischen* Rechten sind *moralische* Rechte wie die Menschenrechte nicht an bestimmte politische Verfassungen gebunden und mit institutionalisierten Sanktionen ausgestattet. Sie haben vielmehr universelle, überstaatliche Geltung und sollen allen Menschen als Menschen zukommen. So wie die Prinzipien verkörpern moralische Rechte größtenteils Basiswerte wie etwa den Wert „Leben" beim „Recht

Rechte vs. Prinzipien

auf Leben" oder „Freiheit" beim „Recht auf Freiheit". Während sich die Prinzipien aber an die Handlungssubjekte richten, damit sie sich anderen Personen gegenüber auf bestimmte Weise verhalten, artikulieren die Rechte Ansprüche der Menschen, von ihren Mitmenschen bzw. vom Staat auf bestimmte Weise behandelt zu werden. So ist das Ziel der Menschenrechtsorganisationen die Sicherung des Lebens und grundlegender Freiheiten oder Interessen der Einzelnen wie beim Recht auf Selbstbestimmung, Meinungsfreiheit, Eigentum oder Bildung.

Kehren wir zum Heinz-Dilemma zurück: Tatsächlich dürfte *präferenzutilitaristisch* betrachtet der Wunsch zu leben stärker sein als das Interesse des Apothekers an der kleinen, wieder herstellbaren Dosis des Medikamentes. Obgleich utilitaristische Überlegungen also für die Option Stehlen sprechen würden, hat sich die utilitaristische Ethik bei unserer Analyse in Kapitel 5.2 als defizitär entpuppt. Nach *kantscher Ethik* hingegen wären verschiedene Rechte und Pflichten zu unterscheiden, die sich in einer hierarchischen Ordnung befinden. Dabei wäre weniger das von Kohlberg benannte Recht auf Eigentum und Recht auf Leben relevant. Zwar rangiert das „Recht auf Leben" höher als das „Recht auf Eigentum" bzw. der Wert menschlichen Lebens höher als der Eigentumswert, weshalb wir einen Diebstahl eindeutig als weniger gravierend einschätzen als einen Mord. Heinz würde jedoch seine Frau mitnichten töten, wenn er vor dem fraglichen Diebstahl aus moralischen Gründen zurückschreckte. Dem „Recht auf Eigentum" kann also nicht das „Recht auf Leben" entgegengestellt werden, sondern allenfalls ein „Recht auf Wohltätigkeit". Ein solches moralisches Recht gibt es aber höchstens in besonderen Beziehungen wie Mutter-Kind- oder Patient-Arzt-Verhältnissen, in denen man eine bestimmte Verantwortung füreinander übernommen hat (vgl. Kapitel 6.4). Auch wenn man die Verbindung zwischen Eheleuten zu diesen besonderen sozialen Beziehungen zählt, entspräche diesem Recht in Kants Termini immer nur eine „unvollkommene Pflicht" zur Hilfeleistung (vgl. Kapitel 4.2.3a). Die Hilfs- oder Wohltätigkeitspflicht wäre somit eingeschränkt durch die der helfenden Person zur Verfügung stehenden Handlungsmöglichkeiten. Nun wird man von Heinz nicht sagen könne, er hätte nicht alle legitimen Mittel ausgeschöpft, um das Leben seiner Frau zu retten. Da es sich bei der Achtung gegenüber fremdem Eigentum jedoch um eine „vollkommene Pflicht" handelt, die Kant zufolge Vorrang gegenüber allen unvollkommenen hat, dürfte er das Recht auf Eigentum des Apothekers nicht antasten. Heinz hätte folglich den Diebstahl unterlassen müssen, weil moralische Rechte nicht verletzt werden dürfen. Bei vielen alltäglichen moralischen Konflikten hilft es uns zweifellos weiter, auf diese Weise die relevanten Rechte, Prinzipien oder Werte in eine hierarchische Ordnung zu bringen.

Hierarchie von Rechten/ Prinzipien/Werten

1. Es müssen alle Werte, Prinzipien und Rechte in Betracht gezogen werden, die in einer bestimmten Handlungssituation relevant sind.
2. Moralische Rechte dürfen nicht verletzt werden.
3. Die höherrangigen Prinzipien verdienen den Vorzug.
4. Bei gleichwertigen Prinzipien oder Grundrechten muss ein Kompromiss gefunden werden, der alle Betroffenen gleichermaßen berücksichtigt.
5. Erst dann kommen situationsspezifische Nutzenüberlegungen bezüglich der zu erwartenden Folgen für die Einzelnen ins Spiel, um konkrete, anwendungsorientierte Normen zu formulieren. (nach Pfeifer, 128)

Vorzugsregeln für alltägliche moralische Konflikte

6.1 | Leben

Recht auf Leben
Grundwert

„Dass jeder Mensch ein Recht zu leben habe, bedarf keiner Begründung", schreibt Franz Wuketitis in seiner *Bioethik* (Wuketitis, 48). Menschliches *Leben* scheint ein schlechthin unhinterfragbares Gut und ein unüberbietbarer Höchstwert zu sein. Die es

Basisnorm/Prinzip

schützende Basisnorm „Du sollst nicht töten!" gilt in den meisten Kulturen als vordringliches ethisches Prinzip. Dem Tötungsverbot bzw. der Pflicht zum Lebensschutz korrespondiert das „Recht auf Leben", das sich weit oben an der Spitze von Menschenrechtskatalogen sowie von den sie schützenden politischen Grundgesetzen befindet: so etwa in Artikel 2 der Europäischen Menschenrechtskonvention (EMRK) sowie entsprechend in Artikel 2 Absatz 2 des Grundgesetzes (GG) der Bundesrepublik Deutschland. Wo dieses Recht nicht absolut gilt wie in Ländern mit einer Todesstrafe, wird es eingeschränkt auf unschuldiges Leben. Sogar Kant hält es im Rahmen seiner Straftheorie für angemessen, Mörder zu töten, d. h. einen Mord mit einer Tötung zu vergelten (vgl. Kant, MS, A200/B230). Auch werden auf der Ebene der konkreten Normen weitere situationsspezifische Ausnahmen vom Grundprinzip formuliert. So gilt bei den meisten Völkern mit schriftlicher Rechtskultur ein Töten aus Notwehr oder im Krieg als ethisch legitim. Doch wie lassen sich ein elementares Lebensrecht und das Prinzip des Tötungsverbots begründen? Oder erübrigt sich hier jedes Weiterfragen, weil der Grundwert „Leben" intuitiv einsichtig ist, wie Wuketitis suggeriert? Stellt das „menschliche Leben" wirklich als solches einen Wert dar, unabhängig von seiner Qualität oder Beschaffenheit?

Plausibilitätsargument

Wuketits führt zumindest folgendes Plausibilitätsargument an: Jeder Mensch komme völlig ungefragt zur Welt. Es sei daher unlogisch und moralisch widersprüchlich, ihm a posteriori, also nachträglich, das Lebensrecht abzusprechen (vgl. ebd.). Der Schluss vom Faktum der nicht frei gewählten eigenen Geburt auf ein unumstößliches moralisches Lebensrecht scheint mir aber alles andere als moralisch oder gar logisch zwingend zu sein. Genauso gut könnte man daraus ableiten, der Mensch sei nicht Herr über Leben und Tod; er hätte die diesbezügliche Verfügungsmacht vielmehr abgegeben an das „Schicksal", an die natürlichen biologischen Prozesse oder an Gott. Spräche man dem Menschen aus diesem Grund ein Lebensrecht zu, müsste man ihm zugleich eine Lebenspflicht unterstellen. Er verlöre also damit auch das Recht, über eine vorzeitige Beendigung seines Lebens zu entscheiden, und müsste selbst unter schlimmstem, unheilbarem physischem oder psychischem Leid ausharren. Eine solche absolute Lebenspflicht könnte aber in unserem Kulturkreis nicht mit einer universellen Akzeptanz rechnen. Allen Mitgliedern unserer modernen westlichen Gesellschaft dürfte hingegen gerade diejenige Argumentation als vernünftig einsehbar sein, die nicht vom unfreiwilligen Geworfensein des Menschen in das Leben ausgeht, sondern das Freiheitsrecht aller Menschen akzentuiert (vgl. Kapitel 6.2): Jeder Mensch hat das alleinige Bestimmungsrecht darüber, wie und wie lange er leben will. Solange eine Person am Leben zu sein wünscht, dürfe sie von niemandem daran gehindert werden. Die Crux dieser Begründungsform besteht allerdings darin, dass sie sich auf urteilsfähige Menschen beschränkt. Vom Tötungsverbot ausgeschlossen wären dann Föten, Kleinkinder und geistig Behinderte, die nicht zu einem bewussten und artikulierbaren Lebenswunsch fähig sind (vgl. Wolf 1991, 244f.). Darüber hinaus spräche aus dieser Sicht nichts mehr gegen ein Töten auf Verlangen. Der argumentative Rekurs auf das Freiheitsrecht scheint damit in Widerspruch zu zwei grundlegenden moralischen Intuitionen zu stehen.

> keine Lebenspflicht

> Recht auf Selbstbestimmung

Ein anderer Begründungsweg für das Recht auf Leben und das Prinzip, andere Menschen nicht zu töten, wäre der nahe liegende Rückgriff auf den Grundwert „Leben". Tief in der hebräischen und christlichen Tradition verwurzelt ist die in unserem Kulturkreis lange Zeit dominierende Überzeugung von der „Heiligkeit des Lebens" (vgl. Kuhse, 75). Sie basiert auf der Vorstellung des Lebens als ein Geschenk Gottes, das der Mensch bewahren und fruchtbar machen soll. Nur Gott selbst wäre dann befugt, über Leben und Tod der Menschen zu entscheiden. Diese Argumentation ist aber nicht für alle vernünftigen Menschen plausibel, sondern nur für diejenigen, die an Gott und seine Allmacht glauben. Eine säkularisierte Version der Verteidigung des unantastbaren Höchstwertes des Lebens findet sich jedoch unter Medizinern und Psychiatern. Bis vor Kurzem gingen die meisten Ärzte implizit von einem angeblich für alle Menschen intuitiv einsehbaren „Vitalwert" aus, durch den das rein biologische Am-Leben-Sein zu einem Gut an sich avanciert. Dagegen lässt sich einwenden, dass es neben dem Am-Leben-Sein noch andere Vitalwerte gibt,

> christliche Lehre von der „Heiligkeit des Lebens"

> biologischer „Vitalwert"

wie etwa Gesundheit oder Lebenslust (vgl. Wolf 1991, 244). Obgleich das Leben als solches natürlich die Bedingung aller anderen Vitalwerte und damit den fundamentalsten Wert darstellt, kann dieser positive Grundwert gleichsam „überstimmt" werden durch zu viele negative Zusatzwerte. Dies könnte etwa der Fall sein bei einem unheilbaren, unter starken Schmerzen leidenden Kranken oder Schwerstbehinderten. Gegen die ausschließliche Orientierung am quantitativen Leben als Vitalwert melden sich heute auch in den eigenen Reihen der Mediziner immer mehr Stimmen, die der „Qualität des Lebens" stärkeres Gewicht verleihen wollen. Da der Mensch im Unterschied zu rein instinktgeleiteten Lebewesen nicht einfach nur lebt, sondern zu seinem Leben Stellung beziehen kann, müssen über die Vitalwerte hinaus noch viele andere soziale, geistige und kulturelle Werte realisiert sein, damit es als wertvoll erlebt werden kann.

Neben dem bereits erwähnten Prinzip menschlicher Autonomie bietet sich von den in Kapitel 4 und 5 kennen gelernten methodischen Moralprinzipien zuallererst das *utilitaristische Nutzenkalkül* an. Wie ich bezüglich Bentham erwähnte, war es für ihn wie für seine Gesinnungsgenossen eine Selbstverständlichkeit, dass man die Nutzensumme am leichtesten dank einer Erhöhung der Zahl lustfähiger Wesen steigern könne (vgl. Kapitel 5.2, S. 148). Um eine optimale Nutzensumme zu erzielen, müsste man infolgedessen sowohl die Geburtenrate steigern als auch Tötungen verhindern. Denn wer lustfähige Wesen tötet, nimmt ihnen die Chance auf ihr „praemium vitae", d. h. den Vorteil und Gewinn des Lebens (vgl. Wolf, 244). Dieser Gewinn oder eben „Nutzen" kann sowohl in Lustempfindungen (klassischer Utilitarismus) als auch in der Erfüllung von Präferenzen (Präferenzutilitarismus) bestehen. Oder man könnte mit Thomas Nagel die Möglichkeit des Menschen hervorheben, wahrzunehmen, zu denken und zu wünschen: Gemäß einem common sense-Verständnis soll die Fähigkeit, überhaupt Erfahrungen machen zu können, dem menschlichen Leben einen irreduziblen Eigenwert verleihen (vgl. Nagel, 15f.). Auch dieses handlungsutilitaristische Argument für ein Lebensrecht und ein Tötungsverbot führt jedoch in die Irre. Denn wohl ist es wahr, dass die Menschen, solange sie leben, fähig sind, positive Erfahrungen zu machen, Lust zu empfinden und Präferenzen zu erfüllen. Es gibt aber genauso die Möglichkeit, negative Erfahrungen oder Enttäuschungen

utilitaristische Begründung

„praemium vitae"

zu erleben, konstant unter starken Schmerzen oder Unlust zu leiden oder über Jahrzehnte hinweg keines seiner bedeutsamen Ziele erfolgreich realisieren zu können. Da das „praemium vitae" unter bestimmten Lebensbedingungen ausbleiben kann, vermag es schwerlich dem Leben als solchem einen positiven Wert zu vermitteln. Handlungsutilitaristisch betrachtet sähe man sich vielmehr sogar dazu aufgerufen, Menschen zu töten, die der fraglichen Vorteile des Lebens für immer beraubt sind. Ein schwerstbehindertes Kind oder ein psychisch kranker Gewaltverbrecher sind möglicherweise nicht nur zu einem freudlosen Leben verdammt, sondern zeitigen bezüglich ihres sozialen Umfeldes eine erhebliche Nutzenverminderung.

Geht man davon aus, dass allgemein gültige Normen heute nur noch vermittels *gemeinsamer praktischer Diskurse* begründet werden können (vgl. Kapitel 4.2.3b), wäre das Tötungsverbot genau dann ethisch legitim, wenn alle vernünftigen Lebewesen ihm in einem praktischen Diskurs zustimmen. Am einfachsten liegt der Fall natürlich da, wo verallgemeinerbare, grundlegende menschliche Bedürfnisse oder Interessen vorhanden sind. Nun verspüren zwar wie gezeigt nicht alle Menschen unter allen möglichen widrigen Umständen den Wunsch, weiterzuleben, weil neben der Quantität auch die Qualität des Lebens zählt. Alle Menschen haben aber eine starke Abneigung dagegen, wider ihren eigenen Willen von anderen getötet zu werden. Müsste man nämlich ständig um sein Leben bangen, würde die minimale Sicherheit fehlen, die es braucht, um überhaupt positive Erfahrungen und Erfüllungserlebnisse sammeln zu können. Denn die relative Gewissheit, sich seines Lebens vor anderen sicher zu sein, gehört zu den grundlegenden Entfaltungsbedingungen menschlichen Lebens. Ein Leben, das man in ständiger Angst vor Übergriffen seitens seiner Mitmenschen lebt, kann kein qualitativ befriedigendes sein. Bei Kleinkindern, Demenzkranken und geistig Behinderten, die sich weder an einem rationalen Diskurs beteiligen noch einem Wunsch nach Leben oder Schutz vor Fremdtötung Ausdruck geben können, wären die entsprechenden Bedürfnisse advokatorisch (stellvertretend) zu vertreten. Ganz abgesehen von der subjektiven Angst, getötet zu werden, vom Reingewinn positiver Erlebnisse oder vom Vitalwert des biologischen Am-Leben-Seins ließe sich auch handlungsreflexiv argumentieren: Ohne Gewährleistung der physischen (und psychischen) Integri-

diskursethische Begründung

handlungsreflexive Begründung

tät kann ein Mensch gar nicht handeln und das Bestmögliche aus seinem Leben machen. Allein mit Blick auf die menschliche Handlungsfähigkeit als solche wäre das Leben als ein objektives „Elementargut" zu schützen und das Recht auf Leben allen zuzuerkennen, die als Mitglieder der Spezies Mensch wenigstens potentiell handlungsfähig sind (vgl. Steigleder, 184ff.). Da dieses Recht auf Leben einen Anspruch gegenüber anderen Menschen oder den politischen Machthabern darstellt, ist daran keine absolute Lebenspflicht gekoppelt. Wird die Handlungsfähigkeit und in der Folge die Lebensqualität durch andere schwierige Lebensbedingungen irreversibel eingeschränkt, kann sich der Einzelne auch für seinen Suizid entscheiden.

Leben

Wert:	elementarster Wert hinsichtlich menschlicher Handlungsfähigkeit
Prinzip:	Töte keinen (unschuldigen) Menschen!
Recht:	unverletzliches Recht auf Leben
Normen:	Ausnahmeregelungen im Krieg, bei Notwehr oder zur Bestrafung von Mördern

6.2 | Freiheit

Freiheit ist nicht nur eines der schillerndsten Konzepte in der philosophischen Ethik, sondern stellt seine große Bedeutung in zweierlei Hinsicht unter Beweis: Zum einen postulieren viele Ethiker in der Nachfolge Kants, das Wesen oder das Kernziel einer Moral sei es, größtmögliche Freiheit für alle Mitglieder einer Handlungsgemeinschaft zu garantieren. Höchstes ethisches Beurteilungskriterium von Handlungen wäre dann das Ausmaß, in dem die Freiheit aller Betroffenen gesteigert wird (vgl. Pieper 2007, 20). Zum andern setzt ethische Praxis immer schon eine bestimmte Art von menschlicher Freiheit voraus. Wäre der Mensch in seinem Handeln vollständig durch physikalische Gesetze determiniert, könnte man ihn schwerlich für sein Handeln verantwortlich machen und ihm ethische Schuld zusprechen. Es ließe sich folglich mit Pieper konkludieren: Ethisch gut kann „nur eine Handlung heißen, die *sowohl* aus Freiheit geschieht *als auch* Freiheit (des Handelnden und der durch die Handlung Betroffenen) zum Ziel hat." (ebd., 49). Doch „Freiheit" wird in diesen unterschiedlichen Kontexten nicht immer im gleichen

Sinn verwendet. Es ist ein multivoker, d. h. mehrdeutiger Begriff. Analog zum Prinizp „Leben" gilt es also zuallererst zu ergründen, was mit „Freiheit" jeweils gemeint ist und warum ihr ein so hoher Stellenwert in der Ethik zukommen soll. Die wichtigste Differenzierung, die sich in der Philosophie durchgesetzt hat, ist diejenige zwischen Handlungs- und Willensfreiheit. Ich werde beide Freiheitsbegriffe nacheinander erläutern (vgl. dazu Fenner 2006, 100 – 119).

Wie die Bezeichnung bereits sagt, bezieht sich *Handlungsfreiheit* primär auf menschliches *Handeln*: Ein Mensch ist handlungsfrei oder frei in seinem Handeln, wenn ihm keine inneren oder äußeren Einschränkungen, Hindernisse oder Zwänge im Wege stehen. Dieser Freiheitsaspekt ist damit wesentlich negativ bestimmt als eine „Freiheit von" Fremdbestimmung oder sonstigen Handlungsschranken. Es springt ins Auge, dass unter irdischen raumzeitlichen Bedingungen eine absolute oder totale Hindernisfreiheit unmöglich ist. Unser Handeln ist immer vielfältig begrenzt durch äußere Umstände wie die Naturgesetze und die faktischen Gegebenheiten oder durch innere Charakterschwächen, Krankheiten oder Ausbildungsdefizite. Wenn jemand beispielsweise in einem abgelegenen Bergdorf wohnt oder unter einer Gehbehinderung leidet, entfallen einige Handlungsmöglichkeiten, die ihm in einer Großstadt und mit gesunden Beinen offen stehen würden. Aber auch unter diesen signifikant günstigeren Bedingungen in der Großstadt könnte er nur selten bedingungslos tun, was er gerade tun möchte. Denn möglicherweise fehlt ihm das Geld für eine teure Ausbildung oder er hat keinen Erfolg bei seiner Traumfrau. Dieses Beispiel macht deutlich, dass sich die negativ definierte Handlungsfreiheit als Abwesenheit von Einschränkungen auch positiv beschreiben lässt: nämlich als Fähigkeit, zwischen Handlungsoptionen auswählen zu können. Man spricht dann genauer von *Wahl-* oder *Willkürfreiheit*. Diese wäre also umso größer, je mehr Handlungsalternativen man zur Auswahl hat, d. h. je weniger Handlungsschranken im Wege stehen. Unabhängig von allen Hemmnissen könnte man dann tatsächlich (fast) alles tun, was man tun will, und man hätte immer auch anders handeln können.

Unter „positiver Freiheit" als „Freiheit wozu" versteht man aber in aller Regel nicht diese Willkürfreiheit, sondern die *Willensfreiheit*, die man mit der negativen Handlungsfreiheit kon-

Handlungsfreiheit

Wahl-/Willkürfreiheit

Willensfreiheit

trastiert. Wie der Name auch hier schon verrät, steht bei diesem Freiheitskonzept nicht das menschliche Handeln im Zentrum, sondern der *Wille*. Der Wille ist die mentale, also geistige Fähigkeit einer Person, selbstständige Akte der Entscheidung und der Wahl vorzunehmen und die Verwirklichung der gewählten Handlungsabsichten einzuleiten. Statt sich von sinnlichen Begierden, faktischen Wünschen, situativen oder sozialen Zwängen leiten zu lassen, bestimmt man den Inhalt seines Wollens aufgrund vernünftiger Überlegungen. Vorausgesetzt ist also einerseits eine kritische Distanz und reflexive Stellungnahme zu den physischen, psychischen und situativen Gegebenheiten. Andererseits muss man sich in einem Reflexionsprozess für „Wünsche zweiter Ordnung" entschieden haben, mittels derer sich Wünsche erster Ordnung bewerten lassen (vgl. Frankfurt, 288). Während Wünsche erster Stufe auf ein erstrebtes Objekt oder einen ersehnten Zustand gerichtet sind, beziehen sich Wünsche zweiter Ordnung auf solche Wünsche erster Ordnung. Wünsche zweiter Ordnung können Ideale sein wie Coolness oder Hilfsbereitschaft sowie weiterreichende Ziele wie einen bestimmten Beruf erlernen oder eine Familie gründen. Vernünftige Gründe wie materielle Sicherheit, persönliche Erfüllung oder moralische Absichten können dafür geltend gemacht werden. Weil man sich mit solchen Wünschen zweiter Ordnung identifiziert und sie Teil des eigenen Selbstverständnisses werden, kongruiert

Selbstbestimmung (Autonomie)

Willensfreiheit mit *Selbstbestimmung* oder *Autonomie* (Selbstgesetzgebung). Natürlich schränken solche Ideale oder Ziele unsere Handlungsfreiheit ein, weil für eine Professorin oder eine Mutter nicht mehr sämtliche prinzipiell möglichen Handlungsoptionen in Frage kommen. Mit dem Berufswunsch einer Professorin beispielsweise müsste man seine bisher exzessiv betriebenen Hobbys einschränken und könnte infolge der geforderten Mobilität seine Arbeitsstadt nicht mehr frei wählen. Man wäre oftmals gezwungen, sich gegen seine faktischen Wünsche erster Ordnung nach Bequemlichkeit, Freizeitvergnügen oder Nahbeziehungen zu entscheiden. Da die handlungsregulierenden umfassenden Ziele aber ihrerseits frei gewählt wurden, konstituieren sie gerade erst die Freiheit im Wollen: Statt ständig zwischen verschiedenen Handlungsalternativen hin- und hergerissen zu werden, verleihen sie unserem Wollen und Handeln Stabilität und Entscheidungssicherheit. Nur wenn wir im Einklang mit unserem

normativen Selbstbild handeln, tun wir das, was wir wirklich
wollen. Und nur dann sind wir im emphatischen Sinne (willens-)
frei.

Definitionen

Handlungsfreiheit	Willensfreiheit
betrifft: Handeln	*betrifft*: Willen
negativ: Freiheit wovon?	*positiv*: Freiheit wozu?
Abwesenheit von Hindernissen	Selbstwahl und Zielverfolgung
Möglichkeit, unabhängig von inneren oder äußeren Handlungsschranken zwischen (unendlich) vielen Handlungsalternativen auswählen zu können	mentale Fähigkeit, die gegebenen physischen, psychischen und situativen Gegebenheiten auf selbstgesetzte, vernunftmäßig begründete Ideale oder Wertorientierungen hin zu beurteilen und die Verwirklichung seiner Handlungsziele einzuleiten

Nach diesen unabdingbaren Begriffserläuterungen können wir
zu den beiden Ausgangsfragen zurückkehren: a) zur Frage, welche Art von Freiheit eine philosophische Ethik voraussetzt; b) zur
Frage, welche Freiheit aus welchen Gründen unbedingt geschützt
werden soll.

Ad a: Träfen die Annahmen eines harten *physikalischen Deter-*
minismus zu, das ganze Universum sei streng determiniert durch
physikalische Naturgesetze, wäre jede Handlungs- und Willensfreiheit ausgeschlossen („Inkompatibilismus"). Im Rahmen
eines solchen materialistischen Monismus werden nämlich auch
mentale Prozesse wie Entscheidungen reduziert auf neuronale
Vorgänge, die vollständig den Naturgesetzen unterworfen sind.
Wären der neurophysiologische Ausgangszustand und die Um-
weltbedingungen hinlänglich bekannt, könnte man folglich die
Entscheidungen und Handlungen eines Menschen für jeden beliebigen Zeitpunkt vorhersagen. Ethische Normen zu entwickeln
und zu begründen, um die menschliche Praxis zu verbessern,
wäre dann weder sinnvoll noch möglich. Empirisch nachwei-
sen lässt sich ein solcher durchgängiger Determinismus jedoch
nicht (vgl. Wildfeuer, 354). In der neueren Freiheitsdebatte haben viele Theoretiker für einen *psychischen Determinismus* Partei
ergriffen, den man teilweise mit Freiheit und Verantwortung für

physikalischer
Determinismus

psychischer
Determinismus

kompatibel hält („Kompatibilismus"). Der Wille des Individuums soll ihnen zufolge nicht durch äußere psychische oder soziale Zwänge, sondern durch seine eigenen, zeitlich vorausgehenden und ursächlich wirkenden Wünsche, Handlungsbegründungen oder Charakterzüge bestimmt werden. Meines Erachtens läge hier aber höchstens in einem sehr schwachen Sinn Willensfreiheit vor. Denn gemäß unseren obigen Ausführungen verlangt die Freiheit im Wollen, dass man sich nicht nur von allen fremden, sondern auch von den eigenen Wünschen, Überzeugungen und Handlungsmotiven distanziert. Man müsste trotz und entgegen aller physischen und psychischen Einflussgrößen allein mit Mitteln der Vernunft auf einer höheren Ebene Ziele und Werthaltungen ausbilden, die als Beurteilungskriterien der Wünsche erster Ordnung fungieren könnten. Solche Gründe und Argumente mögen zwar dank einer individuellen Vorgeschichte und Lebenssituation entstanden sein und zudem eine neuronale Basis haben. Für Willensfreiheit im starken Sinn ist aber allein entscheidend, dass sie vom Subjekt reflexiv durchdacht und bejaht werden.

Urheberkausalität/
intentionale Kausalität

Gegen das kantsche Modell der „Urheberkausalität" oder „Kausalität aus Freiheit" (vgl. KpV, A 83ff.), identisch mit der in Kapitel 2.1 erläuterten „intentionalen Kausalität", haben Kritiker immer wieder in Anschlag gebracht, solche Entscheidungen müssten völlig willkürlich und zufällig sein (vgl. dazu Höffe 2007, 228−265). Der Mensch möge dann zwar im höchsten Sinn frei sein, aber eine ethische Beeinflussung oder Erziehung wäre ohne psychische Determination gar nicht möglich. Kant und die neueren Verfechter der Urheberkausalität denken indes keineswegs an eine völlige Indetermination und eine willkürliche oder zufällige irrationale Wahl (Dezisionismus). Vielmehr plädieren sie für bewusste, reflektierte ethische Entscheidungen nach der Erwägung aller relevanten Gründe und Argumente. Autonom oder willensfrei ist beispielsweise nach Kant nur ein Wille, der sich ausschließlich am Verallgemeinerungsprinzip des „kategorischen Imperativs" orientiert (vgl. Kapitel 4.2.3a). Solche mentalen Reflexionsprozesse, die im Entschluss für ein bestimmtes Handlungsziel gipfeln, sind autonom gegenüber neurophysischen Vorgängen und stellen nicht bloß ein Glied in einer immer weiter zurückgehenden Kausalkette dar. Sie unterliegen nicht Naturgesetzen, sondern den Gesetzen der Logik und Argumentation. Auch wenn solche Entscheidungen vor dem Hintergrund persönlicher Bedürfnisse und Erfahrungen, erzieherischer und kultureller Einflüsse gefällt werden, kommt durch die mentale Fähigkeit des Überlegens und Begründens allgemeiner Kriterien oder Prinzipien etwas qualitativ Neues hinzu. Wo auch immer solche Gründe faktisch herstammen, von erzieherischen Einflüssen, einem individuellen Bildungs- oder Erfahrungshorizont, müssen sie aus reflexiver Distanz verworfen oder anerkannt werden. Ein gewisser Dualismus einer *Ereigniskausalität nach Naturgesetzen* im Bereich psychophysischer Ursachen und einer *Urheber- oder intentionalen Kausalität aus Freiheit* im Bereich der Gründe oder mentalen Ursachen anzunehmen scheint mir eine praktische Notwendigkeit zu sein (vgl. Wildfeuer, 359). Damit normative Ethik sinnvoll betrieben werden kann, muss man also eine Willensfreiheit voraussetzen, bei der man sich nicht unmittelbar durch seine faktischen Wünsche, Wertüberzeugungen oder tradierten Normen leiten lässt, sondern von ethischen Erwägungen und vernünftigen Gründen, die jene transzendieren. Die Existenz einer solchen Willensfreiheit lässt sich empirisch allerdings ebenso wenig beweisen wie ein strenger Determinismus.

Dualismus Ereigniskausalität vs. intentionale Kausalität

Ad b: Aufgrund dieser Antwort auf Frage a) steht außer Zweifel, dass die Willensfreiheit als Grundlage jeder ethischen Praxis unbedingt geschützt werden muss. Auch Gewirth zählt die Freiheit der Selbstbestimmung im Rahmen seiner handlungsreflexiven Moralbegründung zu den „konstitutiven Gütern", auf die jeder Mensch ein Recht hat (vgl. Kapitel 4.2.3c). Es ist diese Art Freiheit, die den Bürgern in den meisten Verfassungen als ein juristisches Recht garantiert wird. Das „Recht auf persönliche Freiheit" oder „Recht auf Freiheit der Person" tritt dabei oft in enger Verbindung mit dem „Recht auf Leben" auf (vgl. Kapitel 6.1): Artikel 10 der Schweizerischen Bundesverfassung (BV) widmet sich dem „Recht auf Leben und persönliche Freiheit", und in Artikel 2 Absatz 2 des deutschen Grundgesetzes heißt es wörtlich: „Jeder hat das Recht auf Leben und körperliche Unversehrtheit. Die Freiheit der Person ist unverletzlich." Genau diese Willensfreiheit als Fähigkeit zur Selbstbestimmung verleiht dem Menschen nach Kant seine Würde und seinen absoluten Wert (vgl. GMS, A/B 78). Die Würde als höchster und unbedingter ethischer Wert begründet sowohl ein moralisches als auch juris-

unbedingtes Recht auf Willensfreiheit

menschliche Würde

tisches Recht: „Die Würde des Menschen ist unantastbar", lautet Artikel 1 Absatz 1 der Bundesverfassung. Menschliche Würde als Autonomie wird in Kants Worten insbesondere da verletzt, wo jemand von seinen Mitmenschen zu einem Objekt gemacht wird, über das man entsprechend den eigenen Bedürfnissen nach Belieben verfügen kann. Schwerwiegende Verletzungen des Freiheitsrechts stellen daher alle Formen der Ausübung physischer Gewalt oder psychischen Drucks dar. Vergewaltigung, Unterdrückung und Folter sind mithin ethisch illegitim. Darüber hinaus bedrohen aber auch alle Versuche der Täuschung oder Manipulation anderer Personen die menschliche Willensfreiheit.

relatives Recht auf Handlungsfreiheit

Weniger eindeutig zu bejahen als bei der Willensfreiheit ist die Notwendigkeit oder Legitimität eines „Rechts auf Handlungsfreiheit". Natürlich braucht der Mensch, um überhaupt handeln zu können, mindestens zwei Handlungsalternativen, die ihm offen stehen. Als methodischer Ansatz bietet sich daher wiederum Gewirths handlungsreflexive Begründung an. Jeder Mensch hätte dann ein Recht auf die größtmögliche Freiheit, die mit der Handlungsfreiheit aller anderen Handlungsfähigen vereinbar wäre. Beim menschlichen Zusammenleben dürfte allerdings das Problem gerade darin bestehen, dass das gewünschte maximale Maß an Handlungsfreiheit Einzelner ständig mit demjenigen anderer kollidiert. Welche unvermeidlichen gegenseitigen Freiheitseinschränkungen dürfen dann als ethisch legitim gelten? Von seinen Mitmenschen Rücksichtnahme auf eine subjektive totale Willkürfreiheit ohne jede Handlungsschranken einzufordern wäre zweifellos nicht nur vermessen, sondern in Raum und Zeit gar nicht sinnvoll (vgl. oben). Kein Mensch darf andererseits in seiner Handlungsfreiheit derart von seinem sozialen Umfeld eingeengt werden, dass sich sein Handeln in einer Anpassung an vorgegebene Rollenmuster und Lebensformen erschöpft. Vielmehr sollten minimale Handlungsspielräume durch ein permissives, d. h. entgegenkommendes soziales Umfeld gesichert werden. Darüber hinaus müssten die lebensnotwendigen Güter zur Stillung der basalen Bedürfnisse nach Nahrung, Obdach und Sicherheit allen Menschen zur Verfügung stehen. Damit kann verhindert werden, dass jemand im täglichen Kampf ums pure biologische Am-Leben-Sein gefangen bleibt, bei dem es keine anderen Handlungsalternativen gibt als Leben oder Sterben. Jenseits dieser Schwelle des Lebensnotwendigen findet das Recht auf ein Minimum an Handlungsfreiheit seine legitimen Grenzen da, wo ein anderer uns in einem fairen Wettbewerb übervorteilt. Damit sind wir beim zentralen ethischen Prinzip „Gerechtigkeit" angelangt (vgl. Kapitel 6.3).

	Willensfreiheit	Handlungsfreiheit
Wert	absoluter und unverletzlicher Wert, der die Würde des Menschen ausmacht	relativer Wert in Bezug auf Ziele und Ideale, die Individuen in ihrem Leben verfolgen
Prinzip	Handle so, dass du niemanden als bloßes Objekt behandelst (Willensfreiheit) und die Handlungsfreiheit der vom Handeln Betroffenen nicht grundlos und ungerechterweise einschränkst!	
Recht	unverletzliches Recht auf Würde	Recht auf minimale Handlungsfreiheit in Form von Überlebenssicherung und permissivem sozialem Umfeld
Normen	physische Gewalt, psychischen Zwang, Täuschung und Manipulation unterlassen	niemanden zur teilnahmslosen Anpassung an soziale Umwelt zwingen, minimale Grundgüter zur Existenzsicherung zur Verfügung stellen

Freiheit

Gerechtigkeit | 6.3

Anschauungsbeispiel 1

Der kleine Hans feiert seinen zehnten Geburtstag und darf seine besten Spielgefährten einladen. So hat sich eine bunt gemischte Gruppe von acht Kindern im Alter von 5–15 Jahren versammelt, die teilweise direkt aus der Schule, aus dem Fußballtraining oder von einem anderen Familienfest kommen. Sie sind also in ganz unterschiedlichem Maß gesättigt und verschieden groß. Als die Mutter die Geburtstagtorte schneiden will, zögert sie und überlegt, wie sie die Torte im Zeichen der Gerechtigkeit verteilen soll.

In einem mittelgroßen Betrieb gibt es fünf Angestellte, die alle gleich viel verdienen, aber unterschiedlich viel leisten. Max bearbeitet zehn Aufträge an einem durchschnittlichen Arbeitstag, seine Kollegen, die z.T. noch Anfänger sind oder weniger kommunikativ, erledigen maximal fünf. Max fragt sich seit längerer Zeit, ob das gerecht sei.

Gerechtigkeit gilt als das grundlegendste normative Prinzip des zwischenmenschlichen Zusammenlebens schlechthin (vgl. Höffe 2004, 34). Anlässlich der terminologischen Differenzierung der Ethik in Individual- oder Strebensethik einerseits, Sozial- oder Sollensethik andererseits, ordneten wir der ersten Perspektive das Glück, der zweiten die Gerechtigkeit zu (vgl. Kapitel 1.1). Während das abstrakte Prinzip Freiheit eher die Bedingungen sowie das globale Fernziel ethischer Praxis festschreibt, fungiert das Prinzip Gerechtigkeit als praxisnahes Beurteilungskriterium menschlicher Interaktionen. Das Prinzip „Behandle Deine Mitmenschen gerecht!" ist besser handhabbar als die Forderung, die Handlungsfreiheit seiner Mitmenschen nicht grundlos und unfairerweise einzuschränken (vgl. Kapitel 6.2). Man könnte die ethischen Prinzipien der Gerechtigkeit und Wohltätigkeit als Konkretisierungen des fundamentalethischen Appells begreifen, das Interesse an der Handlungsfreiheit aller Beteiligten unter der Bedingung raumzeitlicher Begrenztheit angemessen zu berücksichtigen. Allerdings ist der Begriff „Gerechtigkeit" nicht anders als „Freiheit" ein ethischer Grundbegriff, der auf vielfältige Weise gebraucht wird und zu zahllosen philosophischen Modellen und Theorien Anstoß gab.

Versucht man, trotz der breiten Palette verschiedener Gerechtigkeitsvorstellungen einen gemeinsamen Kern oder eine Grundbedeutung herauszuarbeiten, gelangt man zum *Gleichheitsgebot*: Gerecht ist ein Handeln dann, wenn man Gleiche gleich und Ungleiche ungleich behandelt. Es dürfen also bei Menschen in gleichen Umständen keine willkürlichen Unterschiede gemacht werden. Als elementare Schwierigkeit erkannte bereits Aristoteles die Bestimmung der Gesichtspunkte, die bei der Beurteilung dieser Gleichheit oder Ungleichheit relevant sein sollen (vgl. Aristoteles, 5. Buch, 1130bff.). Schon anhand des simplen oben skizzierten Beispiels des Kuchenverteilens bei einer Kindergeburtstagsparty lässt sich diese Crux veranschaulichen:

Gleichheitsgebot:
Gleiche gleich behandeln

Soll die Mutter den Kuchen in acht gleiche Teile schneiden und jedem Kind gleich viel zukommen lassen? Sind alle Kinder als gleich zu betrachten oder welche Kriterien müsste sie zur Feststellung relevanter Unterschiede heranziehen? Soll sie den größeren oder denjenigen mit dem größten Appetit ein größeres Stück bemessen, weil Gleichheit hier Ungerechtigkeit bedeutete?

Auf Aristoteles zurück geht die elementare Unterscheidung zwischen einer arithmetischen oder egalitären („gleichmachenden") und einer geometrischen oder adressatenorientierten Gerechtigkeit (vgl. ebd.). Bei der *arithmetischen oder egalitären Betrachtungsweise* werden alle Unterschiede zwischen den Menschen nivelliert und damit alle Menschen als in den wesentlichen Hinsichten als gleich betrachtet. Die Mutter des kleinen Hans handelte also gemäß dem egalitären Gerechtigkeitsmodell genau dann richtig, wenn sie den Kuchen arithmetisch, d. h. rein rechnerisch in so viele gleiche Teile schneidet, wie geladene Gäste anwesend sind. Aristoteles hatte dabei vor allem die staatlichen Gesetze im Auge, die von allen Menschen gleich zu beachten sind. Ob jemand einen reichen betrügerischen Manager oder einen ehrbaren bescheidenen Beamten ausraubt oder welcher von diesen ein Verbrechen begeht, spielt vor dem Gesetz keine Rolle. Jeder wird für einen Raub gleich bestraft, denn für alle gelten dieselben Gesetze. Auch beim Tausch von Waren oder Leistungen sind die Unterschiede zwischen den Personen irrelevant. Ausschlaggebend ist allein der Wert der getauschten Waren bzw. Leistungen. Dem arithmetischen Gerechtigkeitsmodell ist daher die „kommutative (Tausch-)Gerechtigkeit" zu subsumieren.

arithmetische oder egalitäre Gerechtigkeit

Anders werden bei der *geometrischen oder adressatenorientierten Gerechtigkeit* die Individuen unterschiedlich behandelt, und zwar, wie beim geometrischen Strahlensatz (a:b = c:d), im Verhältnis zu bestimmten Qualitätsmerkmalen. Da diese Gerechtigkeitsvorstellung meistens in Verbindung mit der Frage nach der gerechten Verteilung von Gütern auftaucht, spricht man auch von „distributiver (Verteilungs-) Gerechtigkeit". Man gibt dann nicht jedem Adressaten gerechter Handlungen „das Gleiche", sondern vielmehr „das Seine"; d. h. das, was jemandem zusteht, worauf jemand einen Anspruch hat. Solche Ansprüche können dabei durch berechtigte individuelle Bedürfnisse, durch unterschied-

geometrische oder adressatenorientierte Gerechtigkeit

liche Leistungen, Qualifikationen oder Begabungen begründet sein. Bei der Verteilung des Geburtstagskuchens im ersten Anschauungsbeispiel dürfen sicherlich weder die verschiedenen (schulischen) Leistungen noch Begabungen der Kinder eine Rolle spielen, sondern allenfalls die individuellen Bedürfnisse. Es scheint aber ein schwieriges Unterfangen zu sein, einerseits den unterschiedlichen Appetit anhand von Größe, Gewicht und „kulinarischer Vorgeschichte", andererseits die subjektiven Vorlieben oder Abneigungen gegen Süßgebäck von außen exakt zu eruieren und miteinander zu verrechnen (vgl. Utilitarismus, Kapitel 5.2). Aus pragmatischer Sicht müsste man der Mutter daher empfehlen, jedes Kind selbst danach zu fragen, ein wie großes Stück es haben möchte. Allerdings werden die meisten Kinder eine kritische Reflexion und Bewertung der eigenen Wünsche vermissen lassen, so dass man etwa einem begierigen übergewichtigen Kind auf diese Weise gesundheitlichen Schaden zufügte. Gegen ein solches adressatenbezogenes Nutzenkalkül ließe sich ganz grundsätzlich einwenden, man würde sich beim Kuchenverteilen in einem Surplus-Bereich bewegen, in dem es gar nicht um ethisch relevante existentielle Grundbedürfnisse oder Handlungsmöglichkeiten gehe, sondern lediglich um hedonistische Zusatzqualitäten. Deshalb sei Gleichbehandlung hier das angemessene Gerechtigkeitskriterium (vgl. Horn 2003, 98). Im zweiten Anschauungsbeispiel der Entlohnung von Angestellten wäre hingegen eine Bezahlung gemäß der um 50% abweichenden Leistungen eindeutig gerechter.

Definitionen

arithmetische oder egalitäre Gerechtigkeit	geometrische oder adressatenorientierte Gerechtigkeit
alle Betroffenen werden in der relevanten Hinsicht als gleich betrachtet	Unterschiede bei individuellen Bedürfnissen, Leistungen, Qualifikationen oder Begabungen werden berücksichtigt
Jedem das Gleiche (gleich viel)	Jedem das Seine (worauf er Anspruch hat)
• Menschenrechte für alle Menschen • Politische Gesetze für alle Bürger	• Existenzsicherung → nach Bedürftigkeit • Verdienst → nach Leistungen • Ausbildungsplatz → nach Eignung und Vorbildung

Fragt man nach der Begründbarkeit des Werts oder Prinzips „Gerechtigkeit", braucht man sich lediglich das materiale Kennzeichen moralischen Handelns zu vergegenwärtigen (vgl. Kapitel 1.1): Der unparteiische Standpunkt der Moral verlangt, unter Absehung von persönlichen Freundschafts- oder Feindschaftsbeziehungen die Bedürfnisse und Interessen aller vom Handeln Betroffenen in gleicher Weise zu berücksichtigen. Wer diesen Standpunkt einnimmt und danach handelt, handelt in einem allgemeinen Sinn gerecht. Die Göttin der Gerechtigkeit, die „Justitia", wird daher in der bildenden Kunst seit jeher mit einer Augenbinde dargestellt: Sie darf nicht sehen, wer welche Interessen vertritt. Die Waage in ihrer Hand symbolisiert die Aufgabe, jeder Partei das ihr Gebührende zuzumessen. Würde beispielsweise Hans' Mutter den Wunsch ihres Sohnes auf ein großes Kuchenstück aufgrund der familiären Bindung bevorzugt behandeln, täte sie klar Unrecht. Die Frage, wieso man gerecht handeln oder Ansprüche auf gerechte Behandlung berücksichtigen soll, wäre dann identisch mit der bereits erörterten Gretchenfrage: „Wieso überhaupt moralisch sein?" (vgl. Kapitel 1.3). *[Randnotiz: unparteiischer Standpunkt der Moral]*

In den meisten ethischen und rechtlichen Debatten über Gerechtigkeit diskutiert man nicht konkrete Einzelfälle, sondern Situationstypen, in denen bestimmte menschliche Bedürfnisse auftreten und miteinander konfligieren. Meist geht es um institutionelle Zusammenhänge wie beispielsweise den Staat mit seinen Gesetzen, um Arbeitgeber bei der Lohnverteilung oder Ausbildungsstätten, die Studienplätze oder Stipendien vergeben. Institutionen sind Einrichtungen, die für bestimmte Aufgaben zuständig sind. Je nach den spezifischen Zielen oder Aufgaben, die solche Institutionen im öffentlichen Leben erfüllen, stehen auch schon die typischen Interessen der Adressaten fest, die bei gerechter Behandlung berücksichtigt werden müssen: seien es die politischen Interessen an den Grundrechten und -freiheiten, am Lebensunterhalt oder an einer höheren Ausbildung. Es gilt dann, nicht willkürliche Kriterien für berechtigte Interessen festzulegen und zu begründen. In formaler oder technischer Hinsicht wäre um der Gerechtigkeit willen zu fordern, dass die Kriterien für eine Bewertung der Ansprüche 1. von vornherein und ohne Blick auf zukünftige individuelle Anwärter festgelegt werden; 2. wären sie allgemein bekannt zu geben, wodurch sie zugleich der öffentlichen Kritik ausgesetzt sind; 3. sollten sie streng all- *[Randnotizen: Institutionen; nicht willkürliche Kriterien begründen]*

gemein für alle Interessenten gelten, so dass sie gleichsam mit
verbundenen Augen angewendet werden können.

Inhaltlich betrachtet müssten sich die Bewertungsmaßstäbe
4. sinnvoll aus der spezifischen Zielsetzung der jeweiligen Gemeinschaftsform ergeben. So setzt sich etwa der Rechtsstaat
zum Ziel, die Rechte aller Bürger zu schützen, seien es primär
die Eigentumsrechte, Freiheitsrechte, Partizipationsrechte oder
Menschenrechte. Da er diese Aufgaben für alle Bürger des Staa-
tes übernommen hat, ließe sich ein Ausschluss einzelner Bürger nicht rechtfertigen. Unterschiede wie diejenigen bei der
Einkommenssteuer müssen wiederum nach allgemeingültigen,
relevanten Kriterien begründet werden: nach der Höhe des Einkommens, nach Familienstand und Kinderzahl. Allfällige Konflikte zwischen verschiedenen Rechtsansprüchen sind juristisch
geregelt, so dass die Rechte des einen mit den Rechten des anderen grundsätzlich vereinbar sind. Demgegenüber kann es bei
der Lohnverteilung oder Stipendienvergabe infolge der Knappheit der angebotenen Güter zu Interessenkonflikten kommen.
Es lassen sich möglicherweise nicht alle Lohnforderungen oder
Ansprüche auf Ausbildungsplätze oder Stipendien erfüllen. Bei
unserem zweiten Anschauungsbeispiel eines mittelgroßen Be-
triebs, der Mitarbeiter für die Bearbeitung von Exportaufträgen
einstellt, kommen als gerechte Lohnkriterien die Leistungsfä-
higkeit der Mitarbeiter, die Anzahl der Dienstjahre und soziale
Verpflichtungen in Frage. Bezüglich des Zugangs zu höherer Bildung sind relevante Gründe für eine Bevorzugung gewisser Kan-
didaten das Alter, die Motivation und die Schulzeugnisse, weil
sie über die Eignung der Bewerber für den jeweiligen Bildungs-
gang Aufschluss geben können. Andere Kriterien wie Hautfarbe,
Geschlecht oder Ausbildungsstand der Eltern dürfen als irrele-
vante Gründe jedoch keinen Einfluss auf den Selektionsprozess
ausüben. Damit sind wir bei der 5. Bedingung für gerechtes
Handeln angelangt: Wie Michael Walzer in seiner einschlägigen
Publikation *Sphären der Gerechtigkeit* aufgezeigt hat, darf die Position einer Person im privaten, beruflichen, religiösen oder
politischen Bereich keinerlei Auswirkungen haben auf ihre Bevorzugung oder Benachteiligung in anderen Bereichen. Nur weil
beispielsweise jemand einen hohen politischen Rang einnimmt,
hat er keinen legitimen Anspruch auf Vorteile in anderen Bereichen wie etwa eine bessere medizinische Versorgung, höheren

Lohn oder Zugang zu den besten Ausbildungsmöglichkeiten für seine Kinder (vgl. Walzer, 49f.). Zur Wahrung der Gerechtigkeit müssten die Vorzugskriterien also nicht nur sphärenspezifisch formuliert, sondern von allen anderen Sphären entkoppelt werden.

Was für Institutionen wie den Staat oder Ausbildungsstätten gilt, lässt sich ausweiten auf die meisten Formen sozialer Bindungen (vgl. Ricken, 255ff.). Es soll im Folgenden gezeigt werden, inwiefern solche Gemeinschaftsformen spezifische moralische *Rechte* der Beteiligten begründen: Immer wieder schließen sich Menschen zusammen, um gemeinsam ein bestimmtes Ziel zu erreichen oder eine Aufgabe zu erfüllen. Es bilden sich so Interessengemeinschaften. Jeder verspricht implizit oder explizit, einen bestimmten Beitrag zur Erfüllung dieser Aufgabe zu leisten. Es kann zu einem schriftlich fixierten Vertrag kommen wie zu einem Mietvertrag oder Arbeitsvertrag. Oft bleibt es allerdings bei einer mündlichen Vereinbarung wie derjenigen zwischen Arzt/Therapeut und Patient, zwischen Berater und Klient, zwischen Ehepartnern, Freunden oder Kommilitonen. Wer beispielsweise in einem Laienorchester mitspielt, das für einen größeren Konzertauftritt probt, verspricht implizit, auf dieses gemeinsame Ziel der öffentlichen Aufführung hinzuarbeiten. Es ist dann eine Forderung der Gerechtigkeit, sich nach Maßgabe der vorhandenen Freizeit und Kraft für die Erfüllung des Versprechens einzusetzen. Fehlt ein Orchestermitglied zu oft, ist schlecht vorbereitet oder verpasst gar den Konzerttermin, handelt es ungerecht, weil es das kollektive Ziel eines erfolgreichen Konzertes gefährdet. Die anderen Musiker haben infolge des impliziten Versprechens sozusagen ein Recht auf sein engagiertes Mitwirken. Genauso verhält es sich bei einer studentischen Arbeitsgruppe, die sich gemeinsam auf eine Prüfung vorbereitet. Teilt ein Student kurz vor der Prüfung seinen Kommilitonen mit, er hätte den ihm zugeteilten Stoff nicht wie vereinbart für die anderen zusammengefasst, verletzt er seine Pflicht der Gerechtigkeit und das Anspruchsrecht der anderen auf gerechte Behandlung. Das Ziel einer Ehe oder Partnerschaft kann demgegenüber individueller ausfallen: Zwei Menschen schließen ausdrücklich oder unausgesprochen den „Pakt", ihr Leben gemeinsam in Liebe zu leben, einander treu zu sein und sich gegenseitig in allen Lebenslagen zu unterstützen. Missachtet ein Partner diese Abmachung, tritt

alle Formen sozialer Bindungen: spezifische Rechte

spezifische Pflichten

er das Recht des anderen auf das gemeinsame Ziel mit Füßen. Wie bei den öffentlichen Institutionen steht in all diesen Fällen die geometrische Gerechtigkeit auf dem Spiel, die jedem das ihm Zustehende sichern soll. Wo soziale Bindungen mit implizitem oder explizitem Versprechen bzw. Vertrag vorliegen, korrespondiert der Gerechtigkeitspflicht des Handelnden somit das Recht auf Gerechtigkeit seitens der Interaktionspartner.

Mit der Differenzierung in eine arithmetische und eine geometrische Gerechtigkeit fallen viele Argumente der „Inegalitaristen" oder „Nonegalitaristen" ins Leere. Diese haben in der neueren Gerechtigkeitsdebatte dem Gleichheitsgebot den Kampf angesagt. Denn Gleichheit sei kein angemessenes Maß oder Ziel für Gerechtigkeit (vgl. Krebs, 15). Wenn sie betonen, es komme darauf an, wie es jedem Einzelnen gehe, und zwar nicht im Verhältnis zu den anderen, sondern mit Blick auf seine eigenen Bedürfnisse und Ansprüche, umschreiben sie nämlich exakt die Forderung einer adressatenorientierten Gerechtigkeit. Bezüglich des egalitären Gerechtigkeitsbegriffs monieren sie aber richtig, Gleichheit etwa in Fragen der Menschenrechte sei völlig irrelevant, wo eine Minderheit oder ein ganzes Volk unterdrückt werde oder hungere. Die tatsächlich bestehende Möglichkeit der Gleichheit durch Nivellierung nach unten bedeutet aber nicht, dass die arithmetische Gerechtigkeitsvorstellung gänzlich über Bord zu werfen ist, wie die Inegalitaristen wähnen. Vielmehr müsste man sie in Richtung auf eine „qualifizierte" oder „vernünftige" Gleichheit präzisieren: Ethisches Ziel muss es natürlich sein, jedem Menschen ein hinreichendes oder adäquates Maß an Grundgütern, Menschenrechten und politischen Partizipationsmöglichkeiten zu verbürgen. Dieser Zusatz der qualifizierten oder vernünftigen arithmetischen Gerechtigkeit erfordert aber in gleicher Weise die geometrische Verteilung von Gütern, Lasten oder Rechten. Denn „jedem das Seine" zukommen zu lassen, kann nicht bedeuten, jedem zu geben, was er sich gerade wünscht. Vorsicht geboten ist bei asozialen Interessen etwa an der Ausschaltung eines Mitbewerbers im Konkurrenzkampf um einen Arbeits- oder Studienplatz oder bei völliger Anspruchslosigkeit einer unterdrückten und ideologisch indoktrinierten Minderheit. Bereits Platon machte sich in seiner breit angelegten Gerechtigkeitsstudie *Der Staat* für eine „vernünftige" geometrische Gerechtigkeit stark: Die Philosophenkönige im Staat sollen

---

Marginalien:

Inegalitaristen (Nonegalitaristen)

qualifizierte/ vernünftige Gleichheit

aufgrund ihrer ausgezeichneten Erkenntnisfähigkeit allen Ständen die ihnen am besten entsprechenden Aufgaben zuteilen, genauso wie der vernünftige Seelenteil die gerechte Ordnung der seelischen Kräfte im Individuum herzustellen hat (vgl. Platon: Pol., 429a und 442c). Anstelle eines solchen autokratischen Modells müsste man heute wohl für ein diskursiv-argumentatives Verfahren zur Auffindung des vernünftigerweise Gerechten votieren.

Ein zweiter Knackpunkt in der aktuellen Gerechtigkeitsdebatte verdankt seine Aufmerksamkeit den Kommunitariern (vgl. Kapitel 4.3): In Frage steht die Vorrangstellung der Gerechtigkeit vor dem Guten. Was gerecht sei, lässt sich den Kommunitariern zufolge nur mit Blick auf das Gute bestimmen. Denn das Ziel oder der Sinn der Gerechtigkeit sei es, den Menschen die Realisierung eines guten Lebens zu ermöglichen (vgl. Nussbaum, 32ff. und Taylor 1999, 145ff.). Nun ist der dahinter liegende Grundgedanke sicherlich korrekt: Wenn der objektive Standpunkt der Moral Unparteilichkeit und Gerechtigkeit verlangt, muss klar sein, was unparteilich geregelt werden soll. „Man kann nicht überhaupt unparteilich, sondern nur in bezug auf etwas Bestimmtes unparteilich sein", resümiert Martin Seel (234). Bisher ging ich zumeist von individuellen Interessen, Bedürfnissen oder Wünschen als Gegenständen moralischer Rücksichtnahme aus. All diesen zahlreichen Einzelinteressen oder Zielen eines Individuums liegt aber letztlich das umfassende globale Interesse an einem insgesamt gelingenden, guten oder glücklichen Leben zugrunde. Aus Seels Warte kommt als Kriterium für gerechte moralische Regelungen allein diese Idee des guten Lebens in Frage. Ähnlich wie die liberalen Denker Joseph Raz oder Ronald Dworkin versteht er unter einem guten Leben dabei in erster Linie ein freies, selbstbestimmtes Leben (vgl. ebd., 226). Während Freiheit sich jedoch als reichlich vage moralische Orientierungshilfe erwies (vgl. Kapitel 6.2), präsentiert Nussbaum bei ihren Bemühungen um globale Gerechtigkeit eine lange Liste von Grundgütern und -fähigkeiten, die ein gutes Leben ausmachten: 1. nicht vorzeitig zu sterben, bevor das Leben nicht mehr lebenswert ist; 2. Gesundheit; 3. Erleben von Freude und Vermeidung von Schmerzen; 4. Gebrauch der Sinne und Denkkräfte; 5. Beziehungen zu Menschen und Tieren; 6. Fähigkeit zur Lebensplanung; 7. Teilnahme am politischen Leben; 8. Naturverbundenheit; 9. Humor und

Gerechtigkeit/ gutes Leben

Spiel; 10. Selbstbestimmung und minimale Handlungsfreiheit (vgl. Nussbaum, 200f.). Neben den Freiheitsrechten in Punkt 6 und 10 finden sich in dieser Zusammenstellung sehr heterogene menschliche Charakteristika wie Naturbeziehung oder Spielen-können, die man nicht auf Anhieb als unbedingt notwendig für ein gutes menschliches Leben erachten mag. Nussbaum hat die Grunddimensionen nicht auf empirischem Weg ermittelt, sondern in einer hermeneutischen Untersuchung der historisch-kulturellen Vorstellungen von einem guten menschlichen Leben. Ungeachtet der Begründungsproblematik einer solchen Güterliste lassen sich die meisten Gerechtigkeitsfragen in meinen Augen durchaus ohne Rekurs auf solche starken Theorien des Guten lösen. Denn viele alltagspraktische Probleme gerechten Handelns treten wie gezeigt im Kontext von öffentlichen Institutionen oder persönlichen sozialen Bindungen auf. Die Kriterien der Gerechtigkeit verlangen hier keinen Rekurs auf Freiheits- oder andere Grundrechte oder -fähigkeiten. Sie müssen sich nur bereichsspezifisch definieren lassen mit Blick auf das explizite oder implizite Ziel der jeweiligen Gemeinschaftsform. Zugegebenermaßen mag die Frage nach der Rechtfertigbarkeit solcher spezifischen Aufgaben insbesondere bei staatlich subventionierten öffentlichen Institutionen zurückverweisen auf eine gemeinsame Vorstellung davon, was für alle Menschen gut ist.

Gerechtigkeit

Wert:	absoluter und unverletzlicher Wert
Prinzip:	Behandle alle Menschen, die sich in den situationsspezifisch relevanten Gesichtspunkten ähnlich sind gleich, die sich unterscheiden ungleich
Recht:	Recht auf Gerechtigkeit in sozialen Gemeinschaftsformen wie Institutionen (Staat, Schulen), Partnerschaften, Freundschaften oder studentischen Arbeitsgruppen
Pflicht:	unbedingte Pflicht in den genannten Gemeinschaftsformen
Normen:	Alle Menschen sind vor dem Gesetz gleich zu behandeln! Zahle den Lohn je nach Leistung aus! Verteile die Mahlzeiten je nach Bedürftigkeit!

Wohltätigkeit

Laut Höffe bildet die Gerechtigkeit das elementar-höchste Kriterium, die *Wohltätigkeit* hingegen das optimal-höchste Kriterium zwischenmenschlichen Zusammenlebens (vgl. Höffe 2004, 29f.). Bevor ich auf diese kryptisch klingenden Abgrenzungskriterien näher eingehe, kann man festhalten: Gerechtigkeit und Wohltätigkeit gelten zusammen als Inbegriff moralischer Einstellungen in zwischenmenschlichen Verhältnissen (vgl. Höffe 1997, 346). Der Begriff „Wohltätigkeit" ist eng verwandt mit „Hilfsbereitschaft" oder „Fürsorge" sowie „Wohlwollen". „Wohlwollen" betont gegenüber den ersten beiden Begriffen weniger das Moment des Handelns als die voluntativ-affektive Komponente. Im Grunde stehen aber alle Bezeichnungen für die ethische Haltung, bei der man das Gute für den anderen um des Guten willen erstrebt. Man kümmert sich also nicht um das Wohl des anderen, um von ihm oder anderen gelobt oder belohnt zu werden, sondern damit es dem anderen wieder besser geht. Typische Situationen, in denen eine *Pflicht* zur Wohltätigkeit, Hilfeleistung oder Fürsorge besteht, wären existentielle Notlagen von Hungernden, Ertrinkenden oder Gewaltopfern. Grundsätzlich hat die handelnde Person eine Hilfspflicht nur gegenüber Personen, die auf ihre Hilfe angewiesen sind, und sie hat sie immer nur im Rahmen ihrer eigenen Möglichkeiten. Das Gebot der Wohltätigkeit steht in der Tradition der christlichen allgemeinen Nächstenliebe. Man denke an die biblische Parabel vom barmherzigen Samariter (vgl. Kapitel 7.2). Im Gegensatz zu einer Liebe in gleichrangigen, „symmetrischen" Beziehungen der Freundschaft oder Partnerschaft betreffen die Zuwendungsformen der Wohltätigkeit oder Fürsorge vorwiegend „asymmetrische" Verhältnisse wie diejenigen zwischen Wirtschaftsmächten und Entwicklungsländern oder zwischen Eltern und Kindern (vgl. Höffe 1997, 177f.). Doch wieso sollen wir einem Schwerverletzten oder Hungernden helfen? Lässt sich aus dem Wollen der Notleidenden ein Sollen ableiten? Beschränkt sich die Pflicht der Hilfeleistung auf die Bedürftigen in unserer unmittelbaren Umgebung oder tragen wir eine globale Mitverantwortung für die ganze Not dieser Welt?

Wie bei der Begründung des Gerechtigkeitsprinzips kann man sich auf die moralische Grundforderung des unparteiischen Standpunktes berufen. Während diese Grundforderung beim

Randbemerkungen:
- Wohltätigkeit/Hilfsbereitschaft/Wohlwollen
- eingeschränkte Pflicht
- asymmetrische Verhältnisse
- unparteiischer Standpunkt der Moral

Gerechtigkeitsprinzip auf die menschliche Grundsituation der sozialen Interaktion (Tausch, Verteilung, Konflikt) angewendet wurde, bezieht man sie bei der Wohltätigkeit auf die anthropologische Grunderfahrung von Not und Hilfsbedürftigkeit. In asymmetrischen Situationen, in denen etwa ein Wohlhabender einem Bedürftigen begegnet, soll man sich wie beim Prinzip der „Goldenen Regel" in den anderen hineinversetzen und sich fragen: Wie möchte ich behandelt werden, wenn ich mich mit seinen Bedürfnissen und Interessen in dieser Notlage befände (vgl. Kapitel 5.3)? Keineswegs soll man aber im Zeichen eines bedingungslosen Altruismus die eigenen Wünsche und Bedürfnisse zugunsten derjenigen der Notleidenden vollständig ausblenden. Nachdem man sich unter Zurückstellung der eigenen Interessen imaginativ und emotional auf den fremden Standpunkt eingelassen hat, dürfen vielmehr auch die eigenen wieder ins Blickfeld rücken. Wo ich jemandem helfen kann, ohne dass ich große Einbußen bezüglich meiner Eigeninteressen bzw. meines guten, glücklichen Lebens in Kauf nehmen muss, stellt das Unterlassen allerdings eine Verletzung der Wohltätigkeitspflicht dar. Bleibe

Verantwortung für negative Folgen des Unterlassens

ich untätig, trage ich zwar nicht die kausale, aber die *normative Verantwortung* für die negativen Folgen meines Unterlassens (vgl. Kapitel 2.4). So könnte ich beispielsweise auf dem Fußweg zu Freunden, die mich zum Abendessen eingeladen haben, im reißenden Bach unter der Brücke ein ertrinkendes Kind erblicken. Obwohl ich auf das Essen verzichten muss und die Gastgeber womöglich in Besorgnis über mein Ausbleiben geraten, habe ich die Pflicht, das Kind zu retten. Denn der Genuss eines kurzen und prinzipiell wiederholbaren gemeinsamen Abendessens kann nicht den Wert eines menschlichen Lebens aufwiegen und mein Unterlassen mit negativen Folgen für andere rechtfertigen.

Interessenabwägung

Nicht immer fällt die Interessenabwägung so deutlich aus wie bei existentiellen Grenzsituationen, in denen ein Menschenleben oder die menschliche Würde in Gefahr stehen. Es lassen sich für diesen Abwägungsprozess kaum allgemeine Regeln oder Kriterien angeben, so dass er letztlich eine Sache des individuellen moralischen Urteilsvermögens und Augenmaßes bleibt. Denn über die unterschiedlichen Interessenlagen hinaus differieren die praktischen Möglichkeiten der Hilfeleistung je nach physischen und psychischen Kräften, finanziellen und zeitlichen Mitteln sowie allfälligen anderen Pflichten. So hat eine

Mutter mit drei kleinen Kindern nicht die Pflicht, einer alten, gebrechlichen Dame über die Straße zu helfen, auch wenn keine anderen Passanten herbeieilen. Die Sorgepflicht für ihre Kinder ist hier sicherlich vorrangig. Aber auch ein Nichtschwimmer ist schwerlich verpflichtet, ein ertrinkendes Kind zu retten. Denn eine unterlassene Hilfeleistung oder Wohltätigkeit liegt nur da vor, wo jemand tatsächlich die Not des anderen hätte verhindern können. Auch hier gilt selbstverständlich die zu Beginn des 6. Kapitels eingeführte ethische Grundregel: Sollen impliziert Können. Weil die Hilfspflicht jedem nur im Rahmen der eigenen Möglichkeiten und in einem angemessenen Verhältnis zur Hilfsbedürftigkeit der Mitmenschen zukommt, zählte Kant sie zu den „unvollkommenen Pflichten" (vgl. ebd.). Die Pflicht zur Hilfeleistung ist somit eingeschränkt auf Fälle, in denen die Interessenabwägung zugunsten des Hilfesuchenden ausfällt.

Sollen-Können-Grundsatz

Noch schwieriger zu beurteilen sind dringliche Notlagen, die nicht im unmittelbaren Nahbereich, sondern weit außerhalb des eigenen Gesichtskreises liegen. Ist jeder wohlhabende Bürger unserer westlichen Industriestaaten dazu verpflichtet, einen großzügigen Beitrag zur Entwicklungshilfe zu leisten oder die Patenschaft eines Kindes in der Dritten Welt zu übernehmen (vgl. Kapitel 2.4)? Peter Singers Postulat einer universellen Hilfspflicht aller Reichen gegenüber den Armen (vgl. Singer, 294) ist in der philosophischen Diskussion jedenfalls auf wenig Gegenliebe gestoßen (vgl. dazu Horn 2003, 150f.). Private Spenden an Hilfsbedürftige oder soziale Hilfsorganisationen sind zwar moralisch begrüßenswert. Eine Pflicht zur Hilfeleistung besteht aber eher auf staatlicher als auf individueller Ebene, da oft tiefgreifende strukturelle politische oder weltanschauliche Probleme hinter der Not durch Hunger, Aids oder Unterdrückung stehen. Bedingung einer wirksamen Hilfeleistung wäre dabei nach neueren Erkenntnissen die gleichberechtigte Kooperation zwischen wohlhabenden und bedürftigen Völkern bei der Bestimmung und Umsetzung der Ziele der Entwicklungshilfe (vgl. Höffe 1997, 60f.). Wohltätigkeit auf eigene Faust stellt angesichts solcher komplexen Zusammenhänge lediglich einen Tropfen auf den heißen Stein dar, der einer wünschenswerten Weltsozialpolitik möglicherweise sogar hinderlich ist. Die Hilfspflicht scheint auch dann grundsätzlich schwächer auszufallen, wenn jemand selbstverschuldet und wissentlich in eine Notsituation geriet. Steuert beispielsweise ein

universelle Hilfspflicht

Einschränkungen der Hilfspflicht

Geschäftsmann trotz verschiedener Warnungen durch einen Geschäftsfreund infolge seiner Misswirtschaft auf den Konkurs zu, darf er von ebendiesem keine finanzielle Unterstützung mehr erwarten. Zudem braucht niemand einem anderen Hilfe zu leisten, der ein unethisches Ziel anstrebt. Gerät etwa ein Ausbeuter in einem fremden Land durch die wachsende öffentliche Kritik und die protestierenden Tagelöhner in Bedrängnis, hat er keinen berechtigten Anspruch auf Hilfeleistung durch die dort stationierten Diplomaten. Die Pflicht zur Wohltätigkeit beschränkt sich also auf den Nahbereich und vermindert sich da, wo jemand sich willentlich und wissentlich in die eigene Notlage hineinmanövriert hat.

Gerechtigkeit vs. Wohltätigkeit

Bezüglich der Differenz von Gerechtigkeit und Wohltätigkeit ist es in vielen Fällen nicht leicht, eine klare Grenze zu ziehen. Wie Höffes Unterscheidungskriterien „elementar" und „optimal" andeuten, geben wir den beiden Prinzipien ein unterschiedliches Gewicht. Während wir bei ausbleibender Wohltätigkeit oder Großzügigkeit enttäuscht sind, reagieren wir auf Gerechtigkeitsverstöße mit Empörung oder Protest. Das Prinzip Gerechtigkeit rangiert folglich höher als das Prinzip Wohltätigkeit. Im Konfliktfall hat denn auch die Forderung der Gerechtigkeit Vorrang gegenüber der Forderung der Wohltätigkeit (vgl. Höffe 2004, 29). Wenn ich beispielsweise einem verzweifelten Studenten nur damit zum Bestehen seiner Magisterprüfung verhelfen kann, dass ich ihm eine bessere Note gebe als er verdient hat, wäre dies zu unterlassen. Denn eine solche Missachtung der für alle Studierenden verbindlichen Bewertungskriterien von Seminararbeiten wäre eindeutig ungerecht. Dieser unterschiedliche Stellenwert von gerechtem und wohltätigem Handeln ergibt sich aus den unterschiedlichen Handlungstypen: Das Prinzip Gerechtigkeit greift im Grunde nur im öffentlichen Rahmen einer Institution oder in anderen sozialen Gemeinschaftsformen, in denen jemand für andere Menschen eine verantwortungsvolle Aufgabe übernimmt oder sich mehrere Personen gegenseitig die kooperative Hinarbeit auf ein Ziel hin versprechen. Wie gezeigt haben die betroffenen Personen in diesem Rahmen ein Recht auf gerechte Behandlung. Im Gegensatz dazu sind bei wohlwollenden Handlungen keine speziellen sozialen Bindungen oder impliziten Vereinbarungen vonnöten, und es hat keiner ein Recht auf Hilfeleistung. Ausnahmen bilden allerdings besondere Beziehungen, in denen jemand

kein Recht auf Wohltätigkeit

eine Verantwortung für jemanden übernommen hat und sich zur Fürsorge verpflichtet hat: In den typischen „Garantenstellungen" der Eltern zu ihren Kindern oder des Arztes zu seinen Patienten (vgl. Kapitel 2.4) haben die Kinder oder Patienten sehr wohl ein Recht auf Wohltätigkeit. Gewöhnlich ergibt sich aber die Pflicht zur Wohltätigkeit aus einer aktuellen Notsituation heraus, aus der jemand ohne fremde Hilfe nicht herausfindet. Man denke an einen zufälligen Passanten, der in unmittelbarer Umgebung ein Kind ertrinken sieht, oder eine Professorin, die von einer Studentin um Unterstützung bei der Prüfungsvorbereitung gebeten wird. Keiner hat wie bei Gerechtigkeitsangelegenheiten jemandem implizit oder explizit versprochen, auf bestimmte Weise zu handeln. Dennoch trägt man bei unterlassener Hilfeleistung die normative Verantwortung für die Notlage der anderen, sofern man sie tatsächlich hätte verhindern können und die dafür in Kauf zu nehmenden Unannehmlichkeiten die Not des anderen nicht übertreffen.

Ausnahme: Garantenstellungen

Wert:	nach Gerechtigkeit höchster Wert im zwischenmenschlichen Zusammenleben
Prinzip:	Hilf allen Menschen, die sich in Deiner unmittelbaren Nähe befinden, um ihrer selbst willen (ohne Aussicht auf Belohnung)
Recht:	kein Recht, außer in besonderen helfenden Beziehungen (Kinder – Eltern oder Patienten – Arzt)
Pflicht:	eingeschränkte Pflicht, sofern man jemandem aus unmittelbarer Umgebung helfen kann, ohne ein noch größeres Übel dafür in Kauf nehmen zu müssen
Normen:	Rette einen Ertrinkenden! Spende Organe! Gib einem Hungernden zu essen!

Wohltätigkeit

Übungsaufgaben

1. Was versteht man unter Werten, Prinzipien, Rechten und Normen? Nennen Sie ein Beispiel aus der moralischen Alltagspraxis.
2. Erläutern Sie den Unterschied zwischen Handlungs- und Willensfreiheit. Inwiefern sind die beiden Freiheitsformen moralisch relevant?
3. Wie könnte man vier Würstchen „gerecht" unter einem beleibten großen und einem kleinen hageren Hungrigen verteilen? Wie lauten die einschlägigen Gerechtigkeitskonzepte?

4. In welcher Rangfolge stehen das Prinzip Gerechtigkeit und das Prinzip Wohltätigkeit und mit welchen Rechten und Pflichten sind sie verbunden?

Literatur

Fenner, Dagmar: Ist die „negative Freiheit" ein Irrtum?, Berlins Konzept „negativer Freiheit" im Kontrast zu Taylors Gegenentwurf „positiver Freiheit", in: Perspektiven der Philosophie, Neues Jahrbuch 2006, S. 99–132.

Frankfurt, Harry: Willensfreiheit und der Begriff der Person, in: Bieri, Peter (Hrsg.): Analytische Philosophie des Geistes, Königstein 1981, S. 287–302.

Höffe, Otfried: Gerechtigkeit. Eine philosophische Einführung, 2., durchges. Auflage, München 2004.

Krebs, Angelika (Hrsg.): Gleichheit oder Gerechtigkeit, Frankfurt a. M. 2000.

Kuhse, Helga: Die Lehre von der ‚Heiligkeit des Lebens', in: Leist, Anton (Hrsg.): Um Leben und Tod, Frankfurt a. M. 1990, S. 75–106.

Taylor, Charles: Negative Freiheit? Zur Kritik des neuzeitlichen Individualismus, 3. Auflage, Frankfurt a. M. 1999.

Walzer, Michael: Sphären der Gerechtigkeit. Ein Plädoyer für Pluralität und Gleichheit, Frankfurt/New York 1992.

Wildfeuer, Armin G.: Freiheit, in: Düwell, Marcus, Hübenthal, Christoph und Werner, Micha H. (Hrsg.): Handbuch Ethik, Stuttgart/Weimar 2002, S. 352–360.

Wuketitis, Franz M.: Bioethik. Eine kritische Einführung, München 2006.

Wolf, Jean-Claude: Sterben, Tod und Tötung, in: Bayertz, Kurt (Hrsg.): Praktische Philosophie, Reinbek bei Hamburg 1991, S. 243–277.

Ethik für die reine Vernunft? 7

Zusammenfassung

Menschen sind keine reinen Vernunftwesen, die immer tun, was ihnen im rationalen ethischen Diskurs als richtig erscheint. Sie haben vielmehr auch Gefühle, Bedürfnisse und Interessen, die sie zu ganz anderen Verhaltensweisen motivieren können. Während die *rationalistische (kognitivistische) Ethik* sich auf das Begründen von Kriterien oder Prinzipien beschränkt und daher mit dem Problem moralischer Motivation kämpft, stellen Gefühls- und Tugendethiken eine Art „Gegentrend" dar. Eine genauere Analyse der *Gefühlsethik* zeigt jedoch, dass Gefühle entweder auf erst noch zu begründenden normativen Überzeugungen basieren oder ohne allgemeine rationale Wertmaßstäbe subjektiv und parteiisch wären (Kapitel 7.1). Die *Tugendethik* hingegen betont zu Recht, dass für ethisches Handeln neben das Wissen um das ethisch Richtige eine habituell auf die Vernunft hin geordnete Gefühlslage treten muss (Kapitel 7.2). Hinsichtlich einer *moralischen Erziehung* ist die Bedeutung des Elternhauses kaum zu überschätzen (Kapitel 7.3). Das Buch endet mit einem systematischen Überblick und dem Hinweis, dass ethisch richtiges Handeln sich niemals in der Anwendung von Regeln erschöpft, sondern ein hohes Maß an Empathie, Kontextsensibilität und situationsgerechter Abwägung erfordert (Kapitel 7.4).

Abgesehen von den skeptischen Vorstößen der Nonkognitivisten (Kapitel 3) ging es bei den meisten hier vorgestellten ethischen Ansätzen, insbesondere natürlich beim Kognitivismus (Kapitel 4), um das Begründen letzter Prinzipien für menschliches Handeln. Wie wir bereits bei unseren definitorischen Überlegungen in der Einleitung festhielten, liefert die Ethik grundsätzlich keine konkreten Handlungsanweisungen oder -rezepte. Sie versucht vielmehr, allgemeine Kriterien oder methodische Verfahren zu entwickeln, anhand derer Normen begründet oder kritisiert und Handlungen bewertet werden können (vgl. Kapitel

1.1). Der ethische Diskurs erweist sich damit als *begründungsorientiert* und *handlungszentriert* und scheint sich ausschließlich an die menschliche Vernunft zu richten. Nun ist der Mensch aber nicht ein reines Vernunftwesen, sondern auch ein bedürftiges naturales Wesen mit mannigfaltigen Gefühlen, Bedürfnissen und Interessen, die ihn zu bestimmten Verhaltensweisen motivieren können. Man darf daher nicht damit rechnen, dass die Menschen auch wirklich (immer) tun, was ihnen im rationalen ethischen Diskurs als gut oder richtig erscheint. Von ihrem ursprünglichen Selbstverständnis her zielt die Ethik im Unterschied zur theoretischen Philosophie jedoch nicht allein auf theoretisches Wissen ab, sondern auf praktische Umsetzung: Nach Aristoteles betreibt man Ethik nicht, um zu wissen, was gut ist, sondern um ein guter Mensch zu werden (vgl. Aristoteles, 1103b, 27f.). Wer die Frage „Wie soll ich handeln?" stellt, will denn auch in aller Regel nicht nur theoretische Kenntnisse erwerben wie etwa die Information, wie viele Einwohner Deutschland hat oder an welcher deutschen Universität das Betreuungsverhältnis zwischen Professoren und Studenten am besten ist. Vor einer schwierigen Entscheidung stehend möchte er zum einen wissen, *was zu tun* in dieser spezifischen Situation das Beste wäre. Zum Zweiten möchte er darüber hinaus aber auch *richtig handeln*. Doch kann eine philosophische Ethik überhaupt mehr leisten, als den Menschen bestimmte Beurteilungskriterien oder Wertmaßstäbe für die praktische Orientierung zu empfehlen? Kann die Ethik ihre Adressaten wirklich besser machen, wie es Aristoteles noch von einer ethischen Untersuchung verlangte?

Die Einschätzungen darüber, welche Aufgaben die Ethik über die Begründungsleistung hinaus übernehmen kann und soll, driften in der Gegenwart weit auseinander. „Die Ethik macht die Menschen nicht besser", meinen klipp und klar die einen (Pieper/Thurnherr, 8). Allenfalls könne man die Kompetenzen im ethischen Urteilen und Argumentieren fördern, wie von ethisch-pädagogischer Seite her heute gern betont wird (vgl. Kapitel 1.3). Die anderen hingegen monieren, dass die Moralerziehung „zu den Themendefiziten vieler Moralphilosophen gehört" (Höffe 2007, 347). Eine solche Vernachlässigung der Frage, wie man Menschen dazu bringt, besser zu handeln und zu leben, kann man zumindest den *antiken Ethikmodellen* nicht zum Vorwurf machen. Denn im Mittelpunkt antiker Ethik stand die handelnde Person, die sich von einem philosophischen Anfänger oder „Toren" zu einem philosophischen „Weisen" wandeln sollte. Sowohl mit mentalen als auch mit praktischen Übungen versuchte man die Lebenspraxis und Lebensform der Adressaten gezielt zu verändern (vgl. Horn 1998, Kapitel 1 und 5). Philosophie bedeutete nachgerade die methodische Übung („Askese") des Geistes, der Willenskraft und der Lebenshaltung. So trennten etwa die Stoiker den theoretischen Diskurs über die Philosophie von der Philosophie selbst als Einheit von Wissen und Leben (vgl. Hadot, 167). Anders als die moderne Ethik war die antike Ethik also *handlungsleitend* und *personenzentriert.* In der Neuzeit hingegen propagierte man die Entpersönlichung und Versachlichung des Wissens nach dem Vorbild der messenden und objektivierenden Mathematik. Auch die Philosophie sollte aus der Distanz und nach systematischer Methode betrieben werden, so dass heute niemand mehr von einem Philosophieprofessor eine besondere Charakterbildung oder Lebensführung erwartet. *Moderne Philosophie* will weder Lebensform noch Seelentherapie sein, sondern zieht sich weitgehend auf die theoretische Begründungsebene zurück. Genauso wenig, wie man durch Theologie religiös wird oder dank eines Germanistikstudiums ein erfolgreicher Schriftsteller, wird man durch Ethik moralisch. Erst in jüngster Zeit mehren sich die Stimmen, welche die erzieherische und bildende Aufgabe für die Philosophie zurückerobern wollen (vgl. Kapitel 7.3). Man rekurriert dabei gerne auf die *antike Tugendethik* (Kapitel 7.2). Da die Kluft zwischen ethischem Wissen und Handeln letztlich nur durch Gefühle mit ihrer motivationalen Kraft überbrückt werden kann, gilt es zuallererst ein Licht auf die *Gefühlsethik* zu werfen (Kapitel 7.1).

antike Ethik: handlungsleitend und personenzentriert

antike/moderne Ethik

Antike Ethik:
- handlungsleitend und personenzentriert
- *Ziel:* Änderung der Persönlichkeit und ihrer Lebensform mittels mentaler und praktischer Übungen

Moderne Ethik:
- begründungsorientiert und handlungszentriert
- *Ziel:* theoretische Begründung ethischer Handlungsprinzipien ohne Persönlichkeitsbildung, allenfalls Einüben in ethisches Argumentieren

7.1 | Gefühlsethik versus rationale Ethik

Angesichts der Begründungsorientiertheit neuzeitlicher Ethik und der großen Herausforderung einer rationalen Begründung von ethischen Kriterien oder Wertmaßstäben führen Gefühle in der Ethik ein Schattendasein. Denn für solche Begründungen scheinen lediglich allgemein einsehbare Vernunftgründe und -argumente zulässig zu sein, nicht aber der Verweis auf subjektive, kontingente Gefühle. Die europäische Ethik ist somit in ihrer

rationalistische Ethik Hauptlinie („mainstream") *rationalistische Ethik.* Nur extreme Rationalisten sind jedoch der Überzeugung, dass Menschen durch reine Vernunftgründe zu einem gewünschten Handeln motiviert werden können. Eine rationalistische Ethik kämpft daher mit dem Problem moralischer Motivation, woraus ihr Pendant, die

Gefühlsethik *Gefühlsethik,* ihren Vorteil und Gewinn zieht. Ohne begleitende Gefühle der Billigung oder Missbilligung sind nämlich die Vorstellungen der Vernunft zumeist kraftlos und leer: Aus der Erfahrung ist uns allen bekannt, dass die Gefühlslage oftmals in Span-

Konflikt nung steht zu unseren rationalen Einsichten. Wir wissen zwar,
Vernunft/Gefühl was in einer bestimmten Situation ethisch gesehen getan werden sollte. Wir tun es aber nicht gern, haben Angst davor oder fühlen uns in unserer Ehre gekränkt. Kant hat bei seinem dualistischen Ansatz den Widerstreit zwischen moralischer Pflicht und sinnlich-affektiver Neigung drastisch illustriert (vgl. GMS, A/B 11f.). Oft versucht man dann, im Zeichen der Selbstdisziplin oder -beherrschung die moralitätswidrigen Gefühle zu überwinden. Ein solcher Konflikt zwischen Vernunft und Gefühl muss aber nicht die Regel sein und stellt sicherlich keinen Idealfall dar. Können und sollen unsere Emotionen nicht unsere moralischen Entscheidungen unterstützen? Sind moralische Gefühle nicht vielleicht sogar konstitutiv für moralische Urteile?

Gefühlsethische Ansätze kann man grob in zwei Klassen einteilen. Eine erste Gruppe (a) konzentriert sich auf *normengebundene Gefühle* wie Achtung, Scham oder Empörung, die zweite (b) auf die *personenbezogenen Gefühle* Sympathie oder Mitleid. Ad a: Selbst in der ausgeprägt rationalistischen Ethik Kants fungiert ein normengebundenes „Gefühl der Achtung" vor dem Sittengesetz als Triebfeder zu moralischem Handeln (vgl. Kant, KpV, 3. Hauptstück). Eng verwandt dürfte das Gefühl des „guten" bzw. „schlechten Gewissens" sein, das sich einstellt, wenn wir moralkonform handeln bzw. gegen anerkannte moralische Normen verstoßen. Die zentrale Rolle in Ernst Tugendhats Ethik spielen die negativen Gefühle der „Scham", die bei eigenen Verstößen, und der „Empörung", die bei fremdem amoralischem Verhalten in uns evoziert werden (vgl. Tugendhat, 36ff.). In all diesen Fällen liegen den moralischen Gefühlen mehr oder weniger bewusste Überzeugungen von der Richtigkeit bestimmter Normen zugrunde. Die Gefühle begleiten aber nicht kontingenterweise die moralischen Urteile, sondern erst beide zusammen bilden die moralische Billigung oder Missbilligung. Wie ästhetische Urteile „Das ist schön" oder „Das ist hässlich" notwendig mit bestimmten Gefühlseinstellungen verkoppelt sind, sollen es auch moralische Urteile wie „Das ist ungerecht" sein (vgl. Steinfath, 120f.). Aufgabe einer philosophischen Ethik wäre es dann, diese impliziten Normen oder Prinzipien zutage zu fördern und zu prüfen. Keineswegs darf man die Gefühle als letzten und zuverlässigen Maßstab gelten lassen, wie dies die Emotivisten tun (vgl. Kapitel 3.1). Wenn sich jemand beispielsweise ungerecht behandelt *fühlt*, ist ausschlaggebend, ob er seine Gerechtigkeitsvorstellung begründen kann, und ob tatsächlich jemand gegen dieses Ideal verstoßen hat. Während die rationalen Einsichten ohne Gefühle leer sind, sind Gefühle ohne Prüfung der zugrunde liegenden Wertvorstellungen blind.

Ad b: Während die „moral sense"-Theoretiker David Hume und Adam Smith die „sympathy", das „Mitgefühl", zur Grundlage der Ethik erklären, setzen Ursula Wolf und Lawrence Blum in der Nachfolge Arthur Schopenhauers auf das Mitleid: Die meisten Menschen besitzen erfahrungsgemäß wenigstens rudimentär die Fähigkeit, sich in ihre Mitmenschen hineinzuversetzen und nachzuempfinden, was diese in ihrer Situation fühlen. Erblickt man beispielsweise jemanden im Elend, verlässt man den eige-

Marginalien:

normengebundene Gefühle: Achtung, Scham, Empörung

Kritik: rationale Prüfung notwendig

personenbezogene Gefühle: Sympathie, Mitleid

nen Standpunkt zugunsten desjenigen des Elenden und leidet mit ihm. Aus lauter Mit-Leid möchte man das Übel des anderen aus der Welt schaffen, als wäre es das eigene. Zuneigung zu einer Person hingegen bewirkt wohlwollendes Handeln, weil man möchte, dass diese genauso wie man selbst glücklich wird. Solche altruistischen Handlungen aus personenbezogenen Gefühlen von Sympathie oder Mitleid scheinen zwar auf den ersten Blick höchst moralisch zu sein. Die Erfahrung lehrt jedoch, dass sie durchaus auch ungerecht sein können; etwa wenn jemand infolge eigenen Fehlverhaltens leidet und dadurch mehr Zuwendung erfährt als andere, die sich bedachter verhalten. Ethisch wertvoll wäre folglich nur das „umsichtige Mitleid", nicht ein bloß faktisches „reaktives Mitleid" (vgl. Leist 1993, 175): Beim „umsichtigen Mitleid" nimmt man nicht nur am Gefühl des Leidenden Anteil, sondern beurteilt die Lage des Betroffenen rational. Statt die Gefühle des anderen unbesehen nachzuempfinden, schätzt man dessen tatsächliche Lage vernünftig ein und entwickelt die adäquaten Gefühle. So empfindet man beispielsweise Mitleid mit einem Mann, der den Verstand verloren hat, auch wenn dieser selbst den ganzen Tag lacht und fröhlich ist (vgl. Smith, 7). Allerdings wären dann Kriterien oder Gesichtspunkte anzugeben, die bei einer solchen Interpretation des Leids oder Wohls einer fremden Person ausschlaggebend sein sollen. Man müsste die Übel bzw. Güter objektiv bestimmen können, die für ein adäquates Leiden bzw. Wohlergehen vorhanden sein müssen (vgl. Kapitel 4.3).

Zum notorischen moralphilosophischen Topos ist der Vorwurf der Unzuverlässigkeit, Subjektivität und Parteilichkeit an die Adresse der Gefühlsethiker avanciert: Beschränkt auf einen engen (zufälligen) Freundes- oder Bekanntenkreis schwankten personenbezogene Gefühle mit dem Knüpfen und Lösen persönlicher Beziehungen. In Bezug auf spontan auftretende reaktive Mitgefühle lässt sich dies kaum leugnen: Erfahrungsgemäß fühlen wir zwar mit unseren nächsten Anverwandten stark mit, kaum hingegen mit Fernstehenden oder Konkurrenten. Art und Stärke unseres Mitgefühls scheint von stabilen Gefühlsbindungen und gemeinsamen Lebenserfahrungen abhängig zu sein. Obgleich wir im Akt des Mit-Fühlens grundsätzlich den egozentrischen Standpunkt überwinden, entwickeln wir unter gleichen Umständen nicht für alle Personen dasselbe Mitgefühl.

Kritik:

umsichtiges Mitleid notwendig

subjektiv und parteiisch

Um eines wahrhaft unparteilichen Standpunktes willen müsste man auch noch davon absehen, wie nah oder fern die betroffenen Personen uns selbst stehen. Man müsste lernen, sich in die Lebenssituation eines völlig unbekannten Fremden in Afrika genauso hineinzuversetzen wie in diejenige des besten Freundes. Betreffs ungeliebter Personen stellt Hume eine Analogie her zu ästhetischen Urteilen über die Schönheit einer Gesangsstimme: Wenn unsere Konkurrentin eine angenehme Stimme hat, empfinde man diese nicht leicht als schön. Nur dank Selbstbeherrschung und der Orientierung an allgemeinen Kriterien für schönen Gesang sei man zu positiven Gefühlsreaktionen und Beifall fähig (vgl. Hume, Teil I, Abschnitt 2). Da wir uns im Falle des Fernstehenden oder Feindes nicht per se mit dessen Bedürfnissen und Empfindungen identifizieren, müssen „bedachte Mitgefühle" auf allgemeinen Wertvorstellungen oder auf Güterlisten basieren, die für das Wohl eines jeden Menschen unabdingbar sind. Die entsprechenden ethisch relevanten Mitgefühle wären dann kommunikativ vermittelt und an intersubjektive Standards gekoppelt (vgl. ebd., Abschnitt 11). Zunächst lediglich selektive und sporadische Gefühlsregungen hätten sich zu einer affektiven Grundhaltung oder Tugend verfestigt (vgl. Kapitel 7.2). Es handelt sich um eine „universelle Sympathie" oder ein „generalisiertes Mitleid", wie wir sie bei Wolf und Schopenhauer antreffen (vgl. Wolf, U., 81). Auch bei Gefühlen der Gruppe b) erweist sich somit ein spontanes Mitfühlen genauso wie bei den normbezogenen Gefühlen a) als blind, subjektiv und parteiisch ohne zugrunde liegende allgemeine rationale Wertmaßstäbe.

universelle Sympathie/ generalisiertes Mitleid

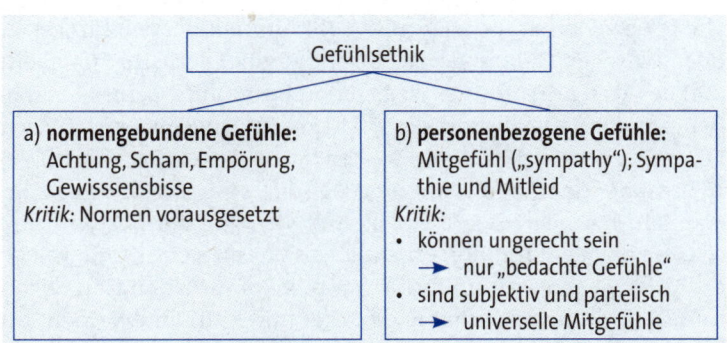

Gefühlsethik

Rationale ethische Urteile ohne moralische Gefühle sind leer.
Moralische Gefühle ohne rational geprüfte ethische Urteile sind blind.

Aufgabe der Ethik

Prüfung der zugrunde liegenden (impliziten) Überzeugungen

7.2 | Tugendethik versus Prinzipienethik

Ähnlich wie die Gefühlsethik stellt die *Tugendethik* einen Gegentrend zu einer rationalistischen *Prinzipien- oder Pflichtenethik* dar
(vgl. Kapitel 6). Im Kontrast zu spontanen Mitgefühlen sind

Tugenden

Tugenden durch gezielte, fortgesetzte Übungen erworbene Haltungen einer Persönlichkeit: Es sind charakterliche Dispositio-
nen der emotionalen und intellektuellen Fähigkeiten, die den
Besitzer dazu befähigen, in jeder Situation das ethisch Richtige
zu tun. Der antike Begriff „arete", „Tugend", hängt eng mit „Tauglichkeit" und „Tüchtigkeit" zusammen. Dabei zeichnete man in
der Antike stets die spezifisch menschliche Tätigkeit des Denkens
aus, die der Tugendhafte optimal entfalten soll. Aristoteles stellte bereits klar, dass ein Einzelner dieses menschliche Optimum

Verstandes- vs. ethische
Tugenden

nur erreicht, wenn sowohl die intellektuellen Fähigkeiten (*Verstandestugenden*) als auch die emotionale Seite (*ethische Tugenden*)
geschult werden, auf die es uns hier ankommt (vgl. Aristoteles,
1103a, 3 – 10). Typische „ethische Tugenden" oder „Charaktertu-
genden" sind Tapferkeit, Großzügigkeit oder Besonnenheit. Entgegen einem verbreiteten Missverständnis hat Aristoteles dabei
aber nicht eine gemäßigte oder „mittlere" Gefühlslage im Auge
wie etwa zwischen Feigheit und Tollkühnheit bei der Tapferkeit
oder zwischen Geiz und Verschwendung bei der Großzügigkeit.
Ziel des Tugend-Trainings ist es nicht, bestimmte Gefühle zu haben, sondern eine distanzierte Haltung zu den eigenen Gefühlen
zu entwickeln (vgl. Mayer, 135 – 137). Der Tugendhafte wird gerade nicht von seinen spontanen Gefühlen hingerissen und zum
Handeln motiviert. Vielmehr lässt er sich von der Vernunft leiten, die in jeder Situation erkennt, was zu tun richtig und welche
Gefühle angemessen sind. Nur wenn die natürlichen Neigungen
und Gefühle vernunftmäßig gestaltet und kultiviert werden, tut
die betroffene Person das ethisch Gute stets mit Leichtigkeit und
Freude. Diese auf die Vernunft hin geordnete, habituell richtige

Gefühlslage macht das ethische Wissen der Verstandestugenden handlungswirksam und schließt damit die Kluft zwischen Wissen und Handeln. Eine solche durch Tugend gesicherte Bereitschaft, stets das als richtig Erkannte zu tun, könnte man mit Kant auch als „guten Willen" bezeichnen (vgl. Horn 1998, 141). Sie bildet die Grundvoraussetzung ethischen Handelns. Damit ist zutage getreten, dass sich der Grundgedanke des Tugendmodells mit Gewinn revitalisieren lässt.

Tugend („Tauglichkeit"):
Eine durch Übung erworbene emotionale und intellektuelle Haltung, die dazu befähigt, in jeder Situation das ethisch Richtige zu tun.

Definition

Anschauungsbeispiel

Ein Mann wurde auf dem Weg von Jerusalem nach Jericho von Räubern überfallen, ausgeraubt und halbtot liegen gelassen. Zufällig kam ein Priester und nach ihm ein Levit des Weges entlang, die beide das biblische Gebot der Nächstenliebe sehr gut kannten. Gleichwohl gingen sie tatenlos am Schwerverletzten vorbei. Erst ein Mann aus Samarien wurde von Erbarmen ergriffen und eilte ihm zu Hilfe. (nach Lukas, 10.30–34)

Tugend: Barmherzigkeit
Funktion: Hinordnung der Gefühle und Motive auf die situativ gebotene Hilfeleistung gegenüber den Mitmenschen (= „guter Wille")
Voraussetzung: Wissen um das ethisch Richtige (in bestimmten Situationstypen)

Moralische Erziehung | 7.3

Der Mensch kommt weder als moralisch gutes noch als moralisch schlechtes Wesen zur Welt und entwickelt sich auch nicht aufgrund eines biologischen Programms notwendig in die eine oder andere Richtung. Vielmehr müssen die für moralisches Handeln unabdingbaren Fähigkeiten möglichst früh in der Kindheit unter kompetenter Anleitung entwickelt und trainiert werden. Um moralisch richtiges Handeln „einzustudieren", sind gemäß meinen Ausführungen in den beiden vorangegangenen Kapiteln nicht nur *theoretische Übungen* der Beweisführung und des Begründens unabdingbar (1), sondern auch *praktische Übungen* für den Erwerb einer habituell richtigen emotional-motivationalen Haltung (2).

theoretische und praktische Übungen

Moralisch richtiges Handeln selbst ist letztlich wie viele andere Tätigkeiten nur durch wiederholtes Üben zu erwerben, wie bereits Aristoteles konstatierte (vgl. Aristoteles, 1103a, 33): Bauen lernt man nur durch bauen, Gitarre spielen nur durch Gitarre spielen. Genauso lernt man gerechtes oder hilfsbereites Handeln streng genommen nur, indem man gerecht oder hilfsbereit handelt. Bei diesem Lernprozess lassen sich aber durchaus die zwei Komponenten der intellektuellen (1) und der emotionalen bzw. charakterlichen Tüchtigkeit (2) unterscheiden, die ich nacheinander beleuchten möchte.

theoretische Kenntnisse und argumentative Fähigkeiten

Ad 1: Theoretisch eingeübt werden müssen einerseits *Kenntnisse* grundlegender ethischer Begriffe und Konzepte, andererseits *Fähigkeiten* des philosophischen Begründens, Argumentierens und Reflektierens. Um sich nicht den Vorwurf gefallen lassen zu müssen, man wolle den Studierenden eine sozial erwünschte Moral indoktrinieren, legt man das Schwergewicht bei Ethik-Einführungskursen heute gerne auf die Vermittlung ethischer Reflexionskompetenzen (vgl. Mandry, 6f.). Zudem seien die Werte und Normen in unserer Zeit derart unsicher und strittig geworden, dass die Mitglieder unserer Gesellschaft mit einer Schulung der Kritikfähigkeit und Selbstdistanzierung am besten für die unvermeidlichen Interessen- und Wertkonflikte gerüstet seien. Nun ist es in meinen Augen aber durchaus sinnvoll, die zur Diskussion stehenden Standpunkte, Normen oder Prinzipien auf systematische Grundpositionen der Philosophiegeschichte wie „emotivistisch", „deontologisch" oder „utilitaristisch" zurückzuführen. Damit aber kann über die reflexiven und argumentativen Basiskompetenzen hinaus auf undogmatische Weise zugleich ein normatives Orientierungswissen erworben werden. Denn bei einer kritischen Analyse vermögen nicht alle Argumentationstypen gleichermaßen zu überzeugen. Rückblickend auf alle bisherigen Erörterungen werde ich im nachfolgenden Kapitel 7.4 die sich als belangvoll entpuppten Thesen zusammenstellen.

emotionale Grundhaltung

Ad 2: Doch wie sollen praktische Übungen gestaltet werden und wo kann ihr Ort sein? Nach Vorgabe des antiken Tugendmodells (vgl. Kapitel 7.2) zielen praktische Übungen nicht auf die Veränderung einzelner Handlungen ab, sondern auf die Transformation der *emotional-motivationalen Grundhaltung* des Charakters, der Persönlichkeit. Da die wichtigsten Schritte der Persönlichkeitsentwicklung bereits in früher Kindheit stattfinden, vollzieht sich die moralische Erziehung eher im Elternhaus und allenfalls in der Grundschule als im universitären Seminar. Zu einer moralischen Persönlichkeit scheint man nur in einem Umfeld heranwachsen zu können, in dem genügend Vorbilder ethischen Handelns und moralischer Interaktionen zugegen sind. Denn am meisten lernt das Kind durch Nachahmen von Bezugspersonen, zusätzlich noch durch Erzählungen und Märchen. In neueren moralpsychologischen Studien zum Erwerb einer moralischen Einstellung betont man a) die große Relevanz eines vertrauensvollen und verlässlichen Verhältnisses zu den wichtigen Bezugspersonen. Nur wenn es Liebe und Zuwendung erfährt, wird im Kind Gegenliebe erweckt sowie das Bedürfnis, den geliebten Personen nachzueifern und so zu werden wie seine Vorbilder (vgl. Rawls, 532f.). b) In solchen liebevollen Beziehungen kann sich eine habituelle „moralische Sensibilität" herausbilden, die in die Nähe von „Sympathie" und „Empathie" gerückt wird (vgl. Keller, 30): Man lernt und macht es sich zur Gewohnheit, sich in die anderen Personen hineinzuversetzen und sie im Lichte ihrer Bedürfnisse, Empfindungen und Erwartungen wahrzunehmen. Auf die Problematik der Begrenztheit und Parteilichkeit solcher moralischen Gefühle habe ich bereits in Kapitel 7.1 aufmerksam gemacht. Daher scheint es darüber hinaus wichtig zu sein, dass die Eltern c) klare und erklärbare Regeln aufstellen und diese vorbildhaft befolgen (vgl. Maiss, 237). Entsprechend dem viel beachteten, auf Jean Piagets Erkenntnissen aufbauenden dreistufigen Modell der Moralentwicklung von Lawrence Kohlberg befindet sich das Kind dann auf dem Niveau einer *heteronomen Moral* (vgl. Kohlberg, 51f.): Während es auf der ersten *präkonventionellen Stufe* den Regeln aus Furcht vor Strafen seitens der Eltern folgt, akzeptiert es sie im zweiten *konventionellen Stadium*, weil es als Mitglied der Familie oder einer größeren Gruppe anerkannt und geliebt werden möchte.

Am schwierigsten zu erklären ist der notwendige Übergang von einer solchen heteronomen zur *autonomen Moral*. Denn letztlich kann man weder durch pure Nachahmung von Vorbildern noch durch Gehorsamkeit aus Furcht vor Strafen oder sozialer Ausgrenzung moralisch richtiges Handeln lernen. Moralisch richtig handelt nämlich erst derjenige, der die moralischen Re-

vertrauensvolle
Beziehungen

moralische
Sensibilität

klare Regeln

heteronome Moral

autonome Moral

geln nicht mehr als äußeren Zwang erlebt, sondern der ihre Vernünftigkeit und Richtigkeit eingesehen hat (vgl. Kapitel 1.1). Die praktischen Übungen verweisen spätestens an dieser Stelle auf die theoretischen (1), und die Punkte a)—c) entpuppen sich als bloß vorbereitend: Man hat zum einen gelernt, die Interessen und Gefühle der Nahestehenden beim eigenen Handeln in Rechnung zu stellen (b). Nun geht es darum, den hypothetischen Rollentausch zu verallgemeinern und einzusehen, dass die dabei ermittelte Handlung für alle Betroffenen die bestmögliche ist. Zum anderen hat man bei der Unterwerfung unter die Regeln einer heteronomen Moral Selbstbeherrschung und Verzicht auf schnelle egoistische Interessenbefriedigung erprobt (c). Bezüglich der moralischen Gefühle empfindet man bei der autonomen Moral immer noch Scham bzw. Empörung bei Regelverstößen, nur liegt jetzt eine Selbstbindung an die Regeln aus Einsicht vor. So lässt sich durchaus an die Vorstufen anknüpfen. Um im Sinne der antiken Tugendethik sicherzustellen, dass die Gefühle und Antriebskräfte stets auf die Realisierung des moralisch als richtig Erkannten ausgerichtet sind, ließen sich zusätzlich folgende Übungen in Anwendung bringen (vgl. Horn 1998, 34—

literarische/dialogische/ monologische Übungen

43): *Literarische, dialogische* oder *monologische Übungen*, um durch Selbstprüfung, Selbstdistanz und -kritik die moralische Haltung tief in der Persönlichkeit zu verankern. Bei den *imaginativen*

imaginative Übungen

Übungen ruft man gezielt die Vorstellung bestimmter moralisch relevanter Handlungssituationen hervor, um die Standhaftigkeit der Gefühlsdispositionen und Einstellungen zu proben.

moralische Übungen

Unter *moralischen Übungen* fasst man alle Techniken der Selbstermahnung, Gewissensprüfung oder des offenen Geständnisses eigener Fehler zusammen. So vollendet sich die Moralerziehung

Höhepunkt: Selbsterziehung

in der *Selbsterziehung*, wie Höffe resümiert, der gleichzeitig zu einem optimistischen Fazit gelangt: „Bei Personen, deren Erziehung zum moralisch Guten rechtzeitig beginnt und die das Tun des Guten durch fortgesetztes Einüben zum Charaktermerkmal werden lassen, hat das Böse so gut wie keine Chance." (Höffe 2007, 35)

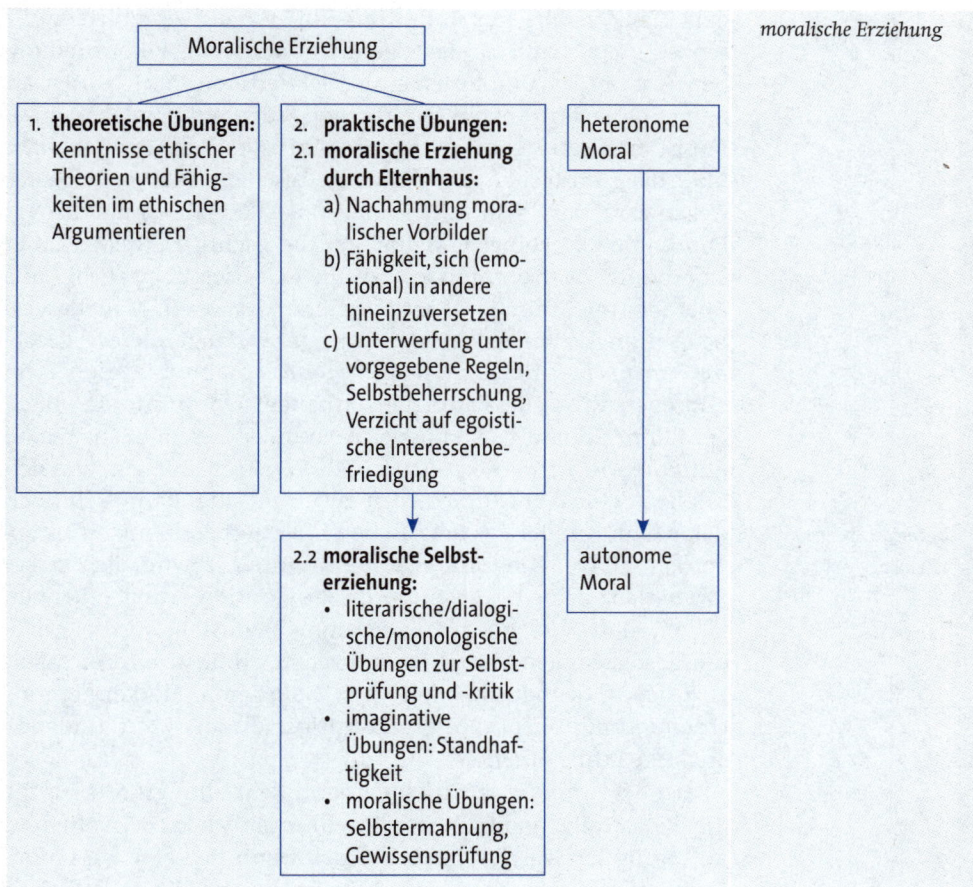

moralische Erziehung

Fazit: Gibt es die „richtige Ethik"? | 7.4

Es wäre sicherlich vermessen und anmaßend, in einer Einführung in die Ethik die einzelnen ethischen Theorien der Reihe nach mit dem Stempel „richtig" oder „falsch" zu versehen. Meine Aufgabe als Autorin war vielmehr, die wichtigsten ethischen Konzepte mitsamt den Gründen und Argumenten darzulegen, die für oder gegen sie sprechen könnten. Auf diese Weise sollen die Leser zu einer eigenen kritischen Auseinandersetzung mit den unterschiedlichen Positionen und Prinzipien angeleitet werden. Dank geschärfter Reflexions- und Argumentationskompetenzen kann man sich der eigenen moralischen Voreinstellung bewusst werden und zu einem reflektierteren, nach außen argumentativ vertretbaren moralischen Standpunkt gelangen. Damit ist man gerüstet für alltägliche und öffentliche Diskussionen über die zahlreichen drängenden ethischen Probleme unserer Gegenwart. Dass man in den mehr als 2000 Jahren praktischer Philosophie zu keiner Einigung auf die „richtige Ethik" gelangt ist, könnte zwar entmutigen. Wenn man sich aber all die uns überlieferten ethischen Begriffsdifferenzierungen, Modelle und Beurteilungskriterien vergegenwärtigt, verlangt dieses „Ergebnis" trotz seiner Heterogenität unsere Anerkennung. Mit diesem ethischen Rüstzeug kann man arbeiten! Ich würde das Buch gerne mit Konrad Otts lapidarem Resümee beschließen: „Keine Ethiktheorie ist perfekt" (Ott, 194)! Wer sich mit einem solch offenen Schluss nicht zufrieden geben möchte, kann sich noch

systematischer Überblick

den nachfolgenden systematischen Überblick zu Gemüte führen. Stärker als in den bisherigen Erörterungen wird sich dabei zwangsläufig meine eigene ethische Positionierung erkennen lassen. Statt alles nochmals zusammenzufassen, versuche ich, die Kerngedanken der philosophischen Ethik in einigen übersichtlichen Grundprinzipien zu kristallisieren. Sie könnten als Orientierungsfolie für die zukünftige, diskursiv zu findende „richtige Ethik" fungieren.

Ziel der Ethik ist es, Prinzipien und Beurteilungskriterien für die Bewertung menschlicher Handlungen zu entwickeln und zu begründen (vgl. Kapitel 1.1). Auch wenn sie keine konkreten Handlungsanweisungen gibt, beantwortet sie damit auf einer mehr oder weniger abstrakten Ebene die Frage, wie man handeln soll. Gegenstand der Ethik ist also letztlich das menschliche

Individual- vs. Sozialethik

Handeln. Während die *Individual-* oder *Strebensethik* auf das größtmögliche Glück der Einzelnen abzielt, geht es der *Sozial-, Sollensethik* oder *Moralphilosophie* um das bestmögliche Zusammenleben der Menschen. Nur weil unser Handeln das Wohlergehen anderer Menschen beeinträchtigen kann, brauchen wir eine Moral als Gesamtheit der Normen, die das Zusammenleben regeln, und eine Moralphilosophie als Wissenschaft der Moral. Bei der ethischen Beurteilung einer Handlung zählt daher nicht nur die

Verantwortung für Handlungsfolgen

gute Absicht („Gesinnungsethik"), sondern auch die *Handlungsfolgen* („Konsequentialismus", vgl. Kapitel 5). Da vieles beim alltäglichen Handeln oft anders kommt als geplant, hat eine Ethik zuallererst zu klären, für welche Handlungsfolgen wir verantwortlich sind (vgl. Kapitel 2.3). Bei der *Absicht* oder *Intention* einer Handlung muss man unterscheiden zwischen dem *Handlungsziel* wie etwa dem Lindern der Schmerzen eines Patienten und den gewählten *Mitteln* der Zielverfolgung, beispielsweise dem Verabreichen schmerzlindernder Mittel durch den behandelnden Arzt. Oft sind mit dem Einsatz der Mittel, d.h. dem konkreten Verfolgen des Handlungsziels, negative Folgen verbunden wie etwa der Tod des Patienten als Nebenwirkung der ärztlichen Medikation. Für solche zwar nicht direkt beabsichtigten, aber *vorausgesehenen* und in Kauf genommenen Folgen sind wir genauso verantwortlich wie für die direkt beabsichtigten Folgen. Bezüglich der *nicht vorausgesehenen Folgen* hingegen ist man nur verantwortlich für diejenigen, die man bei ausreichender Informationsbeschaffung hätte voraussehen können („individuelles Wissensdefizit"), nicht aber für diejenigen, die zum gegebenen Zeitpunkt prinzipiell nicht vorhersehbar sind („prinzipielles Wissensdefizit"). Verantworten müssen wir darüber hinaus die Schädigung fremder Personen, die zwar nicht auf unser Handeln, aber unser *Unterlassen* zurückgeführt werden kann: Wer einen unabhängig von ihm ablaufenden Kausalprozess wie das Ertrinken eines Kindes zulässt, obwohl er ihn stoppen könnte, handelt moralisch verwerflich.

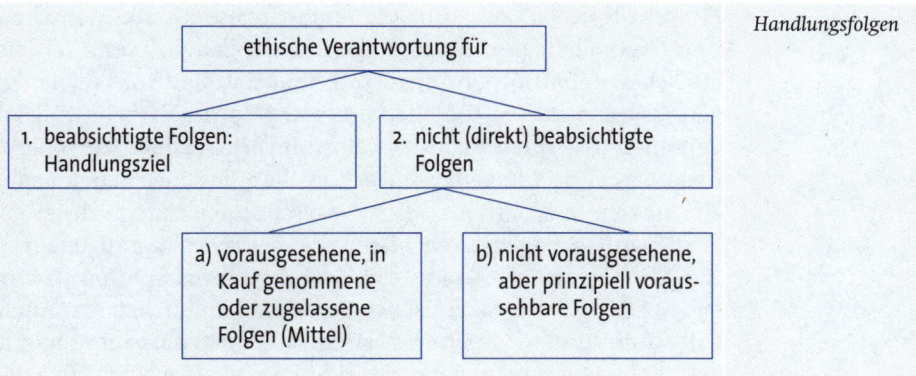

Handlungsfolgen

Als erste ethische Grundregel ist eine wichtige flankierende Maßnahme zu nennen:

flankierende
Maßnahme

Sollen-Können-Grundsatz:
Sollen impliziert Können

Das Prinzip besagt, dass niemand zu etwas ethisch verpflichtet sein kann, das außerhalb seiner Handlungs- und Einflussmöglichkeiten liegt. So kann es für einen Nichtschwimmer nicht ethisch geboten sein, ein im Meer ertrinkendes Kind zu retten. Wenn er alles in seiner Macht stehende für die Rettung des Kindes tat (Hilfe suchen etc.), trägt er keine moralische Schuld oder Verantwortung, auch wenn das Kind ertrinkt. Natürlich darf dieses Prinzip nicht als Entschuldigungsstrategie für unmoralisches Handeln missbraucht werden.

formales Kriterium für
Moral
Universalisierbarkeit

Wie bereits in Kapitel 1 gezeigt wurde, lässt sich die Kernidee der Moral in zwei grundlegende Momente gliedern: ein *formales* und ein *materiales*. Das *formale Kennzeichen* universeller Gültigkeit lässt sich als „formales Gleichheitsgebot" oder „formales Generalisierungsprinzip" formulieren:

Formales Kriterium:
Universalisierbarkeit

Formales Gleichheitsgebot:
Was für eine Person ethisch richtig ist, muss für jede andere Person mit ähnlichen individuellen Voraussetzungen und unter ähnlichen Umständen ethisch richtig sein.

Formales Generalisierungsprinzip:
Was in einer bestimmten Situation geboten oder verboten ist, muss für jede Person geboten oder verboten sein, die sich in einer solchen Situation befindet.

Ethische Normen oder Prinzipien müssen also für alle Menschen unter vergleichbaren Bedingungen gleich gelten. Wenn ich als ethisches Gebot fordere, man soll keinen Abfall im Freien liegen lassen, muss es für alle verboten sein, im Freien Müll zu deponieren — auch für mich selbst! Im Unterschied zu subjektiven Geschmacksurteilen etwa über Vanille- oder Schokoladeeis müssen normative ethische Äußerungen universalisierbar sein. Den Grundgedanken dieser rein formalen Verallgemeinerung findet man bei Hares sprachphilosophischer Analyse zur *semantischen Universalisierung* wieder (vgl. Kapitel 4.2.3a). Auch Kants berühmter *kategorischer Imperativ* betont, dass rein logisch betrachtet etwas nicht geboten sein kann, wenn es nicht für alle Menschen als ein allgemeines Gesetz gelten könne (vgl. ebd.). Während Kant an einen rein logischen Widerspruch bei der Universalisierung einer Handlungsregel denkt, hat man beim *Prin-*

zip der Verallgemeinerung ausdrücklich die unerwünschten Folgen kollektiven Handelns im Blick (vgl. Kapitel 5.4), die besonders bei Umweltsünden dramatisch sein können. Wer etwa seinen Müll illegal im Wald entsorgt, wird zum Gedankenexperiment aufgefordert: Stell Dir vor, was passieren würde, wenn alle Menschen so handeln würden wie Du. Ausnahmeregelungen müssten auf jeden Fall gut begründet werden.

Bezüglich des *inhaltlichen Moments* bildet folgende Kernidee die Basis des moralischen Denkens und Handelns: Es gilt, den persönlichen Standpunkt der eigenen Interessen und seines Glücksstrebens zu transzendieren und die Perspektiven aller beteiligten Personen gleich zu bewerten wie die eigene. Man nennt dies den typischen „objektiven" oder „unparteiischen Standpunkt der Moral", bei dem man nicht um das eigene Wohl, sondern um das Wohl der Gemeinschaft bzw. aller beteiligten Personen besorgt ist. Entsprechend lässt sich als materiales Grundprinzip das „Prinzip der Unparteilichkeit" formulieren:

Prinzip der Unparteilichkeit (Basisprinzip):
Diejenige Handlung ist ethisch richtig, die von einem unparteiischen Standpunkt aus als die richtige erscheint, weil alle Interessen angemessen berücksichtigt werden.

Dieses sehr allgemein gehaltene Prinzip wirft natürlich zahlreiche Fragen auf: Was ist hier mit „Interessen" gemeint und was heißt eine „angemessene" Berücksichtigung solcher Interessen? Wie sollen Interessenkonflikte wie derjenige zwischen einem Jazz übenden Trompeter und seinem ruhebedürftigen Zimmernachbarn damit gelöst werden können?

Zunächst steht „Interessen" hier für sämtliche individuellen Ansprüche sowohl in Form von expliziten, artikulierbaren Bedürfnissen, Wünschen und Interessen („Präferenzen") als auch solcher, die durch bestimmte Güter, Eigenschaften oder Qualifikationen der Betroffenen definiert werden. Bei verschiedenen Ansätzen wie etwa dem einflussreichen *Utilitarismus* monierte ich die fehlende Kritik der Präferenzen. So dürfen sicherlich uninformierte, gesundheitsschädigende und asoziale Interessen keine Beachtung durch den unparteiischen Beobachter finden, z. B. rassistische Interessen an der Schädigung von Fremden (vgl. Kapitel 5.2). Anders als beim Präferenzutilitarismus müssen die Interessen aller Betroffenen der *Diskursethik* zufolge in einem re-

Marginalien:
inhaltliches Kriterium für Moral

unparteiischer Standpunkt der Moral

materiales Kriterium: Unparteilichkeit

Interessen

alen praktischen Diskurs mit Gründen und Argumenten verteidigt werden (vgl. Kapitel 4.2.3b). Nur diejenigen, die der Kritik
aller Gesprächsteilnehmer standhalten, gelten als intersubjektiv
gerechtfertigt. Sie sind universalisierbar in dem Sinne, dass sie
sich mit den Bedürfnissen aller anderen in Einklang bringen
lassen. Wenn der Jazztrompeter und der ruhebedürftige Nachbar beidseitig das berechtigte Interesse an freier Kunstausübung
bzw. an Erholung anerkennen und sich auf bestimmte Übezeiten
einigen können, wären jene durchaus universalisierbar. In der
gegenwärtigen moralphilosophischen Diskussion spielt das „diskursethische Moralprinzip" der Konsensfindung zu Recht eine
zentrale Rolle.

Hilfsmittel 1 zur Reali-
sierung der Unpartei-
lichkeit

Diskursethisches Prinzip der Konsensfindung:
Diejenige Handlung (oder diejenige Norm) ist ethisch richtig, die von allen
Betroffenen als Teilnehmern eines praktischen Diskurses Zustimmung findet.

Um die tatsächlichen und nicht nur die mutmaßlichen Interessen der von unserem Handeln Betroffenen kennen zu lernen
und kritisch auf ihre Berechtigung hin zu überprüfen, scheint
der real durchgeführte Diskurs tatsächlich das optimale Mittel
zu sein. Allerdings müsste dieser reale Diskurs unter idealisierten Bedingungen frei von systematischen Verzerrungen und unter ausschließlichem Zwang des besseren Arguments stattfinden.
In der Praxis sind aber oft nicht nur nicht alle Beteiligten bereit,
kommunikativ-konsensorientiert statt strategisch-erfolgsori-
entiert zu handeln, sondern die (indirekt) Betroffenen können
auch noch gar nicht geboren oder einfach zu zahlreich sein. Man
muss das Gespräch dann gleichsam im eigenen Kopf ablaufen
lassen. Als Hilfsmittel könnte dabei das „Prinzip der Perspektivenübernahme" oder des „hypothetischen Rollentausches" dienen, verkörpert in der oft missgedeuteten „Goldenen Regel" (vgl.
Kapitel 5.3):

Hilfsmittel 2 zur Reali-
sierung der Unpartei-
lichkeit

Prinzip der Perspektivenübernahme oder des hypothetischen Rollentausches:
Behandle die anderen so, wie Du selbst behandelt werden möchtest, wenn Du
Dich mit ihren Interessen in ihrer Situation befändest,
bzw. suche nach einem Kompromiss zwischen Deinen aktuellen Interessen
als Handelndem und den vorgestellten Interessen der von Deinem Handeln
Betroffenen.

Statt die Ansprüche der Beteiligten über subjektive (wenngleich verallgemeinerbare) Interessen zu definieren, hat man auch immer wieder nach objektiven Gütern oder allgemeinmenschlichen Interessen gesucht. Güter sind die Bedingungen oder Mittel, die für einen gelingenden Vollzug menschlichen Lebens nötig sind. Gewirth hat bei seinem *handlungsreflexiven Ansatz* ein Set von elementaren Gütern zu begründen versucht, ohne die ein Mensch gar nicht fähig wäre, zu handeln und seine persönlichen Interessen zu verfolgen (vgl. Kapitel 4.2.3c). Objektiv gesehen gebe es also notwendige Güter, auf die jeder Mensch berechtigten Anspruch habe. Dazu zählt die Freiheit von Zwang, die Freiheit zur Selbstbestimmung, Nahrung, Kleidung und Obdach zur Stillung der primären physiologischen Bedürfnisse sowie Erziehung und Bildung. Da es um den Schutz elementarer allgemeinmenschlicher Interessen geht, dürfte man mit Gewirths „Prinzip konstitutiver Konvergenz" oder einem allgemeineren „Prinzip gleicher notwendiger Güter" ähnliche Resultate erzielen wie durch den fiktiven Vertragsschluss beim *Kontraktualismus* (vgl. Kapitel 4.1.2). Man gelangte dank dieser Konkretisierung des Prinzips der Unparteilichkeit zu einer „Minimalmoral" mit minimalem allgemeinmenschlichem Konsens.

Prinzip gleicher notwendiger Güter:
Diejenige Handlung ist ethisch richtig, bei der die notwendigen handlungskonstitutiven Güter der Betroffenen nicht grundlos eingeschränkt bzw. die Lasten gleichmäßig verteilt werden.

objektive Güter

1. Konkretisierung des Prinzips der Unparteilichkeit

Anlässlich der Frage nach der „angemessenen" oder „unparteiischen" Berücksichtigung der berechtigten Interessen aller Beteiligten kann man folglich auf ein identisches Set von objektiven Gütern oder notwendigen Interessen aller Menschen zurückgreifen. Unzulänglich wäre es sicherlich, nach Art der Utilitaristen lediglich die maximal zu erreichende Gesamtsumme an subjektiver Lust oder erfüllten Präferenzen zum Maßstab zu erheben. Denn das Ausmaß an individuellem Nutzen oder Schaden kann dann sehr ungleich und unfair verteilt sein. Als eine zweite Konkretisierungsmöglichkeit des höchsten allgemeinen Prinzips der Unparteilichkeit kann man hingegen den „Gerechtigkeits-Grundsatz" betrachten (vgl. Kapitel 6.3): Unparteiisch im Sinne von gerecht handelt, wer die Gleichen gleich und die Ungleichen ungleich behandelt. Je nach den Aufgaben oder Zielen, die sich eine Person, eine Gruppe oder eine Institution in Bezug auf andere Menschen gesetzt haben, differieren auch die Kriterien zur Feststellung dieser Gleichheit bzw. Ungleichheit. Während in Bezug auf die Menschenrechte jeder Mensch als Mensch gleich zu behandeln ist, gilt bei der Existenzsicherung, dem Verdienst oder dem Ausbildungsplatz für die jeweiligen Institutionen: Jedem gebührt das, worauf er entsprechend den bereichsspezifisch definierten Kriterien von existentiellen Bedürfnissen, Arbeitsleistungen oder Studieneignungen Anspruch hat. So kann also durchaus eine ungleiche, aber proportionale Berücksichtigung der Interessen der Beteiligten gerecht sein („geometrische oder adressatenorientierte Gerechtigkeit"). Wichtig ist nur, dass alle am selben, rechtfertigbaren Bewertungsmaßstab gemessen werden.

Wo man keine spezifischen Aufgaben oder Verpflichtungen im Rahmen einer bestimmten sozialen Gemeinschaftsform übernommen hat, aber jemanden in existentieller Not antrifft, greift die allgemeine „Wohltätigkeitspflicht": Hilft man jemandem in einer Notlage nicht, obwohl die Not des anderen die eigenen, durch die Hilfeleistung in Kauf zu nehmenden Nachteile deutlich übersteigt, trägt man die normative Verantwortung für die negativen Folgen seines Unterlassens (vgl. Kapitel 6.4).

Wohltätigkeit

2. Konkretisierung des Prinzips der Unparteilichkeit

Prinzip der Gerechtigkeit:
In sozialen Gemeinschaftsformen, in denen man bestimmte Ziele oder Aufgaben gegenüber anderen übernommen hat, gilt:
Behandle alle Menschen, die sich in den situationsspezifisch relevanten Gesichtspunkten ähnlich sind, gleich, die sich unterscheiden ungleich, und zwar nach Maßgabe der relevanten individuellen Bedürfnisse, Leistungen, Qualifikationen oder Begabungen.

Prinzip der Wohltätigkeit:
In Notsituationen, in denen andere auf Deine Hilfe angewiesen sind, gilt:
Helfe anderen Personen in der Not, außer wenn die für die Hilfeleistung aufzubringenden Kosten deinerseits höher sein sollten als die Nachteile der anderen.

praktische Urteilskraft

All diese Prinzipien können nicht darüber hinwegtäuschen, dass sich moralisch richtiges Handeln im Ernstfall niemals bloß in der Anwendung bestimmter allgemeiner, abstrakter Prinzipien oder Kriterien erschöpfen kann. Vielmehr bleibt es letztlich eine Sache des individuellen Urteilsvermögens und der situationsgerechten Abwägung. Anwendungsspezifische, konkrete Antworten auf die Frage „Wie soll ich handeln?" erfordern in der Praxis neben den Reflexions- und Argumentationskompetenzen ein hohes Maß an Empathie und Kontextsensibilität.

Kontextsensibilität

1. In welchen ethischen Theorien spielen Gefühle eine wichtige Rolle? Welche?
2. Inwiefern ist das antike Tugendmodell auch für eine moderne Ethik fruchtbar zu machen?
3. Kann man sich selbst oder andere gezielt „moralisch machen"?

Literatur

Aristoteles, Nikomachische Ethik, 2. Auflage, München 1995 (zitiert nach der Bekker-Ausgabe).

Hume, David: Ein Traktat über die menschliche Natur, Bd. 2, Hamburg 1978.

Keller, Monika: Moralische Sensibilität: Entwicklung in Freundschaft und Familie, Weinheim 1996.

Leist, Anton: Mitleid und universelle Ethik, in: Fink-Eitel, Hinrich und Lohmann, Georg (Hrsg.): Zur Philosophie der Gefühle, Frankfurt a. M. 1993, S. 157–187.

Maiss, Maria: Ethisch-Moralische Propädeutik. Erziehungsethische Überlegungen zur Psycho- und Soziogenese prämoralischer und moralischer Fähigkeiten, Wien 2006.

Mayer, Verena: Tugend und Gefühl, in: Döring, Sabine A. und Mayer, Verena (Hrsg.): Die Moralität der Gefühle, Deutsche Zeitschrift für Philosophie, Sonderband 4, Berlin 2002, S. 125–150.

Smith, Adam: Theorie der ethischen Gefühle, Hamburg 1977.

Steinfath, Holmer: Emotionen, Werte und Moral, in: Döring, Sabine A. und Mayer, Verena (Hrsg.): Die Moralität der Gefühle, Deutsche Zeitschrift für Philosophie, Sonderband 4, Berlin 2002, S. 105–124.

Tugendhat, Ernst: Die Rolle der Identität in der Konstitution der Moral, in: Edelstein, Wolfgang und Nunner-Winkler, Gertrud (Hrsg.): Moral und Person, S. 33–47.

Wolf, Ursula: Das Problem des moralischen Sollens, Berlin/New York 1984.

Anhang | 8

Lösungen zu den Übungsaufgaben | 8.1

Kapitel 1

1. *Ethik* = Disziplin der praktischen Philosophie, die allgemeine, begründete Aussagen darüber macht, wie man handeln soll.

   Moral = Gesamtheit der in einer Gemeinschaft geltenden Wertvorstellungen und Normen, die nicht aufgrund bloßer Übereinkunft gelten, sondern der Einsicht entspringen, dass sie die bestmögliche Form menschlichen Zusammenlebens garantieren.

   Metaethik = Teilbereich der philosophischen Ethik, der ethische Grundbegriffe und methodische Begründungsverfahren analysiert.

2. Perspektive
   a) der *Strebensethik/Individualethik/Philosophie des Glücks*, abzielend auf das für das Individuum Gute (Glück, positive Selbstbeziehung)
   - *prudentielles Argument*, z. B. bezüglich Peters Verhältnis zu seiner jungen Sekretärin: Verlust der Familie könnte Peter tief treffen und Verhältnis zur Sekretärin dürfte nicht von Dauer sein.

b) der *Sollensethik/Sozialethik/Moralphilosophie*, die sich um das für die Gemeinschaft Gute (Moral, gerechtes Zusammenleben) kümmert

- *moralisches Argument*, z. B.: Peter darf seine Frau und die vier Kinder nicht im Stich lassen, weil sie auf ihn angewiesen sind.

3. *formales Kriterium:* Allgemeinheitsanspruch
   materiales Kriterium: unparteiischer Standpunkt
4. Vgl. das Toulmin-Schema S. 16.

Kapitel 2

1. *Handlung* (im engen Sinn): bewusste Tätigkeit, bei der man ein als gut befundenes Ziel verfolgt
   - mentale Ursache: Intention/Absicht des Handlungssubjekts
   - intentionale Kausalität
   z. B.: Einführung in die Ethik lesen, Prüfung vorbereiten etc.
   Verhalten (Handlung im weiten Sinn): Gesamtheit der Körperbewegungen und körperlichen Ausdrucksweisen von lebendigen Organismen
   - physische Ursache: physischer Zustand oder Ereignis, Naturgesetze
   - Ereigniskausalität
   z. B.: niesen, gähnen, stolpern, Bein brechen etc.
2. Das Handlungssubjekt ist verantwortlich für:
   - beabsichtigte Folgen (= Handlungsziel)
   - indirekt (mit-)beabsichtigte, in Kauf genommene Folgen (= Mittel/Nebenwirkungen)
   - nicht beabsichtigte und nicht vorausgesehene, aber prinzipiell voraussehbare Folgen (individuelles Wissensdefizit)
   - prinzipiell nicht voraussehbare, aber auch nicht sicher auszuschließende Spätfolgen (prinzipielles Wissensdefizit)
3. *Unterlassen*: Nichtausführen einer Handlung, die jemand auch hätte tun können (sei dies wissentlich oder unwissentlich, willentlich oder unwillentlich).
   - ethisch relevante Fälle:
   — Unterlassen hat negative Folgen für Person selbst oder für andere Betroffene

— man unterlässt etwas, wozu man sich verpflichtet hat oder was man tun sollte

Spezialfall Zulassen: Jemand tut etwas ganz bewusst nicht, obwohl er die Situation und die Folgen seines Unterlassens adäquat erfasst und den unabhängig von ihm ablaufenden Kausalprozess stoppen könnte. Im Unterschied zum Handeln ist man hier aber nicht die mentale Ursache des Geschehens und seiner negativen Konsequenzen.

- ethisch viel schärfer zu verurteilen als Fälle des unwissentlichen, unwillentlichen Unterlassens

Aktuelles Beispiel aus der Sterbehilfe: Trotz unterschiedlicher Handlungstypen beim Handeln (aktive/indirekt aktive Sterbehilfe) und Zulassen (passive Sterbehilfe) scheint die normative Verantwortung der ausführenden Mediziner gleich groß zu sein. Für die ethische Legitimität sowohl für das Handeln als auch das Zulassen scheinen andere Gründe und Argumente ausschlaggebend zu sein, etwa die Konstanz und Deutlichkeit des Sterbewunsches oder die irreversibel verminderte Lebensqualität der Betroffenen.

Kapitel 3

1. *Emotivismus:* Gefühlsausdruck; „Ich finde es furchtbar, dass Du hier rauchst!"

Präskriptivismus: Imperativische Aufforderungen; „Du sollst hier nicht rauchen!"

Dezisionismus: Kundgebungen willkürlicher persönlicher Entscheidungen; „Ich entscheide mich (willkürlich) dafür und will, dass Du hier nicht rauchst."

2. a) Plausibilitätsargumente:
- Tatsache, dass wir in rationalen Diskursen nach begründeten Antworten auf die Frage „Wie soll ich handeln?" suchen
- performativer Selbstwiderspruch

b) positivistischer Reduktionismus auf das empirisch Erfahrbare ist unhaltbar:
- soziokulturelle Geltung von Werten, Normen und Prinzipien versus Faktizität von raumzeitlichen Dingen
- praktische Rationalität versus theoretische Rationalität

Kapitel 4

1. *Kognitivistischer Subjektivismus:* Normative Aussagen werden begründet im Rekurs auf die rationalen (Eigen-)Interessen der Handlungssubjekte.

   Problem: Wird der Kontraktualismus als argumentativer Kunstgriff missbraucht, um Egoisten oder Skeptiker zu moralischem Verhalten zu überreden, wird die Moral instrumentalisiert. Die Individuen haben dann keine moralische Gesinnung, sondern bleiben Egoisten, die lediglich moralkonform handeln. Gehen die Kontraktualisten andererseits nur methodisch von egoistischen Subjekten aus, werden die moralischen Vorbedingungen (gegenseitige Anerkennung, Interessensymmetrie, faire Ausgangschancen) eines legitimen Vertragsschlusses nicht genau angegeben und begründet. Zudem führt ein hypothetischer Vertrag grundsätzlich nicht zu faktischen Verpflichtungen, so dass man auf ein System von Sanktionen angewiesen ist.

2. Es liegt ein *Sein-Sollen-Fehlschluss* vor: ein Schluss von der Tatsache, dass alle anderen auch so handeln, darauf, dass diese Handlungsweise ethisch richtig ist.

3. *Konstruktivistische Ethiker* fragen in einem ersten Schritt nach den kognitiven, pragmatischen, sozialen oder sprachlichen Bedingungen moralischen Urteilens oder Handelns. Unterschiedliche Vertreter haben die universelle Struktur der menschlichen Vernunft (Kant) oder der Sprache (Hare), allgemeine Argumentationsregeln (Apel/Habermas) oder die Grundlagen menschlicher Handlungsfähigkeit (Gewirth) geltend gemacht. In einem zweiten Schritt leitet man aus diesen notwendigen Bedingungen menschlicher Moralität die Kriterien richtiger moralischer Urteile oder Handlungen ab.

   Kants „kategorischer Imperativ" als höchstes Moralprinzip (Universalisierungsprinzip):
   Handle so, dass die Maxime deines Handelns ein allgemeines Gesetz sein könnte

   Hares Universalisierbarkeitsprinzip:
   Universalisierbar ist jedes moralische Urteil oder jeder moralische Grundsatz, wenn der Urteilende bereit wäre, die Folgen ihrer Anwendung auch als selbst Betroffener zu akzeptieren.

Diskursethisches Moralprinzip (D):
Nur diejenige Norm ist ethisch legitim, die von allen Betroffenen als Teilnehmer eines praktischen Diskurses Zustimmung finden (oder finden könnte).

Gewirths „Prinzip konstitutiver Konvergenz" (PKK):
Jeder Handelnde sollte stets in Übereinstimmung mit den konstitutiven Rechten der Empfänger seiner Handlungen wie auch seiner selbst handeln.

4. *Deskriptiver Relativismus:* Es existiert empirisch eine Vielzahl verschiedener ethischer Überzeugungen, die sich nicht reduzieren lässt.
   Metaethischer Relativismus: Es gibt keine universellen Normen oder Werte. Sie sind immer nur relativ für eine bestimmte Person, Gesellschaft oder Epoche.
   Normativer Relativismus (Traditionsrelativismus): Jeder soll nach den Normen und Werten urteilen und handeln, die in seiner Tradition als richtig gelten.
   Die normative Aufforderung zur Toleranz gegenüber fremden Kulturen und das Nichteinmischungsgebot führt zur absurden Konsequenz, dass man jegliche Verstöße gegen moralische Normen und sogar ein gewaltsames Aufoktroyieren von Normen durch eine andere soziokulturelle Gruppe hinnehmen müsste. Ethisch erforderlich ist aber weniger unkritische Toleranz als vielmehr allseitige Offenheit für einen interkulturellen Diskurs über das, was für alle Menschen an Grundgütern und Rechten unverzichtbar ist.

Kapitel 5

1. *Konsequentialistische Ethik:* Wert der Handlung bemisst sich an den Folgen der Handlung
   Gesinnungsethik: Wert der Handlung bemisst sich an der Absicht des Handelnden
   Teleologische Ethik: Wert der Handlung bemisst sich am Ziel der Handlung (moralisches oder außermoralisches Gut)
   Deontologische Ethik: Wert der Handlung kann unabhängig von den Folgen in Bezug auf Sollensforderungen (Gebote/Verbote) oder Testverfahren (Verallgemeinerbarkeit) bestimmt werden

- Teleologische Ethik = engerer Begriff als konsequentialistische: Ziel = Handlungsfolgen; berücksichtigt werden
aber nur die beabsichtigten Folgen
- Deontologische Ethik = weiterer Begriff als Gesinnungsethik: Folgenüberlegungen können in „gute Absicht" ein-
fließen

2. *Kritik am utilitaristischen Moralprinzip*:
   - hedonistische Interpretation des Nutzens problematisch
   - keine exakte Anwendung des Nutzenkalküls
   - keine Kritik der Bedürfnisse, Wünsche und Interessen
   - Problem der Gerechtigkeit ungelöst
   - Menschenwürde und Menschenrechte nicht berücksichtigt
   - Instrumentalisierung der einzelnen Menschen zugunsten
der Nutzenmaximierung
   - Zweck der Nutzenmaximierung scheint alle Mittel zu
rechtfertigen

3. Man soll gerade nicht die eigenen Wünsche in die anderen
Personen hineinprojizieren, sondern sich in einem imaginativen Rollentausch vorstellen, wie die anderen in ihrer je spezifischen Situation mit ihren eigenen Interessen behandelt
werden möchten. Bei einem Interessenkonflikt sollen alle
Interessen gleich berücksichtigt werden, damit eine gerechte
Lösung gefunden werden kann.

4. *Verallgemeinerungsprinzip*: Wenn nicht jeder in einer bestimmten Weise handeln oder behandelt werden sollte, dann sollte niemand ohne eine (akzeptable/relevante) Begründung in
dieser Weise handeln oder behandelt werden.
Anwendung bei Kumulationsproblemen mit einem Konflikt
zwischen gemeinsamen und privaten Interessen, die am häufigsten im Umweltbereich anzutreffen sind: Während die
Einzelhandlung im Zeichen des Privatinteresses (z.B. Autofahren) keine nennenswerten negativen Folgen zeitigt, sind
Folgen ab einer bestimmten raumzeitlichen Konzentration
verheerend bezüglich des gemeinsamen Interesses (z.B. in-
takte Umwelt).

Kapitel 6

1.

Wert	Prinzip	Recht	Norm
Allgemeine Leitvorstellung darüber, was richtig/erstrebenswert ist	oberster einheitsstiftender allgemeiner Grundsatz	berechtigter allgemein anerkannter Anspruch	konkrete, situationsspezifische Handlungsregel
z.B. Freiheit	Handle so, dass Du die Freiheit Deiner Mitmenschen nicht beeinträchtigst	Recht auf Freiheit	Zwinge niemanden mit Gewalt zu etwas!

2.

Handlungsfreiheit	Willensfreiheit
betrifft: Handeln	betrifft: Willen
Abwesenheit von Hindernissen	Selbstwahl und Zielverfolgung
Möglichkeit, unabhängig von inneren oder äußeren Handlungsschranken zwischen (unendlich) vielen Handlungsalternativen auswählen zu können	mentale Fähigkeit, die gegebenen physischen, psychischen und situativen Gegebenheiten auf selbstgesetzte, vernunftmäßig begründete Ideale oder Wertorientierungen hin zu beurteilen und die Verwirklichung seiner Handlungsziele einzuleiten
eingeschränktes Recht auf Überlebenssicherung und einigermaßen permissives soziales Umfeld	unbedingtes Recht

3. a) *arithmetische Gerechtigkeit:* jedem gleich viel, d.h. jedem zwei Würstchen. Individuelle Unterschiede spielen keine Rolle.

b) *geometrische Gerechtigkeit:* jedem das „Seine", d.h. je nach Ansprüchen (Bedürfnisse, Leistungen).

Das Problem ist die Bewertung der individuellen Bedürfnisse. Der dicke Große wird darauf pochen, dass er mindestens drei Würstchen braucht im Verhältnis zu seinem Körpervolumen. Der hagere Kleine macht möglicherweise geltend, er müsse noch wachsen, so dass ihm alle vier Würstchen rechtmäßig zukämen. Die ausschlaggebenden Kriterien müssten auf jeden Fall unabhängig von solchen Manipulationsversuchen und von etwaigen persönlichen Sympathien bestimmt werden.

4. Das *Prinzip Gerechtigkeit* hat unbedingten Vorrang gegenüber dem *Prinzip Wohltätigkeit.* In bestimmten sozialen Gemein-

schaftsformen wie Institutionen (Staat, Schulen), Partner-
schaften, oder studentischen Arbeitsgruppen haben die
Beteiligten bestimmte klar definierte Rechte und Pflichten.
Demgegenüber hat auch ein extrem hilfsbedürftiger Mensch
kein Recht auf Wohltätigkeit, außer in besonderen helfenden
Beziehungen (Kinder-Eltern oder Patienten-Arzt). Denn die
Wohltätigkeitspflicht ist eingeschränkt durch die Möglichkeiten der zufälligen Zeugen einer Notlage und durch die Interessenabwägung zwischen den in Kauf zu nehmenden Übeln
seitens der Hilfspersonen und der Not der Hilfesuchenden.

Kapitel 7

1. *Emotivismus*: normative Äußerungen = bloßer Gefühlsausdruck
   • Ayer, Stevenson
   Gefühlsethik: Gefühle = Triebfedern zu moralischem Handeln
   a) *normengebundene Gefühle:* Achtung, Scham
      • Kant, Tugendhat
   b) *personenbezogene Gefühle:* Mitleid, Sympathie
      • Schopenhauer, U. Wolf

2. *Tugenden* als durch Übung erworbene emotionale und intellektuelle Grundhaltungen, das ethisch Richtige zu tun,
   erfüllen eine wichtige Funktion: Wer ethisch handeln will,
   braucht nicht nur ein theoretisches Wissen um das ethisch
   Richtige (Verstandestugenden), sondern Gefühle, die vernunftmäßig kultiviert und gestaltet werden (Charakter-/ethische
   Tugenden). Nur so sind die gefühlsmäßigen motivationalen
   Antriebskräfte auch stets bereit, das als richtig Erkannte umzusetzen und können so die Kluft zwischen Wissen und Handeln schließen.

3. Entsprechend neueren moralpsychologischen Studien kommt
   den Eltern ein großer Anteil an der *moralischen Erziehung* zu,
   der später kaum mehr „wett gemacht" werden kann. Unter
   ihrer Anleitung soll das Kind Folgendes lernen:
   • Nachahmung moralischer Vorbilder
   • Selbstbeherrschung, Verzicht auf egoistische Interessen-
     befriedigung
   • Fähigkeit, sich (emotional) in andere hineinzuversetzen
   • Unterwerfung unter vorgegebene Regeln

Allerdings muss am Ende der Adoleszenz der Schritt von der heteronomen zur autonomen Moral vollzogen werden. Hierbei ist *moralische Selbsterziehung* unabdingbar:

- *literarische/dialogische/monologische Übungen* zur Selbstprüfung und -kritik
- *imaginative Übungen:* Standhaftigkeit
- *moralische Übungen:* Selbstermahnung, Gewissensprüfung

Glossar | 8.2

advokatorisch: stellvertretend

a priori (Geg.: a posteriori): vor jeder Erfahrung, erfahrungsunabhängig

a posteriori (Geg.: a priori): aus der Erfahrung, erfahrungsgemäß

asymmetrisch (Geg.: symmetrisch): auf beiden Seiten ungleich

deduktiv (Geg.: induktiv): ableitend, das Besondere aus dem Allgemeinen herleitend

deontologisch (Geg.: teleologisch): vgl. Kapitel 5.1

deskriptiv (Geg.: präskriptiv/normativ): beschreibend

empirisch: die Erfahrung betreffend

epistemologisch: erkenntnistheoretisch

etymologisch: die Herkunft, Geschichte und Grundbedeutung eines Wortes betreffend

explizit (Geg.: implizit): ausdrücklich, deutlich

falsifizieren (Geg.: verifizieren): eine Hypothese durch ein Gegenbeispiel widerlegen

implizit (Geg.: explizit): unausdrücklich mitgemeint, mit inbegriffen

induktiv (Geg.: deduktiv): vom Einzelnen zum Allgemeinen hinführend

konsequentialistisch: folgenorientiert (vgl. Kapitel 5.1)

konstituieren: begründen, festsetzen

konstitutiv: bestimmend, grundlegend

monistisch (Geg.: pluralistisch): von einem einzigen Grundprinzip ausgehend

multivok: mehrdeutig

normativ (Geg.: deskriptiv): wertend, vgl. „präskriptiv"; der Auf-forderungscharakter ist mit einer moralisch-wertenden Komponente verknüpft

Ontologie: Lehre vom Sein, von den Ordnungs- und Wesensbestimmungen des Seienden

ontologisch: die Lehre vom Sein betreffend

performativer Selbstwiderspruch: Widerspruch im Sagen/Meinen und Tun

per se: an sich, aus sich selbst heraus

petitio principii: Beweisfehler, bei dem in der Beweisführung ein selbst erst noch zu beweisender Begriff oder Satz verwendet wird.

pluralistisch (Geg.: monistisch): die Vielfalt normativer, weltanschaulicher oder gesellschaftlicher Phänomene betreffend

Prämisse: Voraussetzung

präskriptiv (Geg.: deskriptiv): vorschreibend, auffordernd (erlaubend/verbietend)

semantisch: die Bedeutung sprachlicher Ausdrücke betreffend

symmetrisch (Geg.: asymmetrisch): auf beiden Seiten gleich

teleologisch (Geg.: deontologisch): vgl. Kapitel 5.1

transzendent: die Grenzen des sinnlich Erfahrbaren überschreitend zu etwas Übersinnlichem hin

transzendental: die jeder Erfahrung vorangehenden (apriorischen) menschlichen Erkenntnisformen betreffend (Kant)

transzendieren: die Grenzen der Erfahrung und des sinnlich Erfahrbaren auf etwas Übersinnliches hin überschreiten

verifizieren (Geg.: falsifizieren): die Richtigkeit einer Behauptung beweisen

8.3 | Bibliographie

Albert, Hans: Traktat über kritische Vernunft, 5., erw. Auflage, Tübingen 1991.

Anzenbacher, Arno: Einführung in die Ethik, 3. Auflage, Düsseldorf 1992.

Apel, Karl-Otto: Transformation der Philosophie, Bd. 2, 4. Auflage, Frankfurt a. M. 1988.

Aristoteles, Nikomachische Ethik, 2. Auflage, München 1995 (zitiert nach der Bekker-Ausgabe).

Ayer, Alfred: Sprache, Wahrheit und Logik, Stuttgart 1970.

Bayertz, Kurt: Warum überhaupt moralisch sein?, München 2004.

Bellebaum, Alfred: Die Goldene Regel als moralischer Appell, in: Ders. und Niederschlag, Heribert (Hrsg.): Was Du nicht willst, dass man Dir tu' ... Die Goldene Regel – ein Weg zum Glück?, Konstanz 1999, S. 7–24.

Bentham, Jeremy: Eine Einführung in die Prinzipien der Moral und der Gesetzgebung, in: Höffe, Otfried: Einführung in die utilitaristische Ethik, 3., aktual. Auflage, Tübingen 2003, S. 55–83.

Birnbacher, Dieter: Tun und Unterlassen, Stuttgart 1995.

Birnbacher, Dieter: Utilitarismus/Ethischer Egoismus, in: Düwell, Marcus, Hübenthal, Christoph und Werner, Micha H. (Hrsg.): Handbuch Ethik, Stuttgart/Weimar 2002, S. 95–107.

Brülisauer, Bruno: Moral und Konvention. Darstellung und Kritik ethischer Theorien, Frankfurt a. M. 1988.

Dawkins, Richard: Das egoistische Gen, 4. Auflage, Reinbek bei Hamburg 2002.

Dietrich, Julia: Ethisch-Philosophische Grundlagenkompetenzen: ein Modell für Studierende und Lehrende, in: Maring, Matthias (Hrsg.): Ethisch-Philosophisches Grundlagenstudium. Ein Studienbuch, 2. Auflage, Münster 2005, S. 15–32.

Düwell, Marcus: Handlungsreflexive Moralbegründung, in: Düwell, Marcus, Hübenthal, Christoph und Werner, Micha H. (Hrsg.): Handbuch Ethik, Stuttgart/Weimar 2002, S. 152–162.

Düwell, Marcus: Angewandte oder Bereichsspezifische Ethik, in: Düwell, Marcus, Hübenthal, Christoph und Werner, Micha H. (Hrsg.): Handbuch Ethik, Stuttgart/Weimar 2002, S. 243–247.

Düwell, Marcus, Hübenthal, Christoph und Werner, Micha H.: Ethik: Begriff – Geschichte – Applikation, in: Dies. (Hrsg.): Handbuch Ethik, Stuttgart/Weimar 2002, S. 1–23.

Fenner, Dagmar: Kunst – Jenseits von Gut und Böse?, Kritischer Versuch über das Verhältnis von Ästhetik und Ethik, Tübingen/Basel 2000.

Fenner, Dagmar: Glück. Grundriss einer integrativen Lebenswissenschaft, Freiburg/München 2003.

Fenner, Dagmar: Egoismus – ein Gebot unserer Zeit?, in: EWE, 15/2004, Heft 4, S. 523–525.

Fenner, Dagmar: Suizid – Menschliche Pflichtverletzung oder Signatur der Freiheit?, in: Dialektik. Zeitschrift für Kulturphilosophie, 2/2005, S. 31–54.

Fenner, Dagmar: Ist die „negative Freiheit" ein Irrtum?, Berlins Konzept „negativer Freiheit" im Kontrast zu Taylors Gegenentwurf „positiver Freiheit", in: Perspektiven der Philosophie, Neues Jahrbuch 2006, S. 99–132.

Fenner, Dagmar: Das gute Leben, Berlin 2007.

Frankena, William K.: Analytische Ethik, München 1972.

Frankfurt, Harry: Willensfreiheit und der Begriff der Person, in: Bieri, Peter (Hrsg.): Analytische Philosophie des Geistes, Königstein 1981, S. 287–302.

Gauthier, David: Morals by Agreement, Oxford 1986.

Gewirth, Alan: Reason and Morality, Chicago 1978.

Ginters, Rudolf: Typen ethischer Argumentation. Zur Begründung sittlicher Normen, Düsseldorf 1976.

Griffin, James: Well-beeing, Oxford 1986.

Habermas, Jürgen: Erläuterungen zur Diskursethik, 2. Auflage, Frankfurt a. M. 1992.

Habermas, Jürgen: Moralbewusstsein und kommunikatives Handeln, 6. Auflage, Frankfurt a. M. 1996.

Habermas, Jürgen: Die Einzbeziehung des Anderen, Frankfurt a. M. 1999.

Hadot, Pierre: Philosophie als Lebensform, Berlin 1991.

Hare, Richard M.: Freiheit und Vernunft, Frankfurt a. M. 1983.

Hare, Richard M.: Moralisches Denken: seine Ebenen, seine Methode, sein Witz, Frankfurt a. M. 1992.

Hare, Richard M.: Die Sprache der Moral, 2. Auflage, Frankfurt a. M. 1997.

Hentig, Hartmut von: Ach, die Werte!, Weinheim/Basel 2001.

Hinske, Norbert: Goldene Regel und kategorischer Imperativ, in: Bellebaum, Alfred und Niederschlag, Heribert (Hrsg.): Was Du nicht willst, dass man Dir tu'... Die Goldene Regel – ein Weg zum Glück?, Konstanz 1999, S. 43–54.

Hobbes, Thomas: Leviathan, Stuttgart 1992.

Hoche, Hans-Ulrich: Die Goldene Regel, in: Zeitschrift für Philosophische Forschung, 3/1978, S. 355–375.

Höffe, Otfried: Kants nichtempirische Verallgemeinerung, in: Ders. (Hrsg.): Grundlegung zur Metaphysik der Sitten. Ein kooperativer Kommentar, Frankfurt a.M. 1989, S. 206–233.

Höffe, Otfried: Ethik und Politik, 4. Auflage, Frankfurt a.M. 1992 (a).

Höffe, Otfried: Immanuel Kant, 3., durchges. Auflage, München 1992 (b).

Höffe, Otfried (Hrsg.): Lexikon der Ethik, 5., neubearb. und erw. Auflage, München 1997.

Höffe, Otfried: Einführung in die utilitaristische Ethik, 3., aktual. Auflage, Tübingen 2003.

Höffe, Otfried: Gerechtigkeit. Eine philosophische Einführung, 2., durchges. Auflage, München 2004.

Höffe, Otfried: Lebenskunst und Moral. Oder macht Tugend glücklich?, München 2007.

Hoffmann-Riedinger, Monika: Metaethik, in: Pieper, Annemarie (Hrsg.): Geschichte der neueren Ethik, Bd. 2, Tübingen 1992, S. 55–80.

Horn, Christoph: Antike Lebenskunst. Glück und Moral von Sokrates bis zu den Neuplatonikern, München 1998.

Horn, Christoph: Einführung in die Politische Philosophie, Darmstadt 2003.

Hübenthal, Christoph: Teleologische Ansätze, in: Düwell, Marcus, Hübenthal, Christoph und Werner, Micha H. (Hrsg.): Handbuch Ethik, Stuttgart/Weimar 2002, S. 61–68.

Hume, David: Ein Traktat über die menschliche Natur, Bd. 2, Hamburg 1978.

Kant, Immanuel: Schriften zur Metaphysik und Logik, Werkausgabe Bd. VI, hrsg. von Weischedel, Wilhelm, 4. Auflage, Frankfurt a.M. 1982 (zitiert nach den Ausgaben A/B).

Kant, Immanuel: Grundlegung zur Metaphysik der Sitten. Kritik der praktischen Vernunft, Werkausgabe Bd. VII, hrsg. von Weischedel, Wilhelm, 12. Auflage, Frankfurt a.M. 1993 (zitiert als **GMS** bzw. **KpV** und nach den Ausgaben A/B).

Kant, Immanuel: Die Metaphysik der Sitten (u.a.), Werkausgabe Bd. X, hrsg. von Weischedel, Wilhelm, 11. Auflage, Frankfurt a.M. 1997 (zitiert als **MS** und nach den Ausgaben A/B).

Kant, Immanuel: Über ein vermeintliches Recht aus Menschenliebe zu lügen, in: Werkausgabe Bd. VIII, 11. Auflage, Frankfurt a.M. 1997, S. 637–643.

Keller, Monika: Moralische Sensibilität: Entwicklung in Freundschaft und Familie, Weinheim 1996.

Kersting, Wolfgang: Die politische Philosophie des Gesellschaftsvertrags, Darmstadt 1994.

Kersting, Wolfgang: Kontraktualismus, in: Düwell, Marcus, Hübenthal, Christoph und Werner, Micha H. (Hrsg.): Handbuch Ethik, Stuttgart/Weimar 2002, S. 163–178.

Köhl, Harald: Kants Gesinnungsethik, Berlin/New York 1990.

Kohlberg, Lawrence: Die Psychologie der Moralentwicklung, Frankfurt a.M. 1996.

Krebs, Angelika (Hrsg.): Gleichheit oder Gerechtigkeit, Frankfurt a.M. 2000.

Kuhse, Helga: Die Lehre von der ‚Heiligkeit des Lebens', in: Leist, Anton (Hrsg.): Um Leben und Tod, Frankfurt a.M. 1990, S. 75–106.

Leist, Anton: Mitleid und universelle Ethik, in: Fink-Eitel, Hinrich und Lohmann, Georg (Hrsg.): Zur Philosophie der Gefühle, Frankfurt a.M. 1993, S. 157–187.

Leist, Anton: Die gute Handlung. Eine Einführung in die Ethik, Berlin 2000.

Link, Hans-Jürgen und Schubert, Viktor: Philosophisches Argumentieren in der Ethik, in: Maring, Matthias (Hrsg.): Ethisch-Philosophisches Grundlagenstudium 2. Ein Projektbuch, Münster 2005, S. 21–29.

Luckner, Andreas: Klugheit, Berlin 2005.

MacIntyre, Alasdair: Der Verlust der Tugend, Frankfurt a. M. 1995.

Mackie, John L.: Ethik. Die Erfindung des moralisch Richtigen und Falschen, Stuttgart 2000.

Mandry, Christoph: Das Ethisch-Philosophische Grundlagenstudium, in: Maring, Matthias (Hrsg.): Ethisch-Philosophisches Grundlagenstudium. Ein Studienbuch, Münster 2005, S. 3–14, S. 6f.

Maiss, Maria: Ethisch-Moralische Propädeutik. Erziehungsethische Überlegungen zur Psycho- und Soziogenese prämoralischer und moralischer Fähigkeiten, Wien 2006.

Mayer, Verena: Tugend und Gefühl, in: Döring, Sabine A. und Mayer, Verena (Hrsg.): Die Moralität der Gefühle, Deutsche Zeitschrift für Philosophie, Sonderband 4, Berlin 2002, S. 125–149.

Mill, John Stuart: Der Utilitarismus, Stuttgart 1991.

Misselhorn, Catrin: Moral point of view, in: Düwell, Marcus, Hübenthal, Christoph und Werner, Micha H. (Hrsg.): Handbuch Ethik, Stuttgart/Weimar 2002, S. 414–417.

Moore, George E.: Principia Ethica, Stuttgart 1996.

Morscher, Edgar: Kognitivismus/Nonkognitivismus, in: Düwell, Marcus, Hübenthal, Christoph und Werner, Micha H. (Hrsg.): Handbuch Ethik, Stuttgart/Weimar 2002, S. 36–48.

Nagel, Thomas: Über das Leben, die Seele und den Tod, Königstein/Ts 1984.

Nunner-Winkler, Gertrud: Generalisierter oder konkreter Anderer?, in: Bellebaum, Alfred und Niederschlag, Heribert (Hrsg.): Was Du nicht willst, dass man Dir tu'... Die Goldene Regel – ein Weg zum Glück?, Konstanz 1999, S. 113–135.

Nietzsche, Friedrich: Der Antichrist, in: Kritische Studienausgabe, hrsg. von Montinari, Mazzino und Colli, Giorgio, München 1988, Bd. 6, S. 165–25.

Nussbaum, Martha C.: Menschliches Tun und soziale Gerechtigkeit, in: Steinfath, Holmer (Hrsg.): Was ist ein gutes Leben?, Frankfurt a. M. 1998, S. 196–234.

Ott, Konrad: Moralbegründungen, 2., erg. Auflage, Hamburg 2005.

Pfeifer, Volker: Ethisches Argumentieren. „Was ist richtig, was ist falsch?" Ethisches Argumentieren anhand von aktuellen Fällen, Bühl 1997.

Pieper, Annemarie und Thurnherr, Urs (Hrsg.): Einleitung zu: Angewandte Ethik. Eine Einführung, München 1998, S. 7–13.

Pieper, Annemarie: Evolutionäre Ethik, in: Dies. und Thurnherr, Urs (Hrsg.): Angewandte Ethik. Eine Einführung, München 1998, S. 244–263.

Pieper, Annemarie: Glückssache. Die Kunst, gut zu leben, Hamburg 2001.

Pieper, Annemarie: Einführung in die Ethik, 6., überarb. und aktual. Auflage, Tübingen 2007.

Platon: Der Staat („Politeia"), in: Sämtliche Werke in 10 Bänden, hrsg. von Hülser, Karlheinz, Frankfurt a. M./Leipzig 1991, Bd. 5 (zitiert als **Pol.** und nach der Stephanus-Paginierung).

Platon: Philebos, in: Sämtliche Werke in 10 Bänden, hrsg. von Hülser, Karlheinz, Frankfurt a. M./Leipzig 1991, Bd. 8, S. 11–195 (zitiert als **Phil.** und nach der Stephanus-Paginierung).

Quante, Michael: Einführung in die Allgemeine Ethik, Darmstadt 2003.

Rawls, John: Eine Theorie der Gerechtigkeit, 9. Auflage, Frankfurt a. M. 1996.

Ricken, Friedo: Allgemeine Ethik, 4., überarb. Auflage, Stuttgart 2003.

Rachels, James: Aktive und passive Sterbehilfe, in: Sass, Hans-Martin (Hrsg.): Medizin und Ethik, Stuttgart 1999, S. 254–264.

Rippe, Klaus-Peter: Relativismus, in: Düwell, Marcus, Hübenthal, Christoph und Werner, Micha H. (Hrsg.): Handbuch Ethik, Stuttgart/Weimar 2002, S. 481–486.

Rosa, Hartmut: Komunitarismus, in: Düwell, Marcus, Hübenthal, Christoph und Werner, Micha H. (Hrsg.): Handbuch Ethik, Stuttgart/Weimar 2002, S. 218–230.

Ross, William: The Right and the Good, Oxford 1930.

Sartre, Jean-Paul: Ist der Existentialismus ein Humanismus? (u.a.), Frankfurt a.M./Berlin 1989.

Scheler, Max: Der Formalismus in der Ethik und die materiale Wertethik. Neuer Versuch eines ethischen Personalismus, Bern 1954.

Seel, Martin: Versuch über die Form des Glücks, Frankfurt a.M. 1995.

Scarano, Nico: Metaethik – ein systematischer Überblick, in: Düwell, Marcus, Hübenthal, Christoph und Werner, Micha H. (Hrsg.): Handbuch Ethik, Stuttgart/Weimar 2002, S. 25–35.

Schmidt, Thomas: Die Idee des Sozialvertrags, Paderborn 2000.

Schmidt, Thomas: Realismus/Intuitionismus/Naturalismus, in: Düwell, Marcus, Hübenthal, Christoph und Werner, Micha H. (Hrsg.): Handbuch Ethik, Stuttgart/Weimar 2002, S. 49–60.

Singer, Marcus G.: Verallgemeinerung in der Ethik. Zur Logik moralischen Argumentierens, Frankfurt a.M. 1975.

Singer, Peter: Praktische Ethik, 2., rev. und erw. Auflage, Stuttgart 1994.

Smith, Adam: Theorie der ethischen Gefühle, Hamburg 1977.

Steigleder, Klaus: Grundlegung der normativen Ethik. Der Ansatz von Alan Gewirth, Freiburg/München 1999.

Steinfath, Holmer: Emotionen, Werte und Moral, in: Döring, Sabine A. und Mayer, Verena (Hrsg.): Die Moralität der Gefühle, Deutsche Zeitschrift für Philosophie, Sonderband 4, Berlin 2002, S. 105–124.

Stemmer, Peter: Handeln zugunsten anderer. Eine moralphilosophische Untersuchung, Berlin/New York 2000.

Stevenson, Charles L: Die emotive Bedeutung ethischer Ausdrücke, in: Grewendorf, Günther und Meggle, Georg (Hrsg.): Seminar: Sprache und Ethik. Zur Entwicklung der Metaethik, Frankfurt a.M. 1974, S. 116–139.

Stirner, Max: Der Einzige und sein Eigentum, Stuttgart 1972.

Taylor, Charles: Die Quellen des Selbst, 2. Auflage, Frankfurt a.M. 1996.

Taylor, Charles: Negative Freiheit?, 3. Auflage, Frankfurt a.M. 1999.

Tetens, Holm: Philosophisches Argumentieren, München 2004.

Thurnherr, Urs: Vernetzte Ethik. Zur Moral und Ethik von Lebensformen, Freiburg/München 2001.

Toulmin, Stephen: Der Gebrauch von Argumenten, 2. Auflage, Weinheim 1996.

Trautner, Hanns M.: Allgemeine Entwicklungspsychologie, Stuttgart/Berlin u.a. 1995.

Tugendhat, Ernst: Die Rolle der Identität in der Konstitution der Moral, in: Edelstein, Wolfgang und Nunner-Winkler, Gertrud (Hrsg.): Moral und Person, Frankfurt a.M. 1993, S. 33–47.

Walzer, Michael: Sphären der Gerechtigkeit. Ein Plädoyer für Pluralität und Gleichheit, Frankfurt/New York 1992.

Weber, Max: Politik als Beruf, in: Ders.: Wissenschaft als Beruf/Politik als Beruf, Studienausgabe Bd. 17, hrsg. von Mommsen, Wolfgang J. und Schluchter, Wolfgang, Tübingen 1994, S. 25–123.

Werner, Micha: Deontologische Ansätze, in: Düwell, Marcus, Hübenthal, Christoph und Werner, Micha H. (Hrsg.): Handbuch Ethik, Stuttgart/Weimar 2002, S. 122–127.

Werner, Micha H.: Diskursethik, in: Düwell, Marcus, Hübenthal, Christoph und Werner, Micha H. (Hrsg.): Handbuch Ethik, Stuttgart/Weimar 2002, S. 140–151.

Wildfeuer, Armin G.: Freiheit, in: Düwell, Marcus, Hübenthal, Christoph und Werner, Micha H. (Hrsg.): Handbuch Ethik, Stuttgart/Weimar 2002, S. 352–360.

Wimmer, Rainer: Universalisierung in der Ethik, Analyse, Kritik und Rekonstruktion ethischer Rationalitätsansprüche, Frankfurt a. M. 1980.

Wittgenstein, Ludwig: Tractatus logico-philosophicus, Werkausgabe Bd. 1, Frankfurt a. M. 1984.

Wolf, Jean-Claude: Sterben, Tod und Tötung, in: Bayertz, Kurt (Hrsg.): Praktische Philosophie, Reinbek bei Hamburg 1991, S. 243–277.

Wolf, Jean-Claude: Ethischer Egoismus, in: EWE, 15/2004, Heft 4, S. 513–519.

Wolf, Ursula: Das Problem des moralischen Sollens, Berlin/New York 1984.

Wuketitis, Franz M.: Bioethik. Eine kritische Einführung, München 2006.

Sach- und Personenregister | 8.4

Annemarie Pieper

Einführung
in die Ethik

UTB S 1637
6., überarbeitete und aktualisierte Auflage
2007
355 Seiten,
€[D] 19,90/Sfr 33,80
ISBN 978-3-8252-1637-5

Annemarie Piepers bewährte Einführung stellt die verschiedenen Disziplinen der Ethik, ihre Bezüge zu anderen Wissenschaften sowie die Grundfragen und argumentativen Grundformen der Ethik vor, erläutert und kommentiert sie. Die 6. Auflage dieses Standardwerks trägt derzeitigen Diskussionsschwerpunkten in der Ethik Rechnung. Entsprechend kamen Kapitel zur Biologie sowie zum körperbewussten und zum lebensweltlichen Ansatz hinzu. Das Kapitel zur Wertethik wurde um eine kommentierte Wertetafel ergänzt, das Literaturverzeichnis auf den neuesten Stand gebracht.

Narr Francke Attempto Verlag GmbH + Co. KG
Postfach 2560 · D-72015 Tübingen · Fax (07071) 9797-11
Internet: www.francke.de · E-Mail: info@francke.de

Otfried Höffe (Hrsg.)

Otfried Höffe (Hrsg.)
Einführung in die
utilitaristische Ethik
4. Auflage

A. Francke UTB

Einführung in die utilitaristische Ethik

Klassische und zeitgenössische Texte

UTB 1683 S
4., erweiterte Auflage 2008, 290 Seiten,
€[D] 19,90/Sfr 35,90
ISBN 978-3-8252-1683-2

Der Utilitarismus ist seit J. Bentham (1748-1832) und J. St. Mill (1806-1873) eine der einflussreichsten und am lebhaftesten diskutierten ethischen Theorien. Seine Bedeutung für die Moralphilosophie und für die philosophische Grundlegung der Rechts-, Sozial- und Wirtschaftswissenschaften ist weit über den englischen Sprachraum hinaus unbestritten. Die wichtigsten klassischen und zeitgenössischen Texte des Utilitarismus werden dem deutschsprachigen Leser hier zugänglich gemacht. Zusammen mit der instruktiven und kritischen Einleitung des Herausgebers, die auch neueste Entwicklungen berücksichtigt, bietet die Textsammlung Philosophen, Theologen, Politologen, Nationalökonomen, Juristen und allen an moralphilosophischen Fragen Interessierten eine umfassende Einführung in die utilitaristische Ethik.

francke verlag

Narr Francke Attempto Verlag GmbH + Co. KG
Postfach 25 60 · D-72015 Tübingen · Fax (0 7071) 97 97-11
Internet: www.francke.de · E-Mail: info@francke.de